Prometeu Desacorrentado
e outros poemas
EDIÇÃO BILÍNGUE

Percy

SHELLEY

Prometeu Desacorrentado
e outros poemas

EDIÇÃO BILÍNGUE

TRADUÇÃO
Adriano Scandolara

REVISÃO DA TRADUÇÃO
Guilherme Gontijo Flores

1ª reimpressão

autêntica C|L|Á|S|S|I|C|A

Copyright da tradução © 2015 Adriano Scandolara
Copyright © 2015 Autêntica Editora

Todos os direitos reservados pela Autêntica Editora. Nenhuma parte desta publicação poderá ser reproduzida, seja por meios mecânicos, eletrônicos, seja via cópia xerográfica, sem a autorização prévia da Editora.

AUTOR
Percy Bysshe Shelley

COORDENADOR DA COLEÇÃO CLÁSSICA, EDIÇÃO E PREPARAÇÃO
Oséias Silas Ferraz

REVISÃO
Lúcia Assumpção

CAPA
Diogo Droschi

PROJETO GRÁFICO
Conrado Esteves

DIAGRAMAÇÃO
Christiane Morais

Dados Internacionais de Catalogação na Publicação (CIP)
(Câmara Brasileira do Livro, SP, Brasil)

Shelley, Percy Bysshe, 1792-1822.
   Prometeu Desacorrentado e outros poemas / Percy Bysshe Shelley ; [tradução Adriano Scandolara]. -- 1. ed.; 1. reimp. -- Belo Horizonte : Autêntica Editora, 2019. -- (Coleção Clássica)

   Edição bilíngue: português/inglês.

   ISBN 978-85-8217-659-7

   1. Shelley 2. Poesia inglesa, século XIX I. Título. II. Série.

15-05600   CDD-821

Índices para catálogo sistemático:
1. Poesia inglesa 821

Belo Horizonte
Rua Carlos Turner, 420
Silveira . 31140-520
Belo Horizonte . MG
Tel.: (55 31) 3465 4500

www.grupoautentica.com.br

São Paulo
Av. Paulista, 2.073,
Conjunto Nacional, Horsa I
23º andar . Conj. 2310-2312
Cerqueira César . 01311-940
São Paulo . SP
Tel.: (55 11) 3034 4468

A Coleção Clássica

A Coleção Clássica tem como objetivo publicar textos de literatura – em prosa e verso – e ensaios que, pela qualidade da escrita, aliada à importância do conteúdo, tornaram-se referência para determinado tema ou época. Assim, o conhecimento desses textos é considerado essencial para a compreensão de um momento da história e, ao mesmo tempo, a leitura é garantia de prazer. O leitor fica em dúvida se lê (ou relê) o livro porque precisa ou se precisa porque ele é prazeroso. Ou seja, o texto tornou-se "clássico".

Vários textos "clássicos" são conhecidos como uma referência, mas o acesso a eles nem sempre é fácil, pois muitos estão com suas edições esgotadas ou são inéditos no Brasil. Alguns desses textos comporão esta coleção da Autêntica Editora: livros gregos e latinos, mas também textos escritos em português, castelhano, francês, alemão, inglês e outros idiomas.

As novas traduções da Coleção Clássica – assim como introduções, notas e comentários – são encomendadas a especialistas no autor ou no tema do livro. Algumas traduções antigas, de qualidade notável, serão reeditadas, com aparato crítico atual. No caso de traduções em verso, a maior parte dos textos será publicada em versão bilíngue, o original espelhado com a tradução.

Não se trata de edições "acadêmicas", embora vários de nossos colaboradores sejam professores universitários. Os livros são destinados aos leitores atentos – aqueles que sabem que a fruição de um texto demanda prazeroso esforço –, que desejam ou precisam de um texto clássico em edição acessível, bem cuidada, confiável.

Nosso propósito é publicar livros dedicados ao "desocupado leitor". Não aquele que nada faz (esse nada realiza), mas ao que, em meio a mil projetos de vida, sente a necessidade de buscar o ócio produtivo ou a produção ociosa que é a leitura, o diálogo infinito.

Oséias Silas Ferraz
[coordenador da coleção]

Para Bianca

Nada mudou.
Exceto talvez os modos, as cerimônias, as danças.
O gesto da mão protegendo o rosto,
esse permaneceu o mesmo.
O corpo se enrosca, se debate, se contorce,
cai se lhe falta o chão, encolhe as pernas,
fica roxo, incha, baba e sangra.

(Wisława Szymborska, via Regina Przybycien)

Entende da pequena traição,
da salvação suja de todos os dias. Úteis
são as encíclicas para se fazer fogo,
e os manifestos: para a manteiga e sal
dos indefesos. É preciso raiva e paciência
para se soprar nos pulmões do poder
o fino pó mortal, moído
por aqueles, que aprenderam muito,
que são exatos, por ti.

(Hans Magnus Enzensberger, via Armindo Trevisan & Kurt Scharf)

11	Introdução
61	Prometeu Desacorrentado
249	Alastor e outros poemas
305	Poemas 1817 - 1822
361	Juvenília 1809 - 1815
375	Notas

Introdução

Este volume de *Prometeu Desacorrentado e outros poemas*, de Percy Bysshe Shelley, é o resultado de alguns anos de trabalho com o poeta. Comecei a estudar Shelley durante a graduação em Letras na Universidade Federal do Paraná em 2009. Minha monografia consistiu na seleção e tradução de uma antologia de cerca de 500 versos de poemas variados, como um modo de me familiarizar com a voz poética de Shelley e com os recursos disponíveis para dar conta das formas empregadas por ele – do verso branco, metrificado e sem rima, à oitava rima e até o soneto desviante e as verdadeiras demonstrações de virtuosismo formal que são as suas canções. Acompanhava as traduções um estudo sobre os altos e baixos de sua recepção, começando pelo seu quase anonimato em vida (com muitos poemas circulando de forma anônima, censurada ou pirateada) e passando pelas fases de profunda admiração e imitação no período vitoriano (com o favorecimento da parte, digamos, mais palatável de sua poesia) e de rejeição pelos modernistas (exceto por alguns raros poetas como W. B. Yeats e Elizabeth Bishop) e críticos da chamada Nova Crítica americana do século XX, cuja forte influência levou a uma escassez de traduções em português, inclusive, até o *revival* da crítica shelleyana na década de 1950.

Feito este primeiro trabalho, foi na dissertação de mestrado (desenvolvida também na UFPR, na área de Estudos Literários) que pude aprofundar meus estudos e aperfeiçoar as técnicas de tradução, tendo por objetivo traduzir os 2.609 versos do longo poema *Prometeu Desacorrentado*. A dissertação foi orientada por Rodrigo Tadeu Gonçalves e defendida em 2013 diante de uma banca composta pelos professores (e também tradutores dos mais experientes, o que é muito importante neste caso) Caetano Waldrigues Galindo e Paulo Henriques Britto, os melhores leitores que eu poderia pedir para um trabalho desses.

O livro que vocês têm em mãos, portanto, é o resultado desses quatro anos de trabalho: o cerne dele é a peça *Prometeu Desacorrentado*, seguido de "Alastor" e da lírica breve. As notas explicativas procuram auxiliar a leitura, de modo a dar ao leitor uma imagem razoável da obra desse poeta inglês, muito falado mas ainda pouco lido no Brasil.

Esta introdução pretende apresentar a obra de Shelley, mas sem o peso do discurso acadêmico.[1] Nela o leitor encontrará uma breve biografia do poeta, uma análise do *Prometeu* (sua estrutura, seus temas, suas inspirações) e uma explicação sobre a sua tradução e a dos outros poemas que acompanham o volume.

Vida

O que Percy Bysshe Shelley não teve de tempo de vida, ele compensou fazendo dela a mais conturbada e produtiva que pôde. Nascido em 1792, próximo à cidade de Horsham, na Inglaterra, e morto por afogamento, causado pelo naufrágio de seu barco *Ariel*, em 1822, ele nos deixou uma obra vasta, composta de dezenas de milhares de versos próprios e traduzidos.

Educado em casa até 1804, quando ingressa no Eton College, Shelley é aceito em Oxford em 1810. Rebelde desde sempre, lá ele circula o polêmico panfleto *The Necessity of Atheism*, em que considera absurda a existência de um deus criador (embora não negue a possibilidade de existência de um deus metafísico). Por conta do teor do panfleto, já em 1811, Shelley é expulso da universidade. Apesar da possibilidade aberta de retratação e retorno, essa era uma ideia que ele se recusava a levar em consideração. Durante esse período na universidade Shelley publica anonimamente os seus primeiros versos, alguns escritos antes de seu ingresso na instituição. Seu primeiro volume, datado de setembro de 1810, se chamava *Original Poetry by Victor and Cazire*, contando com 17 poemas escritos por ele, junto de sua irmã Elizabeth Shelley, utilizando os pseudônimos presentes no título. Já o segundo, *Posthumous Fragments of Margaret Nicholson*, de dezembro do mesmo ano, foi escrito em colaboração com seu grande amigo Thomas Jefferson Hogg, e apresentava uma premissa curiosa, apesar de ainda bastante juvenil em tom e técnica poética: em 1786, o rei George III foi vítima de um atentado, em que uma mulher de nome Margaret Nicholson tentou matá-lo com uma faca. A tentativa fracassou, e Margaret acabou presa num hospital psiquiátrico. Os poemas neste volume foram escritos na voz da (quase) regicida, representando um primeiro momento de manifestação de sentimentos antimonarquistas na obra de Shelley.

É nessa época também que ele publica seus dois romances escritos até então, *Zastrozzi* (1810) e *St. Irvyne, or the Rosicrucean* (1811), histórias de horror gótico que circularam de maneira semianônima (assinadas somente pelas iniciais do autor). O enredo desses dois romances tinha como foco, respectivamente, um vilão chamado Zastrozzi, que busca vingar-se, de modo violento, de seu irmão, e um viajante solitário chamado Wolfstein, que, depois de capturado por bandidos em uma de suas jornadas suicidas, encontra o alquimista Ginotti, que lhe oferece a vida eterna. Apesar das resenhas negativas e da revolta moral causada pelos romances, *St. Irvyne* mostrou ser um sucesso tão grande que mais tarde foi reeditado, com o título novo de *Wolfstein*, em versão popular – que se chamava "chapbook", mais ou menos equivalente aos livros "pocket" de hoje –, com cortes para facilitar a leitura.

Shelley, no entanto, apesar de flertar com o gênero da prosa, como flerta também com o ensaio filosófico, não constrói uma carreira como prosador. Sua obra romanesca posterior inclui dois outros fragmentos, tentativas de composição de romances políticos inacabados: *The Assassins* (1814), uma história utópica sobre uma sociedade paradisíaca perturbada por um elemento externo sugestivamente diabólico que se infiltra nela, e *The Coliseum* (1818), sobre o encontro de um velho cego e sua filha com um jovem andrógino execrado e também sugestivamente diabólico, portador de estranhas ideias, durante a Páscoa, no Coliseu. A esses fragmentos acrescenta-se ainda *Una Favola* (1820), uma narrativa em italiano sobre um jovem que busca sua contraparte feminina, e *A True Story* (1820), uma narrativa semiautobiográfica publicada no periódico *Indicator*, de Leigh Hunt, atribuída a Shelley. Não iremos nos deter sobre sua produção em prosa, mas vale a pena apontar para o modo como ele retorna de maneira insistente e recorrente ao gênero, apenas para abandonar suas composições em estado fragmentário, talvez como um experimento para testar a ficção como terreno para discussão de ideias políticas.

Voltando à cronologia, nos anos de 1810 e 1811, Shelley se envolve com a escocesa Harriet Westbrook, de 16 anos, com quem tem um filho. Os poemas de Shelley de 1809 a 1814 são catalogados – pelo menos de 1914 em diante, a partir da edição de Thomas Hutchinson de sua poesia completa – como sua "juvenília". Os mais notáveis desse período são o poema de denúncia social "A Tale of Society as It Is: From Facts, 1811", que trata da miséria e dos horrores da guerra sobre as famílias pobres, a balada cômico-política "The Devil's Walk", o soneto "To a Balloon Laden with Knowledge", com suas variações sobre esse mesmo tema, os poemas dedicados a Harriet e o ciclo de poemas que têm por temática o personagem lendário de Ahasverus ou Aasvero, o Judeu Errante. Entre 1809 e 1810, ele compõe um poema mais longo em quatro cantos chamado "The Wandering Jew" (em torno do qual circulam os poemas "The Wandering Jew's Soliloquy", "Song From the Wandering Jew", "Fragment From the Wandering Jew"), que por muito tempo pensou-se ter sido escrito em colaboração com Thomas Medwin, seu biógrafo, e por isso só foi publicado postumamente em 1829. Ele retomaria ainda a essa lenda em *Queen Mab* (1813), seu primeiro grande poema político, e em *Hellas*, muito mais tarde (1821).

Em 1814, ele abandona a companheira e filho para morar com Mary Wollstonecraft Godwin, numa decisão que mais tarde seria vista como moralmente duvidosa, manchando a reputação do poeta por décadas, sobretudo para os vitorianos como Matthew Arnold – que, como ele mesmo diz, se viu incapaz de ler a poesia de Shelley depois de ler sobre a vida do homem que a escreveu.[2] Mary, curiosamente, era filha da escritora Mary Wollstonecraft, autora do marco do pensamento feminista *A Vindication of the Rights of Woman* (1792), e que morrera no parto em 1797, e do também escritor William Godwin, autor do célebre romance *The Adventures of Caleb Williams* (1794), um dos primeiros exemplos de romances de mistério (elogiado por Edgar Allan Poe, em sua "Filosofia da Composição"), e do influente comentário político e sociológico *An Enquiry Concerning Political Justice* (1793). É através de Godwin – cuja obra exercia grande influência sobre suas ideias políticas – que ele vem a conhecer e se envolver com Mary.

A composição de seu primeiro grande poema, *Queen Mab*, data desse período, entre o final de seu relacionamento com Harriet e os momentos anteriores ao seu relacionamento com Mary. Utilizando uma aparência de conto de fadas – em que a personagem Queen Mab, a rainha das fadas inspirada pela personagem de mesmo nome em *Romeu e Julieta*, de Shakespeare, desce em sua carruagem para mostrar, em sonho, o reino utópico de seu palácio a uma moça que dorme –, o poema se propunha a discutir e apresentar, ao longo de seus nove cantos, ideias revolucionárias como ateísmo, vegetarianismo, amor livre, etc., apresentando o aperfeiçoamento individual de todos como o caminho para uma sociedade melhor, em vez do caminho da revolução violenta, que os rumos tomados pela recente Revolução Francesa haviam demonstrado ser corruptível. Shelley, no entanto, com 21 anos à época da publicação de *Queen Mab*, ainda não tinha a maturidade poética necessária para empreender tal projeto de compor um grande poema moral, e sua ambição o leva a publicar versos que, embora dotados de ideias políticas revolucionárias, a crítica agora vê como em grande parte desprovidos de maior mérito poético. Tais ideias derivam de sua inspiração em Godwin, e, não por acaso, é ainda em Godwin que Shelley se inspira quando retoma uma iniciativa semelhante em *Prometeu Desacorrentado* (1820) – uma obra mais bem resolvida poeticamente.

No fim, o efeito que Shelley obteve com *Queen Mab* parece ter sido muito mais político do que poético: porque o poema desafiava a moralidade vigente, que acabou taxando-o de "imoral" – e Shelley perde a guarda de seu filho com Harriet em parte por conta desse poema –, mas, o que é mais importante, porque ele inspira os marxistas e cartistas (seguidores do cartismo, um movimento de reforma política e social) do Reino Unido. *Queen Mab*, assim como os poemas curtos mencionados no parágrafo anterior, é hoje catalogado como parte de sua juvenília.

Outro evento desse período é a sua fuga forçada do condado de Devon, em 1812, por escrever um panfleto pró-Irlanda, motivo de perseguição política por parte dos órgãos legais do governo britânico. Se não tivesse fugido, era provável que tivesse sido alvo de ações judiciais, como foi o caso de um homem que mais tarde divulgou pôsteres com o panfleto de Shelley e foi condenado a seis meses de prisão.

A partir de 1814 temos registros pelas mãos de Mary, na forma de notas, publicadas pela primeira vez na sua edição *Posthumous Poems*, de 1824, e reproduzidas na edição de 1914 de Hutchinson. Através dela, temos acesso às leituras de Shelley e podemos saber que, entre 1814 e 1815, ele leu, em grego, Homero, Hesíodo, Teócrito e os textos históricos de Tucídides, Heródoto e Diógenes Laércio; em latim, Petrônio, Suetônio, algumas obras de Cícero e uma vasta porção de Sêneca e Lívio; em inglês, Milton, Southey, Wordsworth, Locke e Bacon; em italiano, Ariosto, Tasso e Alfieri; e, por fim, em francês, os *Devaneios do Caminhante Solitário* de Rousseau, e vários livros de viagem – e isso tudo faz com que esse período seja importantíssimo para a formação poética de Shelley. Destacamos aqui o peso dos gregos e dos poetas John Milton e William Wordsworth como as principais influências sobre ele. Sua produção continua pequena, mas os poemas compostos já não são mais considerados como juvenília, mas como "early poems". São notáveis aqui os 720 versos de "Alastor; or, The Spirit of Solitude", um poema alegórico sobre o gênio poético, bem como os poemas curtos "Mutability", "Oh! There are spirits of the air!" e "To Wordsworth" – soneto em que Shelley critica o grande poeta e expressa sua decepção por ele ter sido revolucionário quando jovem e ter se tornado conservador com os anos, tema que seria revisitado múltiplas vezes na produção shelleyana, ao passo que "Oh! There are spirits of the air!" faz o mesmo com Coleridge, ainda que de forma mais velada. Esses poemas e alguns outros, incluindo traduções de Dante e Mosco, foram publicados num volume de 1816 intitulado *Alastor; or, The Spirit of Solitude: And Other Poems*.

É curioso que esse pequeno volume de poemas tenha atraído resenhas bastante negativas. Josiah Condor, do periódico *Eclectic Review*, de outubro de 1816, comenta a respeito que "Tememos que nem mesmo esse comentário [o prefácio] permitirá aos leitores comuns decifrarem o sentido da maior parte da alegoria do Sr. Shelley. Tudo é selvagem e enganoso, intangível e incoerente como um sonho. Estaremos completamente desorientados se tentarmos passar qualquer ideia do plano ou propósito do poema".[3] Por mais que não tenhamos na atualidade a tendência de tratar os românticos como poetas particularmente herméticos, é interessante observar como, para a época, esse tipo de poesia era considerada obscura, sobretudo se pensarmos a grande possibilidade de o público ter como referencial poético os versos claros e racionais de Alexander Pope, para os quais a poética wordsworthiana, já incorporada e, podemos dizer, exacerbada por Shelley (visto que Wordsworth é visivelmente mais claro que ele), já era uma grande transgressão.

Também de particular importância para Shelley é o ano 1816. Em primeiro lugar, porque ele chega enfim à sua maturidade poética, uma noção que Harold Bloom expõe ao tratar, em ordem cronológica, da poesia de Shelley.[4] Nesse ano, ele compõe seus primeiros poemas maduros, "Hymn to Intellectual Beauty" e "Mont Blanc", escritos após visitar o Lago Geneva e o Vale de Chamonix, numa viagem à Suíça que o casal fez na companhia da irmã de Mary, Claire Clairmont, de John Polidori e do poeta Lorde Byron, que se tornaria um amigo bastante próximo de Shelley. Além disso, é nesse ano também que Mary e Polidori começam a escrever seus romances *Frankenstein (ou o moderno Prometeu)* e *O Vampiro*, respectivamente, talvez influenciados pelo clima sombrio que dominou o ano de 1816, chamado de "O Ano Sem Verão", por conta de um inverno vulcânico. Outros acontecimentos notáveis incluem o suicídio da ex-companheira de Shelley, Harriet Westbrook, e o casamento oficial de Percy e Mary, que por fim assumiria o nome pelo qual hoje é conhecida, com maior grau de popularidade do que o marido: Mary Shelley.

Suas leituras de 1816 foram das mais relevantes: do grego, Shelley leu *Prometeu Acorrentado*, de Ésquilo, várias das *Vidas* de Plutarco e as obras de Luciano; do latim, Lucrécio, Plínio (*Epístolas*), e Tácito (*Anais e Germânia*); do francês, a *História da Revolução Francesa* de Lacratelle e os *Ensaios* de Montaigne; no espanhol, *Dom Quixote*, de Cervantes; no inglês, mais Locke e Coleridge, além do *Paraíso Perdido*, de Milton, *A Rainha das Fadas* de Spenser e o Novo Testamento, que foram lidos em voz alta, com Mary.

Já 1817 e 1818 foram anos complicados para Shelley por conta da perda da guarda de seu filho com Harriet e de seus problemas de saúde, que começam em 1817 e se agravam em 1818. Fora a leitura de Apuleio, em latim, a continuação de seu estudo da Bíblia e de Spenser, e o acompanhamento da produção de seus contemporâneos Coleridge, Wordsworth, Moore e Byron, suas leituras desse período são, em sua maior parte, gregas. Delas, Mary Shelley anota os Hinos homéricos, a *Ilíada*, mais dramas de Ésquilo e Sófocles, a *Historia Indica* de Flávio Arriano Xenofonte e o *Banquete* de Platão, que ele traduz por inteiro para o inglês no curso de dez dias, em julho de 1818. Por conta da censura da época, que considerava o amor homossexual não somente imoral como criminoso (e lembremos do caso da prisão de Oscar Wilde, muitos anos mais tarde), a tradução circulou apenas entre amigos, sendo publicada pela primeira vez em 1840, numa edição mutilada pela censura. Mas, apesar de não poder publicar sua tradução, ela lhe serve para, junto da leitura de Milton e Ésquilo, inspirar os primeiros versos de *Prometeu Desacorrentado* em setembro daquele mesmo ano. Fora isso, sua produção desse período inclui, em 1817, o épico *The Revolt of Islam*[5] e o famoso soneto "Ozymandias", entre seus poemas menores, além dos poemas de 1818 como o soneto "Lift not the painted veil", "Stanzas Written in Dejection Near Naples", "Lines Written Among the Euganean Hills" e o diálogo poético "Julian and Maddalo", inspirado pelas conversas entre o próprio poeta (representado pelo personagem de Julian) e Byron (Maddalo). Shelley continua traduzindo poesia, e sua tradução dos Hinos homéricos data desse mesmo período. Sua obra tradutória totaliza 3.262 versos, traduzidos de cinco idiomas (grego, latim, italiano, espanhol e alemão) e vários autores, como Homero, Mosco, Bíon, Virgílio, Dante, Guido Cavalcanti, Calderon, Goethe – e os trechos do *Fausto* traduzidos por Shelley são defendidos por Harold Bloom como a melhor tradução de Goethe que se tem em inglês até hoje.[6]

E, o que é mais relevante, Shelley estabelece um diálogo íntimo entre o que traduz e o que compõe, apesar de tratar sua atividade tradutória como secundária, uma prática técnica para treinar a versificação enquanto espera pela "inspiração" para compor poesia própria. Seu *Prometeu Desacorrentado* é iniciado após traduzir Platão, mas outras traduções estabelecem uma relação muito mais palpável no condizente à forma: o "Hino homérico a Mercúrio", por exemplo, que Shelley traduziu em 97 estrofes em oitava rima – uma opção estranha, considerando que não há rimas nem divisão estrófica no original, mas, de certo, uma opção virtuosística, já que, ao contrário do italiano ou do português, que contavam já com poemas importantes como *Orlando Furioso* e *Os Lusíadas* escritos nessa forma, a oitava rima era uma forma raramente usada em inglês –, faz ecos em "The Witch of Atlas", de 1820, composto de 80 estrofes nessa mesma forma. Do mesmo modo, a terça rima dos trechos do *Inferno* e *Purgatório*, traduzidos da *Divina Comédia* de Dante, antecipam *O Triunfo da Vida*, e a temática, o tom fúnebre, o nome de Adônis da "Elegia à Morte de Adônis" de Bíon antecipam seu próprio "Adonaïs" (1821), a elegia pastoral pela morte de John Keats. É bom ressaltar ainda que 1818 é quando o casal viaja para a Itália, e a atmosfera e a literatura do país parecem também ter efeito sobre Shelley, que, tendo lido já a poesia de Torquato Tasso em 1815, compõe fragmentos de uma peça jamais concluída chamada *Tasso*, ao mesmo tempo em que vai incorporando essas formas comuns à poesia italiana, mas raras na poesia inglesa, que são a terça e oitava rimas.

A produção de Shelley se mostra em seu momento político mais explícito em 1819. Mary, infelizmente, já não mais anota as leituras feitas pelo casal, mas uma ocorrência em especial, que se deu na Inglaterra, fez com que Shelley escrevesse um de seus poemas políticos mais famosos, "The Mask of Anarchy" (Ou "Masque", a grafia varia). Essa ocorrência foi o chamado "Massacre de Peterloo", que se deu em agosto daquele ano nos campos de St. Peter, em Manchester, fazendo com o que o nome do evento seja uma paródia da famosa Batalha de Waterloo, de 1815, em que Napoleão fora derrotado. Esse massacre foi o resultado de um protesto pacífico em que 60 mil civis se reuniram pelo direito de que as cidades industriais em crescimento, povoadas por cidadãos pobres, sem representatividade política, pudessem eleger Membros do Parlamento. O ponto em que esse evento passou de "um protesto pacífico" para "um massacre" foi quando a cavalaria local reagiu com violência, temendo o tamanho da multidão, ferindo 500 pessoas e matando 18 – os dados podem variar de acordo com a fonte. Mas a questão principal que levou Shelley a admirar as vítimas desse massacre foi como elas foram capazes de manter sua resistência pacífica, mesmo diante da violência, e não tanto o massacre quanto a coragem dos manifestantes foi o que o inspirou de tal forma que ele se trancou por dias em seu sótão enquanto compunha o poema. Os efeitos psicológicos sobre os perpetradores da violência opressora e não-mútua são o foco das estrofes finais de "The Mask of Anarchy", que termina com a frase antológica "Ye are many, they are few" ("Sois muitos, eles são poucos"). Não por acaso, esse mesmo poema viria a ser uma das principais inspirações para Henry Thoreau e Mahatma Ghandi, com suas noções de desobediência civil e a doutrina da *Satyagraha* (resistência civil não violenta).[7]

Escrito na forma de uma quase balada em quartetos de tetrâmetros trocaicos ocasionalmente irregulares, em rimas emparelhadas, esse poema de cerca de 700 versos é exemplar do estilo político que Shelley desenvolve em 1819. Ele é mais simples do que a poesia onírica de "Alastor", as alegorias são mais claras, com a presença dos personagens reais John Scott, conde de Eldon, o visconde Lorde Castlereagh e o visconde Sidmouth; há um gosto pelo grotesco – como na imagem do Assassinato personificado seguido por cães gordos, da Fraude que chora lágrimas que se tornam pedras ao cair, ou da Hipocrisia montada num crocodilo, todas elas alegorias para os três personagens reais citados – em conjunto com uma menor pirotecnia formal; e o poema todo tem um forte apelo popular, no sentido de ter sido composto com uma clara intenção de ser lido pelo povo, de modo a inspirar nele ideias revolucionárias. Como comenta Mary, "Shelley amava o povo", mas também estava ciente de que as massas não tinham a educação necessária para compreender seus poemas mais difíceis – algo que, como foi demonstrado pelas resenhas da época, os próprios leitores "bem-educados" do seu tempo não eram tão capazes assim de fazer. Outros poemas menores dessa fase mais política – em certo grau semelhante, poderíamos dizer, à fase *A Rosa do Povo* de nosso Carlos Drummond de Andrade – são o soneto "England in 1819", com sua crítica severa ao Rei George III, e "A New National Anthem", uma paródia do hino nacional, além de outros poemas invectivos como "An Ode, Written October, 1819, Before the Spaniards Had Recovered Their Liberty", "Lines Written During the Castlereagh Administration", "Song to the Men of England" e "Similes for Two Political Characters of 1819".

Outros dois poemas dignos de nota são "Peter Bell the Third" e *Swellfoot the Tyrant*. O primeiro é uma paródia do poema "Peter Bell" de Wordsworth, sobre um oleiro com esse nome que encontra salvação moral/religiosa após uma série de eventos naturais que estimulam a sua superstição. O "Peter Bell" de Shelley, por sua vez, condena, ao mesmo tempo, a obra, vista como terrível e tediosa, da produção posterior de Wordsworth e o posicionamento político do poeta, com sua guinada, ao longo dos anos, para o conservadorismo, como explorado já no soneto "To Wordsworth". *Swellfoot the Tyrant*, uma obra mais complexa, é uma paródia de *Édipo Rei* inspirada em Aristófanes – em especial por uma cena real da vida de Shelley em que ele declamou, certa vez, alguns versos numa feira ao ar livre, enquanto porcos grunhiam ao fundo, o que o lembrou dos coros das peças cômicas gregas, como, por exemplo, *As Rãs*. Por isso, *Swellfoot* se apresenta como uma obra "traduzida do dórico" – e o próprio nome Swellfoot é uma tradução possível para o inglês de Οἰδίπους, Édipo, "pé inchado" – e com um coro de porcos, que procuram derrubar o rei e os seus ministros, para que o trono seja ocupado pela rainha Ione, que seria a verdadeira herdeira do direito de governo e representa uma ficcionalização muito pouco velada de Caroline de Brunswick, esposa do rei George IV. Sua comicidade e o gosto pelo grotesco situam, com efeito, esses dois poemas dentro dessa produção política/invectiva de 1819.

Outro poema composto nesse período e publicado em 1820 é a tragédia *The Cenci*. Tomando como tema a história real da família italiana renascentista de mesmo nome, a peça dramatiza o evento do estupro de Beatrice Cenci por seu pai, o infame conde Francesco Cenci, bem como o subsequente parricídio cometido por vingança e a condenação e execução de Beatrice pelo Estado. A temática violenta e incestuosa da peça, em conjunto com a fama de Shelley como autor de *closet dramas*, i.e. peças para serem lidas e não encenadas, e a decadência da tragédia nos teatros ingleses em favor do melodrama[8] fizeram com que ela jamais fosse levada ao palco durante todo o século XIX. Os pontos fortes dessa peça incluem a alta qualidade do verso, elogiada por Ezra Pound[9] (um dos maiores detratores de Shelley durante o modernismo), e a representação poderosa da heroína Beatrice, que mantém sua dignidade de figura trágica até os momentos finais de confronto com a morte. Ao contrário de *Prometeu* e *Swellfoot*, *The Cenci* tem como molde um modelo mais elisabetano do que grego.

Por fim, vale a pena lembrar que, apesar dessa guinada política e popular que tinge a produção de Shelley do período, ele não para de escrever seus poemas mais difíceis e "sérios" (em oposição aos cômicos) – mais, digamos, "estetizantes". *Prometeu Desacorrentado* ainda estava em produção até 1820, quando é publicado, e alguns de seus poemas mais célebres como "Ode ao vento Oeste" e "Filosofia do amor" datam de 1819, além da menos conhecida, porém tão notável quanto, "Ode ao Céu". Retomando a comparação com Drummond, que, após *A Rosa do Povo* publica o hermético e politicamente desiludido *Claro Enigma*, é no espírito desses poemas mais difíceis (embora não desiludido ainda) que a produção posterior de Shelley se concentra.

É curioso e bastante revelador o que a poeta Elizabeth Bishop disse a respeito de *Prometeu Desacorrentado*, em comparação com a poesia mais popular de Shelley:

> Ele mostra as mesmas crenças e esperanças de reformar a humanidade que os seus primeiros poemas, mas não há mais uma listagem inútil das falhas da Terra. Shelley chegou ao ponto de entender que ele sozinho poderia fazer muito pouco contra a ignorância e a convenção, e, sem tentar simplificar seus poemas para ter um maior apelo ao público geral, como fizera anteriormente, ele escrevia exatamente como se sentia. O resultado é um padrão intrincado de espíritos, tempestades, música e nuvens, todos movidos por suas ideias arrebatadoras. É impossível lê-lo e ver as coisas exatamente como eram antes.[10]

Em 1820, enquanto Shelley viaja pela Itália – passando por Florença, Pisa, Livorno –, ele publica seu *Prometeu* e compõe os novos poemas "The Sensitive Plant" e "The Witch of Atlas", os poemas mais longos compostos então, além de poemas menores como "The Two Spirits: an Allegory", "To a Skylark", o soneto "Ye hasten to the grave...", "Ode to Liberty" e os Hinos de Apolo e Pã, que, conforme pretendia o casal, fariam parte de uma peça chamada *Midas* escrita por Mary Shelley, um projeto que foi abandonado. É desse ano também o ensaio *Uma Defesa da Poesia (A Defence of Poetry)* – a resposta de Shelley à crítica irônica-satírica de seu amigo Thomas Peacock contra a poesia em seu ensaio *As Quatro Idades da Poesia (The Four Ages of Poetry*, 1820), que alegava que o papel da poesia estava sendo obscurecido pela ciência, que seria mais adequada ao homem moderno e "evoluído" do que os mitos que encantavam os homens "primitivos". É desse ensaio de Shelley que parte a declaração de que os poetas são os "legisladores não-reconhecidos do mundo", uma noção sedutora que mesmo hoje parece ter espaço na visão dos poetas contemporâneos.

Por fim, chegamos aos anos 1821 e 1822, quando Shelley começa a desenvolver seu gosto por barcos, na companhia de Lorde Byron e de Edward Ellerker Williams, um aventureiro da marinha, membro do Eighth Light Dragoons da Companhia das Índias Orientais, com sua esposa Jane. Jane Williams se torna tema de diversos poemas compostos na época – "To Jane: 'The Keen Stars Were Twinkling'", "To Jane: The Recollection", "To Jane: The Invitation", "With a Guitar, to Jane", todos de 1822 –, o que reflete o distanciamento emocional sofrido pelos Shelley. Outros poemas são escritos ainda nesse período como "Epipsychidion", "Lines Written on Hearing the News of the Death of Napoleon" e "To Night", em 1821, e *O Triunfo da Vida* (*The Triumph of Life*), em 1822. Destacamos ainda o outro drama lírico de Shelley, *Hellas*, inspirado pela guerra contemporânea entre gregos e turcos (da qual Byron participaria), os sonetos "To Byron" e "Political Greatness" e "Adonaïs", sua elegia pela morte de John Keats, com quem Shelley tinha alguma relação de proximidade. Inspirado por Bíon e pelos moldes pastorais de "Lycidas" de Milton, Shelley compõe 55 estrofes em modelo spenseriano, como homenagem ao colega morto. Por isso e por sua força poética, é um dos poemas mais famosos de Shelley, tendo sido já recitado por Vincent Price, na gravação de um LP de 1956, e Mick Jagger.

O Triunfo da Vida, esboçado em 1822, é um de seus maiores poemas, ainda que deixado "inacabado" por conta da morte precoce do poeta em 8 de julho, quando seu barco é atingido por uma tempestade em alto mar, ceifando Shelley, Williams e ainda um terceiro tripulante. Composto em terça rima, ao moldes de Dante e Petrarca, ele toma a forma de uma visão, um delírio sinistro, para tratar de preocupações semelhantes às de *Prometeu*, no que diz respeito à relação entre o homem e figuras de poder, dialogando simultaneamente com os poemas dedicados a Wordsworth, ao apresentar a ideia de que a fagulha criativa do homem é desgastada e embotada pela vida (que toma ares distintos do que pode sugerir o título do poema), com um viés cujo pessimismo é mais visível. Nesta fantasmagoria final de Shelley, impõe-se a imagem de um carro, o carro da vida como essa morte-em-vida que destrói o poder criativo, guiado por uma figura dúplice de Jano que passa em meio a uma turba de figuras sombrias que correm, dançam e orbitam o carro, com a figura de Rousseau aparecendo como interlocutor e um equivalente shelleyano ao Virgílio que guia Dante pelo inferno. Apesar de inacabado, *O Triunfo da Vida* representa, para o crítico Harold Bloom, a mais "implacável e objetivamente realizada de todas as visões de Shelley" e seu clímax final confirma isso, conforme o eu-lírico indaga, em desespero, "Then, what is life?", concluindo os 540 versos do poema, bem como toda a carreira poética de Shelley, com uma eficácia impecável.

A desilusão final do poeta romântico dedicado a uma obra em geral positiva, guiada pelas noções da perfectibilidade do homem, em combinação com um estilo que retoma e, pode-se argumentar, extrapola o hermetismo de sua poesia anterior, poderia ainda ser interpretada como um primeiro passo rumo a esse movimento crepuscular do romantismo que foi o simbolismo – que só seria inaugurado, de fato, na França, por Baudelaire, mais de duas décadas mais tarde. Karl Marx, leitor de Shelley, bem como de Heine, outro romântico importante, teria supostamente dito o seguinte sobre a morte precoce de Shelley e de Byron:

> A verdadeira diferença entre Byron e Shelley é a seguinte: aqueles que os compreendem e os amam regozijam-se de que Byron tenha morrido aos 36 anos, porque, se tivesse vivido, teria se tornado um burguês reacionário; eles lamentam que Shelley tenha morrido aos 29, porque ele era essencialmente um revolucionário e teria sido sempre parte da vanguarda do Socialismo.[11]

Apesar de não haver indícios de reacionarismo em Shelley, talvez essa postura fosse difícil de manter por esse súbito caráter pessimista de sua poesia tardia – o que, de novo, nos leva a comparações com a distinção entre as fases *A Rosa do Povo* e *Claro Enigma*, de Drummond. Seu silêncio, no entanto, censura qualquer especulação posterior.

As inspirações para *Prometeu Desacorrentado*

Segundo a mitologia grega, Prometeu foi o titã punido por Zeus por ter roubado o fogo para dá-lo aos mortais, frustrando os planos de Zeus, que planejava mantê-los domesticados como gado. Seu castigo é ser acorrentado ao Cáucaso, onde ficaria exposto aos elementos e teria seu fígado devorado por um abutre (ou por uma águia; as versões variam), até que fosse feito um acordo com Zeus. Nesse pacto, Prometeu revelaria informações importantes sobre o futuro do deus olímpico, no que dizia respeito a uma profecia sobre sua queda (lembrando que, no grego, Prometeu, Προ + μηθεύς, significa algo como "pré-vidente"), uma vez que, segundo uma das versões do mito, que é a utilizada por Ésquilo, o filho de Zeus com Tétis seria quem estaria destinado a derrubá-lo. Assim, ao ceder enfim às torturas infligidas, Prometeu revelaria a profecia, que poderia, portanto, ser evitada por Zeus ao dar Tétis em casamento a Peleu, que, por sua vez, com ela geraria Aquiles, uma das principais figuras da Guerra de Troia e da *Ilíada* – mantendo a ordem na hierarquia celestial.

Ésquilo, se foi de fato ele o autor da peça – e há dúvidas hoje sobre a sua autoria,[12] o que, na falta de dados sobre o seu possível autor real, não nos impedirá, conforme a tradição, de nos referirmos a ele como seu autor –, com sua trilogia sobre o titã, então, se vale não só do lado mais popular do mito de Prometeu, que é a sua punição pelo roubo do fogo. Ele incorpora também esses detalhes mais obscuros de sua mitologia como a questão da profecia sobre a queda de Zeus, parte do mito de Tétis (que teria sido perseguida por Zeus e Poseidon, mas estava destinada a gerar um filho muito mais poderoso que o pai, não importando quem esse pai fosse), e também o mito de Io, cuja linhagem posterior viria a gerar Héracles (Hércules), o responsável por matar o abutre e quebrar os grilhões de Prometeu. Tal manipulação do mito por Ésquilo representaria uma inovação sobre a tragédia grega e mais um caso de excepcionalidade de *Prometeu Acorrentado*. Como sabemos pelas notas de Mary, Percy Shelley leu a peça grega em 1816, e ela tem um papel crucial que vai além da inspiração óbvia denunciada pela referência no próprio título, *Prometheus Unbound* – *Prometheus Bound* é como *Prometeu Acorrentado* é conhecido em inglês. Ela é determinante para a estrutura da peça de Shelley (o ato I inteiro é uma releitura do *Prometeu Acorrentado*, por exemplo, acompanhando de perto, inclusive, alguns versos), e toda a premissa dela repousa na inversão da peça de Ésquilo. Se, no mito grego, Prometeu é desacorrentado após desistir de sua insubmissão e ceder ao poder de Jove, em Shelley sua resistência é inquebrantável, e Jove termina a peça destituído de seu poder.

Há uma outra variação do mito clássico, com algumas diferenças, no diálogo platônico *Protágoras*, narrado pelo personagem homônimo. Tanto Ésquilo quanto Shelley ignoram a existência do irmão intelectualmente inferior de Prometeu, Epimeteu – uma figura que, podemos concordar, seria mais apropriada a uma comédia. Se Prometeu é o "pré-vidente", Epimeteu é o "pós-vidente", aquele que só pensa no que faz depois de tê-lo feito, e ele tem um papel crucial na versão do mito prometeico de Protágoras. Diz ele que os dois titãs foram encarregados de criar todas as criaturas mortais a partir do barro e de distribuir entre elas suas qualidades, de modo que possam sobreviver sem que se extinguam. Epimeteu pede ao irmão que o deixe fazer isso sozinho e assim cria todos os animais com suas devidas características, com as presas, as garras, os cascos, a força, a velocidade, a couraça e a pelagem, conforme tem cada espécie conhecida. O problema é que Epimeteu esgota seus recursos com todas as criaturas da natureza, de modo que nada resta ao chegar no homem, que "não dispunha de nada". Assim, desesperado porque se aproximava o prazo em que o homem teria que estar pronto, Prometeu entra, sorrateiro, na oficina de Hefesto e Atena e rouba, do primeiro, o fogo, e, da segunda, o conhecimento técnico. E por isso Prometeu é punido – porém, o foco do mito narrado por Protágoras não é esse, mas um outro aspecto que é como faltava a esse homem primitivo o conhecimento político, que deriva de Zeus (e que Prometeu não pôde roubar). O Zeus de Protágoras, no entanto, não é um tirano opressor e se apieda da humanidade, por ver que ela, mesmo com o fogo e a técnica, se via em desvantagem, porque não conseguia formar cidades, e lhe envia seu filho Hermes para repartir essa inteligência política entre os homens. É um mito bastante distinto do de Ésquilo, mais favorável ao pai dos deuses, e um material trágico muito inferior, em parte por causa da comicidade da trapalhada de Epimeteu. Mas tem uma utilidade no discurso de Protágoras que é fornecer uma fundação ética do político.

Há mais uma versão ainda, relatada por Élio Aristides, que se opõe a Platão e à condenação platônica da retórica. Em *Contra Platão, para defender a retórica,* Aristides relata uma situação semelhante à do mito de Protágoras, mas omite o momento anterior à criação do homem e de todas as criaturas por Prometeu e Epimeteu (há apenas uma menção à criação do homem por Prometeu quando ele diz como Prometeu moldou nos homens os órgãos dos sentidos, de maneira igualitária). Ele começa com "Os homens e os outros animais tinham há pouco surgido, e a terra estava repleta de confusão e tumulto. Eles não sabiam o que fazer de si próprios, porque nada havia que os conduzisse à união".[13] Em Aristides, Prometeu não rouba o fogo (tampouco é punido), apenas convence Zeus a enviar ajuda à humanidade, antes que ela fosse extinta, e, quando Hermes é enviado para dar a retórica aos homens, Prometeu o ajuda a distribuí-la, para que essa distribuição seja não igualitária como a dos órgãos dos sentidos, mas capaz de criar homens que sejam melhores retóricos do que os outros. É uma versão do mito ainda mais abstrata do que a de Protágoras em Platão, mas deixa transparecer a ideia de que o fogo de Prometeu fosse um fogo metafórico, representante de um tipo de inteligência abrangido pelo termo de retórica (que Aristides compreende como algo muito além do sentido pejorativo de "retórica" como "palavrório", "verbosidade ardilosa" ou "logomaquia").

É difícil ter certeza sobre o quanto eram correntes esses usos do mito de Prometeu de Protágoras ou Aristides, isto é, se essas eram versões já populares entre os gregos ou se são manipulações do mito com o intuito de fundamentar um argumento filosófico. É provável que a versão mais antiga e conhecida do mito fosse a de Hesíodo, presente na sua *Teogonia* (vv. 507–616),[14] em que o Titã assume um papel de "trickster god", um deus trapaceiro, como Loki, da mitologia escandinava, ou o Coiote da mitologia de algumas tribos de nativos norte-americanos (figura que também é, curiosamente, a do ladrão do fogo). Em Hesíodo, Prometeu cria o costume de imolar os ossos dos sacrifícios animais para Zeus, enganando o deus para que consuma os ossos envolvidos na gordura, em vez da carne, que Prometeu esconde no estômago de um boi. Revoltado, Zeus nega o fogo ao homem, e Prometeu o rouba e o devolve novamente numa férula oca, sendo, por isso, castigado. Encerra o trecho do mito de Prometeu o ensinamento de que:

> Não se pode furtar nem superar o espírito de Zeus
> pois nem o filho de Jápeto o benéfico Prometeu
> escapou-lhe à pesada cólera, mas sob coerção
> apesar de multissábio a grande cadeia o retém.

> (vv. 613-616, tradução de Jaa Torrano)

Esse mito também está presente no poema didático *Os Trabalhos e os Dias*, em que Hesíodo emenda ainda a narrativa da criação do ser humano pelos dois irmãos, o roubo do fogo e a punição de Prometeu com a teodiceia do mito de Pandora, enviada pelos deuses para trazer o mal à humanidade como vingança pelo crime do titã.

A narrativa prometeica de Ésquilo difere da de Hesíodo, primeiro, por seu Prometeu não ter tantas características de deus trapaceiro, mas também por não ter a necessidade etiológica de explicar a origem dos sacrifícios animais e por ter uma moral distinta, ensinando não como "não se pode superar o espírito de Zeus", mas como conciliar esse poder com a sabedoria prometeica, na medida em que só o titã sabe a profecia sobre a queda de Zeus. De qualquer modo, a ideia de um fogo metafórico, associado a algum tipo de inteligência, parece ser uma leitura possível em todas essas versões do mito.

Séculos mais tarde, no período romântico, diversos artistas, além de Shelley, vieram a reaproveitar o mito, sempre sob uma ótica simpática ao titã, padroeiro de todos os poetas, que representaria esse caráter criativo e transgressor da humanidade. Podemos listar Goethe, Byron e Herder, todos compondo poemas inspirados pela temática de Prometeu, além de músicos como Beethoven, Liszt e Schubert. Mas, para nenhum desses autores, o tema foi tão importante quanto foi para Shelley, que faz do mito um verdadeiro evangelho. É difícil afirmar que ele tenha lido um autor grego tão obscuro quanto Élio Aristides, mas sabemos com certeza que, além de Ésquilo, ele leu Hesíodo, entre 1814 e 1815, segundo as notas de Mary Shelley, e o diálogo *Protágoras*, de Platão, quando ainda estudava em Oxford.[15] Logo, o poeta estava plenamente familiarizado com essas variações do mito, que devem ter influenciado a sua própria releitura mítica. Antes de tratarmos do seu *Prometeu Desacorrentado*, no entanto, devemos lançar um olhar mais detido sobre a trilogia de Ésquilo.

A peça se abre com a cena da prisão de Prometeu ao Cáucaso realizada por Cratos (Força, ou Poder) e Bias (Violência, personagem mudo), enquanto Hefesto, o deus ferreiro, responsável por forjar os cravos e grilhões que o prendem, lamenta. Após a saída de seus torturadores, o titã, monologando, esbraveja sua raiva contra o mundo e é ouvido, a princípio, por ninguém, senão a natureza, realçando sua solidão[16] e atraindo, mais tarde, a atenção de um coro de oceânides, ninfas filhas do deus Oceano, que tentam consolá-lo. A escolha das oceânides para o coro, dada a importância que o coro tinha no drama grego, não é arbitrária, mas é definida pela sua afinidade com o herói: Prometeu seria filho da titã Clímene, uma das filhas de Oceano, segundo Hesíodo, com Jápeto. Uma hora, entra em cena o próprio deus Oceano, que vem dialogar com Prometeu e lhe sugere que deixe de resistência e se submeta a Zeus. Prometeu, no entanto, resiste.

O quarto ato é notável, então, pelas complexidades que acompanham a introdução da estranha personagem de Io, a menina transformada em novilha por Hera após ser objeto da luxúria de Zeus, castigada não apenas com essa transformação, mas também com a perseguição sem fim de um moscardo, que a pica e faz com que não possa parar jamais para descansar. Sua mobilidade constante oferece, assim, um contraponto à imobilidade de Prometeu, ao mesmo tempo em que representa mais um aspecto das punições cruéis e arbitrárias dos deuses olímpicos. É através do diálogo com ela que nós, como plateia, ficamos sabendo da profecia da queda de Zeus e do futuro de Io, que, após longa peregrinação, daria origem à linhagem que resultará em Héracles (Hércules), que, como apontamos acima, é quem acaba por quebrar as cadeias que prendem Prometeu.

Hermes, no entanto, no quinto e último ato, ouve o que acontece e exige, numa longa cena de interrogatório, que Prometeu revele o que sabe sobre o futuro de Zeus – e, porque o titã se nega a fazê-lo, é lançado ao Tártaro. Isso conclui a tragédia.

As peças posteriores *Prometeu Liberto* e *Prometeu Piróforo*, talvez nesta ordem, dariam continuidade à trilogia, mas somente *Prometeu Acorrentado* sobreviveu, e as informações que temos das outras peças derivam apenas de comentários posteriores. Através desses comentários, sabemos, por exemplo, que *Prometeu Liberto* tinha um coro de titãs, o que mais uma vez demarca a relação de afinidade entre o herói e o coro, também consistente com sua ambientação no Tártaro, e que sua conclusão segue a versão do mito que mencionamos acima, com a reconciliação entre o titã e Zeus. Sobre *Prometeu Piróforo* pouco se sabe, seu lugar exato na trilogia é incerto, podendo ser tanto a primeira quanto a terceira peça, uma vez que sua temática poderia ser a encenação do roubo do fogo, o crime que faz Prometeu ser castigado em *Prometeu Acorrentado*, ou o estabelecimento do culto a Prometeu em Atenas, associado à corrida da tocha. O *Prometeu Desacorrentado* de Shelley seria, assim, uma revisitação do *Prometeu Liberto* de Ésquilo (ambas as peças têm o mesmo nome em inglês, *Prometheus Unbound*), mas, como observaremos, ele deriva muito de sua estrutura da peça grega sobrevivente que a antecede.

É nesse ponto que repousa a principal alteração que Shelley opera sobre o mito, declarada por ele no prefácio do poema, em que Shelley defende sua alteração com base no que via como a lógica dos próprios tragediógrafos gregos, que, segundo ele, também exibiram no teatro a história de Agamêmnon com "tantas variações quanto havia peças":

> Mas, na verdade, eu era avesso a uma catástrofe tão flébil quanto a reconciliação do Campeão com o Opressor da humanidade. O interesse moral da fábula, tão poderosamente sustentado pelos sofrimentos e resistência de Prometeu, seria aniquilado se pudéssemos concebê-lo desdizendo sua linguagem elevada e se encolhendo diante de seu adversário perfidioso e bem-sucedido. O único ser imaginário semelhante em algum grau a Prometeu é Satã; e Prometeu é, em meu julgamento, um personagem mais poético que Satã, porque, além da coragem e majestade e oposição firme e paciente à força onipotente, ele é passível de ser descrito como isento das máculas da ambição, inveja, vingança e desejo por engrandecimento pessoal que, no Herói de *Paraíso Perdido*, interferem com os interesses. O personagem de Satã engendra na mente uma casuística perniciosa que nos leva a

pesar suas falhas com seus erros, e a desculpar aquelas porque estas excedem qualquer mesura. Nas mentes daqueles que levam essa ficção magnífica em consideração com um sentimento religioso, algo pior é engendrado. Mas Prometeu, do modo como é, é o tipo de maior perfeição de natureza moral e intelectual, impelido pelas motivações mais puras e verdadeiras aos melhores e mais nobres fins.

Felizmente, a declaração do próprio poeta nos poupa de ter de forçar a comparação entre Prometeu e Satã. No *Paraíso Perdido*, de John Milton, épico sobre a criação do mundo, a derrota de Satã e a Queda do homem, o poeta traça um retrato de Satã que o representa, a princípio, como uma figura trágica, castigado por Deus por sua rebeldia com o seu cárcere no Inferno. Mais tarde, conforme o foco narrativo muda de Satã para Adão e Eva e sua queda, é que Satã é deixado de lado como personagem, tornando-se cada vez mais corrompido por sua maldade.

Tendo Shelley lido bastante Milton, não é de se admirar que o seu Prometeu e Satã tivessem tantas semelhanças: em ambos os casos, temos uma entidade espiritual imortal sendo castigada com severidade por uma entidade divina muito superior em poder, motivada por uma transgressão cometida. As referências a Jove como "todo-poderoso" em diversas ocasiões também ecoam essa associação entre o deus olímpico e Iavé.

Como se sabe, Satã, por obra de subversão, era uma figura bem vista entre os românticos – tanto que a contracapa da edição Penguin do *Paraíso Perdido* afirma: "Introducing literature's first Romantic – Satan" (apresentando o primeiro romântico da literatura: Satã). Não por acaso também falamos em "satanismo" para nos referirmos à poesia de Byron e, mais tarde, Baudelaire. E Blake, também, que compôs um longo poema chamado *Milton* sobre a figura do poeta, dele afirmaria ainda, em *O Matrimônio do Céu e o Inferno*:

> O motivo pelo qual Milton escrevia em grilhões dos Anjos & Deus, e com liberdade dos Diabos & o Inferno, era porque era um verdadeiro Poeta e do partido do Diabo sem o saber

Sob um olhar mais razoável, é difícil concluir que o autor John Milton – não no sentido de a entidade narrativa que apresenta o *Paraíso Perdido* (que, de fato, representa Satã, pelo menos a princípio, sob termos grandiloquentes), mas a figura histórica real, o cidadão inglês puritano chamado John Milton que escreveu (ou melhor, ditou) a obra – fosse "do partido do Diabo sem o saber", especialmente depois de ler os livros tardios do poema[17] ou sua sequência, *o Paraíso Reconquistado*. A partir da segunda metade do livro, Satã e seus comparsas se degeneram aos poucos, corrompidos pelo próprio mal, até serem transformados em serpentes que se mordem umas às outras, conforme narrado no livro X, uma degeneração que não é evidente nos livros iniciais que revestem Satã de uma aura heroica, ainda que decaída. No *Paraíso Reconquistado*, que encena a tentação de Jesus no deserto, ele e os seus comparsas são uma figura ainda mais patética.

Shelley, como demonstrado na citação acima, reconhece as fraquezas morais de Satã, motivo pelo qual elege Prometeu como uma figura imaginária superior, e era de se esperar que Byron e Blake também não fossem ingênuos o suficiente para não levá-las em consideração. No entanto, como diz Shelley, "o personagem de Satã engendra na mente uma casuística perniciosa que nos leva a pesar suas falhas com seus erros, e a desculpar aquelas porque estas excedem qualquer medida", e parece ter sido esse o pensamento por trás dos outros românticos, em seu louvor da rebeldia e da insubordinação. Não por acaso é no Romantismo, mais do que em qualquer período anterior, que o poeta aparece como uma espécie de rebelde – e, como vimos, poucos poetas do começo do século XIX conseguiram ser tão polêmicos quanto Shelley: ateu, vegetariano e oposto ao governo, com boa parte de sua obra circulando de modo anônimo e/ou censurada.

No entanto, assim como foi necessário o período romântico para encontrar algo de virtuoso em Satã, ainda que ele tivesse recebido uma representação de herói clássico no período barroco, também podemos pensar que os gregos não eram tão simpáticos assim ao personagem de Prometeu quanto pudesse parecer à primeira vista. Ainda que Ésquilo, como Milton, tivesse maestria em sua representação do sofrimento do titã, Prometeu se opôs ao pai dos deuses, ao grande rei e instaurador da ordem, e uma ordem sem a qual a pólis não poderia funcionar. Como nos lembram comentaristas como Edith Hall,[18] a produção dramática ateniense visava, em alguma medida, manter a ordem ideológica da pólis, o "atenocentrismo", que pode ser observado na recorrência de temas como a submissão da mulher, representadas como tendendo a enlouquecer quando não há um homem por perto; louvação da pólis, em oposição à "barbárie" dos povos nômades; naturalidade da relação entre escravo e senhor, etc. Por ora, não levemos em consideração o possível anacronismo de se falar em "ideologia ateniense" – uma vez que a própria noção de ideologia nasce só no século XVIII – e, antes que condenemos Ésquilo, lembremos, primeiro, que há mais na obra literária do que os seus componentes ideológicos, e segundo, que estamos tratando de uma obra antiquíssima, do século V a.C., produzida por uma sociedade cujos hábitos seriam, para nós, de difícil compreensão, independente de nossos esforços imaginativos – e que, se tendemos à condenação dos aspectos ideológicos das obras da antiguidade, é porque fomos influenciados pelo humanismo e o espírito de mudança românticos.

O que importa para nós agora é o fato de que Ésquilo, como outros dramaturgos, cidadãos atenienses escrevendo para outros cidadãos atenienses, tendia a confirmar as noções que regiam a ordem na pólis com suas obras. Assim, o sofrimento de Prometeu só tem fim com sua reconciliação com Zeus, e, se podemos encontrar falhas morais no pai dos deuses (sua violência), sob a ótica ateniense, também podemos encontrá-las no titã. Sua insubordinação intelectual e arrogância o fazem ser, em alguma medida, merecedor do seu castigo, segundo a visão ateniense,[19] uma vez que a insubordinação intelectual podia ser vista como nociva à constituição da pólis, capaz de destruí-la por dentro, corroendo seus elos. Sócrates foi um exemplo de insubordinação intelectual ao negar em público a existência dos deuses, e, além de ter sido ridicularizado na peça *As Nuvens*, de Aristófanes, foi condenado ao suicídio via ingestão de cicuta. Uma sociedade que tratou Sócrates desse modo por ir contra o pensamento estabelecido também não deveria ver como positiva a insubmissão de Prometeu. O comentador H. D. F. Kitto, em sua leitura de *Prometeu Acorrentado*, entende essa tragédia como uma história de conciliação entre a Inteligência, representada por Prometeu, e a Ordem e Poder, simbolizada por Zeus. As ações de Zeus são, senão justificadas, ao menos atenuadas pela novidade de seu reino – cronologicamente, na medida em que é possível traçar uma cronologia dos mitos gregos, a narrativa do mito de Prometeu se inicia logo após a Titanomaquia, em que ele tem um papel crucial na vitória dos deuses olímpicos, e seu ciclo termina após o amadurecimento de Hércules, posterior ao mito de Anfitrião e Alcmena, que leva ao seu nascimento, como culminação de uma série de linhagens heroicas geradas a partir de Io (ficando incerto, no entanto, se o fim desse ciclo se dá antes de Hércules morrer ou após ele ser morto e divinizado). Através desse embate, lembrando das falhas morais de Prometeu, é que Ésquilo pode demonstrar toda a fúria e indignação do titã sem questionar a ordem vigente desde os seus alicerces divinos. E assim, como diz Kitto, "a tragédia [é] ocasionada pela violência, mas uma violência que passa e o caos dá lugar à paz, com o tempo", o que permite explicar a reconciliação final da trilogia esquiliana.

No entanto, se em Ésquilo, na interpretação de Kitto, ocorre a reconciliação, no final, entre o Poder e a Inteligência, o que ocorre em Shelley é que a Inteligência suplanta e abole o Poder, e aquilo que era visto entre os gregos como uma falha moral, para os românticos passa a ser uma virtude – o que permite a Shelley que veja Prometeu não como um grego o veria, mas como um superior ao Satã de Milton, em vez de enxergar a ambos como igualmente falhos em sua arrogância e insubordinação. O poeta opera, assim, em *Prometeu Desacorrentado*, uma estranha mescla de modernidade e antiguidade, na medida em que se apropria de um molde antigo para propor uma poética e uma reflexão ideológica bastante modernos.

Há ainda mais uma obra que serviu de inspiração, o diálogo platônico *O Banquete*, que, como apontamos, Shelley não só leu no original grego como traduziu para o inglês, logo antes de começar a composição do *Prometeu*. Shelley é muitas vezes visto como um platônico, mas temos motivos para crer que, qualquer adoção que ele tenha feito do que pudesse ser a doutrina filosófica platônica, tal como compreendida no período, essa adoção nunca foi plena, mas sempre marcada por uma visão muito idiossincrática. De qualquer forma, temos essa presença desde o primeiro verso de *Prometeu Desacorrentado*: "Senhor dos Deuses, Dáimones e Espíritos". Os dáimones a que Shelley se refere aqui, do grego dáimon (δαίμων), eram figuras intermediárias entre os homens e os deuses. Sócrates, no *Banquete* e na *Apologia*, revela não crer nos deuses, tal como representados, repletos de falhas e paixões humanas, pela mitologia grega, mas acreditava nos dáimones – e Eros, o Amor, assunto principal do *Banquete*, para ele seria uma dessas entidades. A relação de Shelley com Platão, sua influência e os pontos em que ele adere ou desvia do platonismo, são um assunto dos mais frutíferos e há décadas tema para discussão. Por ora, basta afirmar que essa relação existe, mas não é tão simples quanto possa parecer quando afirmam categoricamente que Shelley era um platônico.

Personagens, enredo, temática

Em termos de enredo e personagens principais, a peça de Shelley não é das mais complicadas. O protagonista é o titã Prometeu, e cronologicamente a peça começa em algum momento não do passado mítico, mas de um futuro apocalíptico – não no sentido do senso comum de "cataclismo", mas no escatológico de "fim do tempo" e "revelação do mistério". Há referências a eventos muito além do universo do mito grego clássico, como a crucificação de Jesus e a fundação da Igreja e a Revolução Francesa, que têm todos um papel crucial no primeiro ato. Outra figura a que poderíamos chamar de protagonista, pelo peso que tem no desenrolar dos acontecimentos da peça, seria a contraparte feminina de Prometeu, a oceânide Ásia. As oceânides, ninfas filhas do deus Oceano, compõem coletivamente o coro de *Prometeu Acorrentado*, de Ésquilo, mas em Shelley elas são individualizadas, cada uma com uma personalidade e um nome próprios, dentre as quais Ásia é a mais importante. Uma das versões do mito representava Ásia como mãe de Prometeu, mas o historiador Heródoto, talvez por engano, talvez por valer-se de ainda outra versão do mito, se refere a ela como esposa do titã, e é provável que essa tenha sido a referência a que Shelley teve acesso, já que esse é o papel que ela desempenha em *Prometeu Desacorrentado*. As outras oceânides, Panteia e Ione, também aparecem em vários momentos, mas seu papel é menor.

Já o antagonista, desde o monólogo inicial, é declaradamente Júpiter, "Senhor dos Deuses, Dáimones e Espíritos", representante de todos os tiranos, todas as relações de poder, toda a opressão humana. Sua presença na peça efetivamente é pequena: cerca de 70 versos apenas saem de sua boca, no começo do ato III. No entanto, ela é sentida o tempo inteiro como uma força pesada e opressora. Outro nome importante, especialmente por ser a figura responsável por derrubar Júpiter, é a entidade chamada de Demogórgone. Enquanto a maioria dos outros personagens na peça parte do rol de personagens do mito clássico, Demogórgone é aberrante por ser uma invenção moderna, da qual Shelley se apropria por vias das mais tortas. Um erro de grafia medieval na narrativa do mito de criação do diálogo *Timeu*, de Platão, acabou transformando a palavra "demiurgo" (δημιουργός, *demiourgos*) em "demogorgon". A partir daí, o filósofo Teodôncio, que viveu entre os séculos IX e XI e cuja obra, em sua maior parte, se perdeu, atribui a esse tal Demogorgon, em um de seus textos, a paternidade dos deuses, e nisso é citado por Boccaccio em seu livro *Da Genealogia dos Deuses dos Gentios*. Mais tarde, no século XVII, o nome ainda aparece em Christopher Marlowe, na peça *Doutor Fausto*, e John Milton, no *Paraíso Perdido*, como uma entidade demoníaca. Mais tarde ainda, Thomas Peacock (1785-1866), escritor e amigo próximo de Shelley, por sua vez, usa essa mesma obra de Boccaccio em seu poema *Rododaphne* numa nota sobre Demogorgon, considerada a provável referência mais detalhada a que Shelley teve acesso, ainda que ele deva ter possivelmente já visto o nome de passagem em sua leitura de Milton.

Essas origens, no entanto, apesar de explicarem de onde Shelley tirou o nome Demogorgon (que adaptamos, na tradução, para Demogórgone), dizem muito pouco sobre o papel ou sequer sobre a aparência desse personagem na peça. Ele é descrito como "uma tremenda treva", é "informe", "não tem membros, nem forma, nem contorno" – uma espécie de ausência viva. Encontrado no segundo ato por Ásia e Panteia, ele é conduzido à corte de Júpiter no começo do terceiro e o destrona já na primeira cena, enquanto o tirano reluta, violentamente.

Os personagens secundários, além das ninfas Panteia e Ione, são a Terra, aqui a mãe de Prometeu (mas talvez não tanto num sentido literal quanto metafórico), a Lua, Mercúrio, as Fúrias, dois Faunos, Hércules, Apolo e Oceano, bem como uma variedade de ecos, vozes e espíritos diversos, ora cantando solo, ora em coros.

Há pouco em termos de trama, de enredo, num sentido tradicional, o que é mais um elemento que Shelley herda de Ésquilo. O que há de enredo está subordinado a uma única ação que ocorre no primeiro ato e que desencadeia todo o restante da peça. Ocorre que, na versão de Shelley, quando Prometeu foi punido por Júpiter, o titã, como resposta, rogou contra ele uma praga, uma maldição violenta nutrida por seus sentimentos de fúria e revolta. No entanto, porque a praga recorria à violência (uma das punições que ele deseja ao deus olímpico era que seu cérebro fosse dissolvido por uma coroa de ouro candente) e porque a violência é o domínio de Júpiter, que detém o poder, ela não surte efeito. Se, no entanto, na trilogia de Ésquilo, Zeus torna-se mais sábio e menos violento com o tempo (e os seus atos de tirania são suavizados com um argumento naturalizante: eles eram resultado de um deus que havia assumido o poder havia muito pouco tempo), em Shelley, é Prometeu quem se torna sábio com o tempo e, mais do que só com o tempo, com a *dor*. Ele vê a situação toda com novos olhos e revoga a praga que ele mesmo rogara via um ato ritual em que ele e a Terra convocam um espírito, um fantasma do próprio Júpiter, para repeti-la. Nesse momento em que é suspensa essa dialética da violência, e Prometeu apaga de si os traços maléficos que o fariam se assemelhar ao próprio tirano que o oprime, pode enfim ocorrer uma verdadeira mudança, e tudo que ocorre depois – o despertar de Demogórgone, a queda de Júpiter nas mãos dele, a libertação de Prometeu e a subsequente regeneração da Terra – decorre desse ritual.

A peça se divide em quatro atos. No primeiro, temos Prometeu acorrentado ao Cáucaso esbravejando contra Júpiter, acompanhado das ninfas Ione e Panteia, que dormem aos seus pés. Logo a Terra vem conversar com ele, e o assunto da praga vem à tona. Juntos, eles convocam o Fantasma de Júpiter para repeti-la e Prometeu poder revogá-la. Na sequência, Mercúrio, filho de Júpiter e mensageiro dos deuses, surge para trazer mais uma punição. O trecho ecoa um dos atos de *Prometeu Acorrentado*, quando Hermes surge para interrogar o titã, dando-lhe uma última chance de revelar o segredo que somente ele conhece. Aqui, porém, Mercúrio não é um interrogador, mas um tipo de burocrata da aplicação da lei, que, ainda que com ânimo relutante, traz consigo os algozes (as Fúrias) para que o torturem. Ele se apieda de Prometeu e lhe pede que desista de sua resistência, ao que, claro, Prometeu se nega – e as últimas palavras do mensageiro, antes de as Fúrias chegarem são: "Ai: devo obedecer a ti, a ele! / Pesa em meu coração grave remorso!"

As Fúrias chegam e o torturam, uma tortura não tanto física (apesar de haver indicações disso também) quanto mental, na medida em que o que elas desejam fazer, de fato, é levar Prometeu ao completo desespero, a ponto de desistir de sua "amada raça", a humanidade. Prometeu sofre sua punição por ter ajudado os humanos, e que isso não tenha sido em vão é o que alimenta sua resistência. Se as Fúrias conseguissem convencê-lo de que nada disso valeu as suas dores, de que a humanidade é vil, monstruosa e sem salvação, elas finalmente o destruiriam de vez, dobrando sua vontade. Mas Prometeu resiste, e as Fúrias desaparecem ao final da tortura malograda. O primeiro ato se encerra, então, com uma cena profundamente lírica, conforme a Terra convoca espíritos para consolarem o titã com suas canções, depois Panteia parte para se encontrar com Ásia.

O segundo ato se abre com Ásia, passeando sozinha, num vale do Cáucaso. Logo Panteia chega, e as duas partem em sua jornada seguindo os ecos de um sonho que Panteia teve e que se materializam e correm pelo palco. Enquanto o primeiro ato é inteiriço e os seus mais de 800 versos se desenrolam sem qualquer divisão em cenas e localidades distintas, o segundo se divide em cinco cenas. Na primeira, temos o encontro das duas ninfas no vale, depois "uma floresta, entremeada de rochas e cavernas", por onde elas passam, ao som de uma canção de espíritos, enquanto dois Faunos conversam. Na terceira cena, elas chegam a um "pináculo de rocha entre montanhas", um vulcão, ao que tudo indica, como os em que se assentavam os oráculos, utilizando os vapores vulcânicos para entrar em seus transes proféticos. Lá um coro de ecos as convence a descer até a caverna de Demogórgone. Nessa caverna passa-se a quarta cena, em que as duas ninfas encontram essa entidade e a despertam. Ásia o interroga, querendo saber quando chegará a hora em que Júpiter cairá e Prometeu será libertado. O momento, como Demogórgone demonstra, é *agora*, e um dos Carros das Horas chega de repente para levar a todos até a corte de Júpiter. A quinta e última cena se passa "numa nuvem, no cume de uma montanha nevada", e nela ocorre um momento que se demonstra profundamente enigmático para qualquer leitor de primeira viagem. Ao final da quinta cena do segundo ato, Ásia passa pelo que a crítica chamou de uma transfiguração. É aqui que ela deixa de ser "uma ninfa marinha bastante humana" para se tornar "uma grande deusa simbolizando o amor, a natureza e a energia", como comenta Jacqueline Mulhallen,[20] incorporando em si características da deusa Vênus, que se encontra ausente dentre os personagens da peça. Essa transfiguração é anunciada por uma luminosidade que irrompe do corpo da própria deusa, luminosidade esta ainda mais marcada pela escuridão antinatural que predomina na atmosfera, pois Apolo está atrasado ("no céu detém-se, estupefato" [2.5. v. 11]) e só lançará sua luz ao meio-dia. A regeneração do mundo é um dos temas da peça, e a transfiguração de Ásia é o prenúncio disso: uma vez transfigurada, Ásia está pronta para o seu matrimônio com o Prometeu igualmente renovado deste mundo prestes a ter seu apocalipse. A canção que encerra esta cena e ato se reveste, assim, de tons místicos.

O terceiro ato também é dividido em mais de uma cena – quatro ao todo. Na primeira, vê-se Júpiter na assembleia dos deuses, com Tétis ao seu lado. Demogórgone chega no carro das Horas e o vence. Depois, a cena muda para um rio na ilha de Atlântida (mais um símbolo de decadência e subsequente restauração), onde Oceano e Apolo conversam sobre o que aconteceu e descrevem os efeitos benéficos da queda de Júpiter sobre o mundo. Na cena 3, voltamos ao Cáucaso, onde, num momento glorioso, Hércules rompe as cadeias que prendem Prometeu. Segundo a tradição, ele deveria matar a águia/abutre que lhe devorava o fígado, mas, dada a situação do mundo regenerado, o derramamento de sangue é proibido, e isso não se faz necessário. Prometeu, em seguida, profere um longo discurso onde descreve a caverna que lhe servirá de futura morada, ao lado de Ásia, sua noiva, além de Panteia e Ione. Ele também entrega ao Espírito da Hora o antigo presente de Proteu, uma concha curvada, com a qual o Espírito regenerará as sociedades humanas ao soprá-la. A Terra também se encontra revivificada, e de uma antiga e cansada avó, ela agora assume ares mais ativos e convoca um espírito na forma de uma criança alada, que ganha voz na cena seguinte, onde é chamado de o Espírito da Terra. Em seu discurso final, que encerra a cena, ela descreve, por fim, os jogos olímpicos em homenagem ao roubo do fogo por Prometeu.

O efeito que essa concha obtém é o de desfazer a lei de Júpiter sobre os povos, como se quebrasse um tipo de encantamento, do mesmo modo como ela foi desfeita no mundo natural pelo retorno da terra à sua condição paradisíaca. As consequências desse soprar da concha pelo mundo serão descritas pelos espíritos da Terra e da Hora na próxima cena – este último retornando de sua tarefa de soprá-la ao redor do mundo. A quarta e última cena do terceiro ato se passa numa floresta, com uma gruta ao fundo aonde Prometeu e as ninfas irão se retirar, e ela é quase que inteira dedicada à descrição das transformações às quais o mundo natural e as sociedades e a psicologia humanas são submetidas, narradas pelo Espírito da Terra e o Espírito da Hora.

O quarto e último ato é inteiro uma canção nupcial de celebração, um epitalâmio para o casamento de Ásia e Prometeu e uma comemoração pela regeneração do mundo. Simetricamente com o primeiro ato, aqui não há mais divisões de cenas, mas há quatro momentos distintos que podem ser identificados. Primeiro, há uma longa e formalmente virtuosística canção entoada por uma procissão de espíritos e ecos e horas mortas, a que Panteia e Ione assistem, deslumbradas. Depois há um intervalo, em que as duas ninfas conversam, antes de a Terra e a Lua começarem um dueto entre si, uma canção de amor de um astro ao outro que culmina com a chegada de Demogórgone, numa canção final em que participam todas as vozes do mundo: nesta ordem, a Terra, a Lua, os deuses, os mortos, os elementos, os espíritos dos seres vivos da natureza e, por fim, a voz dos homens. Nas estrofes finais, Demogórgone antecipa a possibilidade de que esse mundo renovado possa algum dia recair outra vez na opressão e na escravidão e por isso encerra a peça dando a fórmula para se restaurar o mundo outra vez caso isso ocorra.

Uma outra preocupação temática, que abordo longamente em minha dissertação, mas que não convém aqui detalhar, é a questão de como

Prometeu Desacorrentado trata da linguagem. A linguagem é um dos focos da peça, e um dos seus elementos principais – a praga, cuja revogação provoca todas as outras ações do poema, é um elemento linguístico. O problema, tal como Shelley o enxerga, é que a linguagem humana, corruptível, é mais um domínio onde as estruturas de poder podem se estabelecer, via o discurso ideológico que as naturaliza e as mantém – o discurso de uma "língua fria e falsa", como diz o Espírito da Hora na cena 4 do ato III, que "ao peito faz negar o *sim* que alenta" (vv. 149-50). Isso também muda com a regeneração do mundo que ocorre no ato III e a língua passa a ser uma "eterna Órfica canção" (como canta a Terra no ato IV), significando que ela perde o seu potencial para a violência (como os próprios seres venenosos da natureza perdem o seu veneno) para assumir plenamente seu potencial órfico – em referência ao grande músico e poeta do mito grego, Orfeu –, i.e. criativo e encantatório.

Assim, para se resumir o enredo brevemente, poderíamos dizer que se trata da história da queda de Júpiter, da libertação de Prometeu e da regeneração do mundo a partir de sua negação à violenta dialética do poder de Júpiter, que o contaminava e o impedia de trazer à tona uma verdadeira transformação, visto que de nada adiantaria suplantar o tirano para instaurar uma nova tirania. No mundo regenerado, em que Prometeu, que representa as capacidades criativas do homem, não é mais restrito pelo poder (Júpiter), toda forma de opressão e estrutura de poder é abolida, mesmo na natureza e na linguagem humana. Nisso repousa a grande preocupação da peça.

Formas e estrutura

Antes de tudo, o que é preciso ser dito sobre os aspectos formais de *Prometeu Desacorrentado* é que há uma distinção fundamental entre dois tipos de versificação: os versos que podemos chamar de recitativos e os versos de canção. Por versos recitativos compreendemos os versos brancos (i.e. sem rima) em pentâmetro jâmbico (o metro predominante da poesia inglesa, mais ou menos equivalente ao nosso decassílabo) que estão presentes sempre, por exemplo, na voz de Prometeu, tal como no começo da peça:

> Monarch of Gods and Daemons, and all Spirits
> But One, who throng those bright and rolling worlds
> Which Thou and I alone of living things
> Behold with sleepless eyes! regard this Earth

Made multitudinous with thy slaves, whom thou
Requitest for knee-worship, prayer, and praise,
And toil, and hecatombs of broken hearts,
With fear and self-contempt and barren hope.

(Ato I, vv. 1-8)

Para sermos breves, podemos dizer que estes versos são tipicamente utilizados para se descrever cenas, acontecimentos e estados de espírito (como o de Prometeu aqui) e avançar a ação, além de ser a principal forma para os diálogos.

A outra forma utilizada é o verso de canção, que é rimado e varia muito no condizente ao uso do metro. A primeira canção da peça entra por volta do v. 74, após o monólogo inicial de Prometeu, vinda de uma voz misteriosa:

Thrice three hundred thousand years
O'er the Earthquake's couch we stood:
Oft, as men convulsed with fears,
We trembled in our multitude.

É uma estrofe em esquema de rimas alternadas ("years"-"fears", "stood"- "multitude" em esquema *abab*) cuja métrica empregada é a do tetrâmetros trocaico catalético, como demonstro abaixo, marcando em negrito as sílabas tônicas:

Thrice \ three	| **hund** \ red	| **thous** \ and	| **years**
O'er \ the	| **Earth** \ quake's	| **couch** \ we	|**stood**:
Oft, \ as	| **men** \ con	| **vulsed** \ with	| **fears**,
We] **tremb** \ led	| **in** \ our	| **mult** \ i	| **tude**.

Nota-se a alternância, portanto, das sílabas fracas com sílabas fortes que marca essa estrofe. O último verso apresenta uma sílaba fraca anterior ao primeiro pé métrico, que é o que se chama de anacruse (o que é muito comum na música) e que Shelley emprega com frequência ao longo do poema. Como fica determinado pelos primeiros versos, no entanto, o tetrâmetro trocaico (catalético, porque a sílaba fraca do último troqueu é omitida) é o metro dominante aqui, sobre o qual o último verso representa uma pequena variação.

O fato de essa canção ser assim, porém, não quer dizer que todas as canções na peça seguem essa métrica e essa estrutura. Pelo contrário, em cada momento cada canção empregará uma estrutura estrófica e métrica única, que não se repete depois senão na voz dos mesmos personagens (como as canções de Panteia e Ione que anunciam as chegadas de Mercúrio e das Fúrias no primeiro ato, ou as estrofes do dueto da Terra e da Lua no final). Esquematizando as canções, identificando quem canta cada uma delas e em que forma métrica e se acompanhado por um coro, em dueto ou solo, temos a seguinte tabela:

Ato I

Canção	Tipo	Versos	Metro principal
Canção das quatro vozes	coro	74-106	Tetrâmetro trocaico
Ione & Panteia	dueto	222-239	Tetrâmetro jâmbico
Fantasma de Júpiter (com pequena participação de Prometeu e da Terra)	solo	262-301	Pentâmetro, tetrâmetro e hexâmetro jâmbico
Ione & Panteia	dueto	314-337	Tetrâmetro jâmbico/ trocaico
Fúrias	coro	495-577	Tetrâmetro anapéstico e tetrâmetro trocaico
Espíritos (com presença menor de Panteia, Ione e Prometeu)	coro	672-806	Tetrâmetro trocaico, pentâmetro jâmbico, tetrâmetro jâmbico

Ato II

II.1	Ecos	coro	166-170, 173-187, 190-194, 196-206.	Dímetro jâmbico
II.2	Espíritos	coro	1-63	Tetrâmetro trocaico
II.3	Espíritos	coro	54-98	Dímetro anapéstico, trímetro trocaico, pentâmetro jâmbico
II.4	Espírito	solo	163-174	Trímetro anapéstico
II.5	Espírito	solo	1-5	Trímetro anapéstico
II.5	Voz no ar	solo	48-71	Tetrâmetro trocaico
II.5	Ásia, transfigurada	solo	72-110	Tetrâmetro, pentâmetro e hexâmetro trocaico

Ato IV

Espíritos invisíveis	coro	1-29	Dímetro e tetrâmetro trocaico
Panteia & Ione	dueto	30-39	Dímetro anapéstico
Espíritos	coro	40-55	Dímetro trocaico, pentâmetro trocaico
Horas	coro	57-80	Tetrâmetro trocaico
Espíritos	coro	83-88	Dímetro trocaico, pentâmetro trocaico
Horas	coro	89-92	Tetrâmetro jâmbico
Espíritos	coro	93-128	Dímetro trocaico, pentâmetro trocaico
Espíritos e Horas	coro	129-134	Tetrâmetro jâmbico
Espíritos	coro	135-158	Dímetro trocaico, pentâmetro trocaico
Horas	coro	159-174	Tetrâmetro trocaico
Espíritos e Horas	coro	175-179	Tetrâmetro trocaico, pentâmetro jâmbico
Terra e Lua	dueto	319-502	Pentâmetro e hexâmetro jâmbico (Terra) Tetrâmetro e pentâmetro jâmbico (Lua)
Demogórgone (com participação da Terra, da Lua, dos Deuses, dos Mortos e dos Elementos)	solo	519-578	Pentâmetro jâmbico

Não foi possível contabilizar no quadro também os variados esquemas de rima de que Shelley se serviu. A primeira canção, das vozes, emprega majoritariamente rimas alternadas, mas também emparelhadas, junto de uma sequência de quatro versos com o mesmo som final. As estrofes da canção de Panteia e Ione empregam um esquema de rimas *ababcxcdd* (com rima interna no verso da rima *x*), mas há variações também. A canção da praga é em esquema *ababccddee*. Em conjunto com a variedade dos tamanhos dos versos e suas estruturas métricas, tudo isso se combina para formar canções todas distintas umas das outras.

E a função delas também é variada. Em alguns casos, elas funcionam como os coros das peças gregas antigas, anunciando os acontecimentos conforme ocorrem, como é o caso de Panteia e Ione no primeiro ato, ou guiando os personagens por sua jornada, como os muitos ecos e vozes do segundo. Em outros, a canção é o próprio acontecimento, na medida em que a sua enunciação encantatória realiza coisas no mundo da peça. Esses casos são mais pontuais e mais importantes e alguns exemplos deles são a revogação da praga, através de sua repetição ritual de que já tratamos anteriormente, e a tortura de Prometeu pelo coro de Fúrias, ambos no ato I, a transfiguração de Ásia, no ato II, e o funeral do Tempo no coro de horas de espíritos, do ato IV.

Em termos de distribuição dos dois tipos, dos 2.609 versos que compõem *Prometeu Desacorrentado*, 968 deles são versos de canção, enquanto 1.641 são versos recitativos. Dos 833 versos do primeiro ato, 327 são de canção, um número um pouco menor no segundo ato (216, de 686) e maioria no quarto ato, 425 de 578. Apenas o terceiro, mais curto (512 versos, ao todo), não contém canções. Essa distinção é importante para se entender a peça e os moldes sobre os quais ela foi escrita, que nesses aspectos remonta ao *Fausto* de Goethe e ao *Manfred* de Lorde Byron, ambos poemas dramáticos aos quais Shelley teve acesso, em que também se pode observar esse mesmo mecanismo.

Uma última questão importante é sobre a natureza dessa peça e a sua possibilidade ou não de encenação. Ler uma obra dramática geralmente é mais ou menos como ler uma partitura de música, uma fonte da qual partem as possibilidades de encenação real. No entanto, neste caso estamos diante de um chamado *closet drama*, um gênero bastante popular no século XIX, peças escritas para serem lidas, não encenadas. O que complica a situação é que, a princípio, quando começou a escrever a peça, o que Shelley tinha em mente era algo como uma forma de obra de arte total, combinando poesia, música e dança, como nos dramas gregos. Os primeiros esboços do *Prometeu Desacorrentado* contam com rubricas indicando coisas como entradas e efeitos especiais, como no momento da entrada do Fantasma de Júpiter, no ato I:

> [O som abaixo é como um terremoto e o passar de vendavais – a ravina se fende, e o Fantasma de Júpiter surge, cercado por nuvens grossas lançando raios]

Tais rubricas, no entanto, foram suprimidas na versão final. Ao que tudo indica, em algum ponto do desenvolvimento do poema, Shelley se deu conta das dificuldades práticas envolvidas na encenação de sua peça e decidiu convertê-la para um *closet drama*. A primeira e mais mundana dessas dificuldades é que ele não só não tinha muito contato com companhias de teatro, como também não era sequer um grande frequentador do meio – o que, em combinação com a falta de financiamento para bancá-la do próprio bolso, representava um sério obstáculo. Depois, há o problema de que *Prometeu*, como já dito, funciona em moldes gregos, e nenhum teatro da época encenava tragédias ou comédias gregas. Havia óperas, mas a ópera também não era o ideal para Shelley, já que para ele, como para August Schlegel, todas as formas de arte interligadas pela ópera – música, texto, dança, cenário e figurino – procuravam "superar uma a outra", e a música acaba por deixar o texto em segundo plano, enquanto Shelley preferiria que o texto fosse o caráter principal, apenas realçado pela música e pela dança.

O último problema, talvez o mais sério no condizente à possibilidade ou não de encenação, diz respeito à estrutura da peça. Há de se concordar que certos modelos compõem experiências dramáticas mais adequadas do que outros. Para o nosso olhar contemporâneo, pós-Beckett e teatro do absurdo, que já nos levaram a questionar *o que* é a própria experiência dramática, isso é difícil de julgar, mas, quando se considera que os teatros do século XIX apresentavam com exclusividade ou peças de Shakespeare ou melodramas onde predominava o suspense, a emoção e a reviravolta, e os teatros, enriquecidos financeiramente, cada vez mais descartavam o texto para recorrer ao espetáculo (talvez uma comparação com os desenvolvimentos de Hollywood aqui fosse das mais aptas), fica evidente que uma peça de estrutura mais frouxa e de pouca ação, pouco suspense e muito lirismo como *Prometeu Desacorrentado* não teria lugar nesse ambiente. Todos os acontecimentos nela mantêm entre si relações menos causais e mais simbólicas, como, por exemplo, a que determina que a libertação de Prometeu só pode ocorrer após ele revogar a praga ou que a queda de Júpiter traz consigo a renovação do mundo – todos esses elementos são governados por noções míticas e associações simbólicas e não pelo enredo.

Quando tomamos, por efeito de contraste, uma peça elisabetana exemplar, como, digamos, *Rei Lear*, de Shakespeare, constatamos que as relações causais entre a estrutura e as tensões entre os personagens são bastante claras: a cena trágica final, com Lear carregando a filha Cordelia, morta, no colo (após as mortes das outras duas filhas), mantém um diálogo direto com a cena inicial da divisão das posses de Lear entre suas três filhas, com Cordelia sendo a que menos o bajula e também a que não recebe nada dele como herança, ao contrário de Regan e Goneril, que ganham meio reino cada. Essa cena também é a culminação da ação do enredo, com as reviravoltas trazidas por todas as traições cometidas entre os diversos personagens, as armações de Edmund, o filho bastardo de Gloucester amargurado pelo seu estatuto de filho ilegítimo, para derrubar seu pai e seu irmão, e as batalhas entre os exércitos liderados por cada um deles. A insensatez de Lear em ceder seu poder e posses às filhas ingratas e traiçoeiras o leva a ser desrespeitado por ambas (primeiro Goneril, depois Regan) e a vagar, completamente destituído, pelo mato sob a tempestade, ridicularizado pelo bobo e enlouquecendo aos poucos. É nesse tempo de sua inação que Edmund leva Edgar e Gloucester para serem presos (e Gloucester é cegado), Goneril e Regan traem seus maridos com Edmund, e os exércitos francês e inglês combatem, com a vitória dos ingleses e a captura de Lear e Cordelia. Quando Lear desperta de sua loucura, já é tarde demais, e sua queda em desgraça está completa. Há relações simbólicas em *Rei Lear*, é claro, mas há também sobretudo relações causais lógicas evidentes entre os eventos do enredo que o explicam em termos mundanos.

Não por acaso, quando Shelley, enquanto ainda desenvolvia o *Prometeu*, escreve e publica *The Cenci*, uma peça que de fato pretendia que fosse encenada (inclusive com uma atriz em particular em mente para o papel de Beatrice Cenci, chamada Eliza O'Neil), ele a compõe com moldes elisabetanos – influenciado por *Romeu e Julieta* e *Medida por Medida*, de Shakespeare, e *O Diabo Branco* e *A Duquesa de Malfi*, de John Webster. Muito podemos dizer para contrastar as duas peças, mas, para ser breve, resumiremos apontando para os fatos de que em *The Cenci* o modo canção não faz parte da estrutura da peça (há uma única canção curta, de 16 versos, no final do último ato, que Beatrice canta para consolar a si e à sua mãe, mas só, enquanto, de resto, a peça é composta inteiramente em versos brancos) e há intrigas, reviravoltas e tensões dramáticas que crescem até culminarem no seu clímax. Mesmo o tom geral dos versos é muito menos grandiloquente e mais próximo da representação de fala de personagens humanos "reais", por assim dizer, na medida do possível da metrificação, em vez de serem deuses e espíritos. No entanto, apesar disso e dos esforços de Shelley (que chegou a entrar em contato com o pessoal do Covent Garden, via seu amigo Thomas Peacock, como ficamos sabendo pelas cartas de Shelley), por conta da temática polêmica do incesto, estupro e parricídio, *The Cenci* infelizmente jamais foi levado ao palco em todo o século XIX.

Portanto, em resumo, *Prometeu Desacorrentado* foi um poema a princípio pensado para o palco, como uma obra de texto, música e dança, mas, ao ver as dificuldades envolvidas em pôr essa ideia em prática, Shelley terminou de compô-lo como um *closet drama*, ou *lyrical drama*, como ele preferiu chamá-lo, para ser lido apenas, como uma experiência poética puramente textual – e uma poesia cujo teor, mais do que dramático, era visionário, como afirma Harold Bloom e outros críticos, como Adam Potkay,[21] comparando-o a William Blake, a quem Shelley não conheceu em vida. No entanto, agora, em pleno século XXI, há de se imaginar que nenhuma dessas restrições se aplicaria a uma encenação moderna em potencial, e, caso houvesse a verba necessária, algum diretor disposto a dirigi-la e um compositor disposto a escrever a partitura, é possível que a peça tivesse um grande potencial para o palco. Shelley tinha um ouvido apuradíssimo para ritmo e melodia – algo que até mesmo Eliot, que não gostava de sua poesia, era capaz de reconhecer[22] – e isso transparece em todos os momentos de *Prometeu Desacorrentado*.

O que nos leva à próxima questão.

A tradução: problemas e soluções

Estando claro que a alternância entre os tipos de versos, em conjunto com um virtuosismo formal, é um elemento importante da peça, decidimos que, ao traduzi-la, recriar esse efeito deveria ter prioridade, tentando manter a variedade dos versos utilizados no inglês. Assim, para os versos recitativos em pentâmetro jâmbico sem rimas, empregamos o decassílabo tradicional, mas para os versos de canção foi necessário recorrer ao experimento de trabalhar com a versificação de pés métricos em português – um modo ainda pouco utilizado de se encarar a versificação brasileira, mas que pode nos ser mais útil do que continuar trabalhando com o esquema de contagem silábica herdado da poesia francesa, especialmente neste caso. Recorri, então, às ideias do poeta e ensaísta Glauco Mattoso sobre métrica: seu *Tratado de Versificação* (São Paulo: Annablume, 2010) é elaborado sobre uma obra anterior, o ensaio "Ritmo e poesia" (1955), do general e homem de letras mato-grossense Manuel Cavalcanti Proença, um texto que se propõe não um manual prático sobre metrificação, mas uma discussão mais detida sobre tonicidade e musicalidade, uma área em específico em que há uma "fatal lacuna teórica". O trabalho de Mattoso pretende "revisitar as trilhas da versificação" e "revitalizá-las" sob a ótica do ouvido, e por isso ele elege Proença como base para suas divagações e exemplificações, por ser o que mais se presta a esse pensamento musical. É através do que ele pensa que nos baseamos para poder recriar as estruturas métricas subjacentes às canções de *Prometeu*.

É claro que toda a poesia inglesa trabalha com pés métricos, mas o que é importante nas canções de Shelley é como ele trabalha com questões de estabelecimento de um metro dominante e depois com variações sobre ele, o que é válido tanto para o seu *Prometeu* quanto para os poemas mais breves, criando uma unidade interna em sua obra. Os seus desvios e virtuosismos já foram assunto de estudo, como o elaborado por Joseph Bickersteth Mayor, que dedica todo um capítulo ao poeta em seu *Chapters on English Meter*.[23] É sobre esse trabalho que nos baseamos em nosso estudo para analisar o metro shelleyano.

Além da anacruse, a inserção de uma sílaba átona antes do primeiro pé do verso, para a qual apontamos anteriormente na primeira canção da peça, Shelley também trabalha com a possibilidade de substituição de pés métricos. Isso ocorre com alguma frequência já na poesia inglesa tradicional, mas Shelley o faz de forma sistemática. Vejamos essa canção do final da cena 4 do ato 2:

> My coursers are fed with the lightning,
> They drink of the whirlwind's stream,
> And when the red morning is bright'ning
> They bathe in the fresh sunbeam;
> They have strength for their swiftness I deem,
> Then ascend with me, daughter of Ocean.

Escandindo os versos, temos, então:

My \ **cours**	ers \ are \ **fed**	with \ the \ **light** (ning,)
They \ **drink**	of \ the \ **whirl**	wind's \ **stream**,
And \ **when**	the \ red \ **morn**	ing \ is \ **bright'**(ning)
They \ **bathe**	in \ the \ **fresh**	sun \ **beam**;
They \ have \ **strength**	for \ their \ **swift**	ness \ I \ **deem**,
Then \ asc \ **end**	with \ me, \ **daught**	er \ of \ **O**(cean).

E podemos notar que há uma alternância entre jambos (pé métrico formado por uma sílaba fraca e outra forte) e anapestos (duas fracas e uma forte). Os dois últimos versos são estritamente anapésticos, mas os anteriores permitem que o primeiro e/ou o último pé métrico sejam jâmbicos. Reproduzindo esse mesmo procedimento, i.e. trabalhando com versos anapésticos e a possibilidade de substituições, pude traduzir essa canção da seguinte forma:

> Com relâmpago nutro o corcel,
> bebido no rio do tufão,

quando a aurora avermelha o céu
eu o banho em sol-ribeirão;
com presteza, poder, direção;
acompanha-me, filha de Oceano.

Escandidos, esses versos ficariam assim:

Com \ re \ **lâm**	| pa \ go \ **nu**	| tro o \ cor \ **cel**,
Be \ **bi**	| do \ no \ **rio**	| do \ tu \ **fão**,
Quan \ do a au \ **ro**	| ra a \ ver\ **me**	| lha o \ **céu**
Eu o \ **ba**	| nho em \ **sol**	| -ri \ bei \ **rão**;
Com \ pres \ **te**	| za, \ po \ **der**,	| di \ re \ **ção**;
A \ com \ **pa**	| nha- \ me, \ **fi**	| lha \ de O \ **cea** (no).

E assim por diante. É crucial apontar que, em alguns casos, para marcar melhor o metro, foi necessário utilizar recursos como o de enfraquecer certas sílabas que seriam tônicas, especialmente diante de sílabas mais fortes, e o de utilizar subtônicas, contando, para o propósito do pé métrico, como tônicas as primeiras sílabas, por exemplo, de uma palavra polissilábica, quebrando-a segundo o ritmo dominante do verso.

No entanto, é importante lembrar que a métrica por si não é o único nem o mais relevante elemento do ritmo. Pensando na estrutura rítmica superior que rege o poema, é importante apontar para como Shelley alterna canções de versificações distintas ao longo de todo o poema. Como resumido na tabela da seção anterior, pode-se ver o grau de maestria do poeta em evitar a repetição em suas organizações das estrofes e sua métrica, conferindo certas formas a vozes específicas. Se fizéssemos como fizeram outros tradutores de Shelley e achatássemos essas formas de canção variadas em decassílabos, ou heptassílabos, ou qualquer outra forma fixa baseada apenas na lógica da versificação portuguesa, estaríamos anulando esta estrutura rítmica superior que se constrói com as oposições das estruturas de cada canção e contribuindo para tingir o poema de uma monotonia que, pode-se perceber, Shelley procurou evitar.

E, além do problema da métrica, há outras questões que exigem alguma atenção. A primeira delas, a mais gritante, dada sua eminência, é o título.

A peça de Ésquilo sobre a qual Shelley se baseou se chama Προμηθεὺς Λυόμενος (*Promētheus Lyomenos*, transliterado) ou, segundo a convenção na língua inglesa, *Prometheus Unbound* – em oposição a *Prometheus Bound*, que traduz Προμηθεὺς Δεσμώτης (*Promētheus Desmōtēs*), conhecida em português como *Prometeu Acorrentado*, a primeira peça da trilogia. Como

Promētheus Lyomenos nunca foi traduzido (até porque a peça completa não existe), não existe ao certo um consenso para qual seria o título convencional da peça em português. Na falta desse consenso, refere-se a ela tanto como *Prometeu Liberto* quanto como *Prometeu Libertado*.

No entanto, segundo críticos como Timothy Webb,[24] há uma ênfase especial dada em todo o poema à questão da negação e da negatividade, na medida em que Júpiter seria o deus da negação que encarna esse nada e acaba ele mesmo sendo reduzido ao nada – mas, a partir de sua queda, a negação passa a ser positiva, e através de uma capacidade subversora uma palavra-negação como "unmeasured" (algo como "sem medida", "desmesurada", "imensurada"), empregada de modo negativo para descrever o morro ao qual Prometeu se encontra acorrentado no primeiro ato (1. v. 21: "Black, wintry, dead, unmeasured; without herb"), ganha sentidos positivos após o apocalipse do ato III, permitindo, assim, que a Terra, no ato IV, cante, em tom positivo, sobre "unmeasured wildernesses" (1. v. 336: "And the deep air's unmeasured wildernesses"). Essa negatividade não surge apenas como um conceito, mas tem uma materialidade linguística, frequentemente presente nos prefixos "un-" do vocabulário shelleyano: "unenvied" (não invejado), "undefended" (não defendido), "unrest" (inquietação) e "unresting" (inquieto)... e esses são só exemplos tirados dos primeiros 100 versos.

Sintético de tudo que ocorre no desenrolar da peça, esse prefixo un- encontra-se já no próprio título do poema em inglês. Assim, aproveitando a frouxidão utilizada para se referir, na tradição luso-brasileira, à peça de Ésquilo e de Shelley (mais difícil de ser desafiada caso houvesse já uma terminologia consolidada) e desejando manter essa marcação de negação, optamos por traduzir o título do poema, de modo um tanto heterodoxo, por *Prometeu Desacorrentado*. De acordo, foi feito também um esforço para manter esse uso da negação (em vez de inverter as negações, como é o caso da tradução de "Unbound" por "Libertado") ao longo do poema inteiro, na medida do possível, dada as restrições, claro, de metro e rima.

E essa questão do título relaciona-se com o problema da criação de palavras. Tomemos como exemplo o adjetivo composto "sleep-unsheltered" da primeira estrofe do poema, no verso: "Three thousand years of sleep-unsheltered hours". Tal adjetivo foi construído de maneira tortuosa através de uma operação comum na língua inglesa que é o uso de adjetivos formados por um substantivo e um adjetivo, como é o caso do shakespeariano "bloodstained", com o sentido de "stained with blood", "manchado de sangue". O que faz com que essa construção de Shelley seja tortuosa, no entanto, é sua abstração, na medida em que estar abrigado pelo sono é uma expressão metafórica (e o sintagma todo, com o substantivo "horas" sendo qualificado por esse adjetivo, faz com que essa abstração seja ainda maior), a qual se soma ainda a negação do prefixo "un–".

E, ainda que o processo que leva à criação dessa palavra não seja incomum em inglês, Shelley recorre a ele com muita frequência (bem mais do que o faz Wordsworth ou Byron, por exemplo, para ficarmos só entre os românticos) e, apesar de, vez ou outra, empregar adjetivos mais comuns, como "million-peopled city" (I. v. 551, literalmente "cidade povoada por milhões") ou "snow-fed" (nutrido de neve), na maior parte das vezes os resultados são construções complexas como "rock-embosomed lawns" (I. v. 120, "prados de peito de rocha"), "whirlwind-peopled mountains" (I. v. 204, "montanhas povoadas pelos vendavais"), "star-inwoven" (I. 234, "entretecido de estrelas"), "rose-ensanguined ivory" (I. v. 321, "marfim róseo-ensaguentado"), "all-miscreative brain" (I. v. 448, "cérebro que tudo descria"). O caso de "whirlwind-peopled mountains" é particularmente complexo, porque não se trata apenas de uma "windy mountain", que poderíamos traduzir por "montanha ventosa" ou "montanha batida por ventos" (como o faz o Google Tradutor), mas é uma montanha que é *habitada* pelos vendavais, personificados pela palavra "peopled". Em outros momentos, como na fala de Prometeu entre os versos 112 e 130, Shelley chega a encadear vários adjetivos compostos (de maior ou menor grau de complexidade), como, além do supracitado "rock-embosomed lawns", também "all-enduring will" ("vontade que a tudo resiste), "all-conquering foe" ("inimigo que a tudo conquista"), "snow-fed streams" ("rios alimentados de neve") e "fiend-drawn charioteer" ("cocheiro puxado por demônios").

Para dar conta de resolver esta situação, nos valemos de diversos recursos. Em algumas ocorrências, o vocabulário comum do português mesmo já dava conta de resolver a questão. Em III.2 v. 12, uma fala na voz de Apolo alude a "thunder-baffled wings", que resolvemos como "atônitas asas", já que a palavra "atônita" carrega consigo o sentido etimológico, da origem latina, de *attonĭtus*, "assustado pelo ruído do trovão", que parece ser condizente ao "thunder-baffled" de Shelley. Com as "whirlwind-peopled mountains" fizemos algo semelhante, mas mudamos o foco da imagem do verso das montanhas para os ventos e fizemos "alpestres vendavais", uma vez que "alpestre" significa "que habita as montanhas" e a palavra é incomum o bastante para reproduzir em algum grau a estranheza da construção shelleyana. Em outros momentos, recorremos a palavras compostas, como "carro de corcéis-demônios" para "fiend-drawn charioteer" (com a metonímia da referência para o carro em vez do condutor) ou, então, "vejo... à minha luz-de-mágoa" para o verso "see more clear... within my woe-illumèd mind" (I. vv. 636-7), em que a "luz-de-mágoa" traduz o conceito de "woe-illumèd mind" ("mente iluminada pela mágoa").

Em outras situações ainda, o recurso empregado na tradução foi um recurso já há muito conhecido entre os tradutores de poesia clássica, como Odorico Mendes, que é o neologismo, às vezes derivado de raízes gregas e latinas. Assim, o "all-beholding Sun" (I. v. 24) virou o "onividente Sol" também, nos moldes da tradução de Ésquilo feita por Mário da Gama Kury,[25] o que é muito conveniente, visto que, como se pode ver, Shelley acompanhou aqui de perto o original grego: "panópten kúklon helíou", literalmente o "círculo do sol que tudo vê", ou "Sol / onividente olho", na tradução de Kury. Em alguns casos mais radicais, recorremos a composições igualmente radicais, como o verso "Ó prados petricórdios, rios nevífagos" para "Oh, rock-embosomed lawns, and snow-fed streams", com o "petricórdio" ("pétreo" + a palavra latina "cor", coração, significando, então, "com coração de pedra") se referindo ao "rock-embosomed" e o "nevífago" ("neve" + a palavra grega "phagos", comedor, para "comedor de neve") para "snow-fed". Em um verso como "Dim twilight-lawns, and stream-illumèd caves" (II.3. v. 36), ainda, empregamos mais de uma das opções de soluções, usando tanto um nome composto quanto um neologismo, traduzindo o verso por "Prados-da-tarde e grutas fluvilúmines", com "prados-da-tarde" traduzindo "twilight-lawns" ("prados crepusculares", literalmente) e "grutas fluvilúmines" (do latim para rio + luz) traduzindo "stream-illumèd caves" (cavernas iluminadas por riachos). Estou ciente de que algumas dessas soluções são algo heterodoxas e podem dificultar um pouco a compreensão imediata do poema. No entanto, dada a tradição corrente de traduções clássicas que recorrem a essas soluções, de Odorico Mendes a Haroldo de Campos e Jaa Torrano, e considerando a influência do grego clássico sobre Shelley nesta obra em específico, acredito que este seja um risco que valha a pena correr. Vale também mencionar que um outro romântico nacional, Joaquim de Sousândrade, leitor de Milton, Byron e Shelley e estudioso também da língua grega, emprega técnicas poéticas bastante semelhantes em seu épico *O Guesa*, com resultados, acredito, comparáveis.

É importante apontar ainda que, na maioria das edições em língua inglesa, as canções do poema estão marcadas por indentações, que optamos por reproduzir aqui também. Em oposição aos versos de recitação, que estão "colados" à margem, as canções são marcadas por um espaçamento básico e uma indentação marcando as rimas, como na primeira canção, na voz dos montes:

> Triplo cem vez três mil anos
> nós na Terra em prontidão
> entre o medo dos humanos
> trememos numa multidão.

(1. vv. 74-7)

A estrutura de rimas foi deixada, em sua maior parte, tal como no original, o máximo possível. As exceções são uma estrofe única na primeira canção da cena 5 do ato II do Espírito da Hora, em que o dístico final foi deslocado para baixo (uma mudança pequena, considerando que a canção em questão só tem uma única e breve estrofe) e a canção do semicoro de espíritos na cena 2, também no ato II, que é uma canção cujo esquema de rimas é altamente irregular: as três estrofes apresentam, respectivamente as estruturas *abbbacbddcbeeafaaggffhh*, *abacbddceefgffghh*, *abbbacbddcbdeefeeggffhh*. Seria portanto, um excesso desnecessário de zelo tentar reproduzir a estrutura tal como ela é, exatamente.

Por fim, um último detalhe é que a última palavra de Júpiter antes de desaparecer na cena 1 do ato III é "Ai". É assim que Shelley põe no original, "Ai" e não "alas", como é o caso das palavras que traduzimos por "ai" ao longo do poema. Isso é porque o "Ai" de Júpiter é uma exclamação de lamento em grego, equivalente à nossa do português – mas com uma conotação adicional em Shelley que é o diálogo com o mito grego de Apolo e Jacinto, ao qual ele alude num diálogo entre Ásia e Panteia na cena 1 do ato II. Para distingui-lo, então, dos outros "ais" que traduzem "alas", optamos pelo recurso visual de deixar esse "Ai" em específico em grego: Αἴ, αἴ.

A tradução é acompanhada pelo prefácio do próprio poeta e por notas explicativas ao fim, iluminando brevemente algumas das referências e alusões feitas por Shelley, que, acredito, possam ser relevantes para a compreensão e reflexão sobre esse que é um dos poemas mais enigmáticos de sua obra.

Os poemas menores

Ainda que o cerne deste livro seja a tradução de *Prometeu Desacorrentado*, publicada pela primeira vez em português, há outros poemas que a acompanham e que podem servir como uma boa introdução à obra do poeta, inclusive para contextualizar a posição da peça dentro da mesma, na medida que, como dito anteriormente, existe uma unidade interna que une toda sua produção. Tal foi o caso dos famosos "Love's Philosophy" e "To – (Music, when soft voices die...)", os poemas mais curtos em forma dramática intitulados "The Two Spirits: an Allegory" e "Ode to Heaven", os sonetos "Political Greatness", "England in 1819", "Ozymandias", "Ye Hasten to the Grave" e "Lift Not the Painted Veil...", a dupla "Hymn of Pan" e "Hymn of Apollo", bem como alguns outros menos conhecidos como "Orpheus", um poema algo longo em versos brancos, as oitavas rimas de "On the Medusa of Leonardo da Vinci in the Florentine Gallery", e alguns poemas curtos como "Mutability", "Lines" (That time is dead forever!), "Time" e "A Dirge". A essa antologia foram somados os dois poemas icônicos de 1816, as invectivas contra Wordsworth e Coleridge com os títulos de "To Wordsworth" e "Oh! There are spirits of the air...", bem como os poemas de sua lírica breve "The Waning Moon", "One word is too often profaned", "A Lament", além de uma pequena seleção de sua juvenília (incluída por ser tematicamente interessante) com um excerto de "Queen Mab", retirado do começo do seu primeiro canto, e o poema fervorosamente misoteísta "The Wandering Jew's soliloquy", que parece dialogar com o *Prometeu* em certos momentos, como na canção da praga.

Os versos brancos de "Alastor: or, the Spirit of Solitude", poema alegórico de tom wordsworthiano também emblemático da sua produção, completa esse quadro aqui. Somando-se os 2.609 versos do *Prometeu* com os seus 720 versos, mais os 747 da lírica breve, temos um total de 4.076 versos, portanto.

Os mesmos recursos aplicados na tradução do *Prometeu Desacorrentado*, como a versificação pensada pelo viés dos pés métricos e não como na versificação portuguesa padrão, foram utilizados na tradução dos poemas menores, com apenas o recurso dos neologismos grecolatinos sendo utilizados em menor grau, por se tratar de poemas sem maiores influências gregas como foi o caso de *Prometeu*. Os esquemas de rimas também foram, tanto quanto possível, preservados.

Por fim, acredito que seja importante reconhecer os esforços dos tradutores que vieram antes de mim, com os quais pude aprender muito. Há duas traduções de antologias de que tenho notícia, *Ode ao vento Oeste* e *Sementes Aladas*, traduzidas, respectivamente, por Péricles Eugênio da Silva Ramos e por John Milton e Alberto Marsicano. Acredito que, por mais que todos tenhamos traduzido alguns poemas icônicos de Shelley, como "Ozimândias", a minha tradução é justificada pelo esforço de tentar manter um maior grau de rigor formal, numa tentativa de demonstrar esse lado inovador de Shelley que muitas vezes não é evidenciado. Outra tradução, das mais dignas de nota, por conta de sua qualidade como texto poético, é a de Leonardo Fróes de *O Triunfo da Vida*, o poema posterior em que Shelley se encontra em seu momento mais politicamente e existencialmente desiludido, que compõe com *Prometeu Desacorrentado* uma bela relação de complementaridade. Pode-se ter uma noção muito boa de o que era a poesia de Shelley lendo esses dois poemas.

Essas edições são todas relativamente recentes, após muitas décadas de rejeição a Shelley, possivelmente motivada pela predominância dos padrões estéticos modernistas. Além delas, a publicação em 2009 de *Byron e Keats – Entreversos*, de Augusto de Campos, e o *Heine – Hein?*, de André Vallias, em 2011, no entanto, mostram que há tradutores de poesia dispostos a repensar a posição dos românticos e questionar esses padrões – mesmo Augusto de Campos, que, compreensivelmente, preferiu dedicar a maior parte de sua trajetória a traduzir poetas modernos pouco conhecidos no Brasil, como e. e. cummings e Stéphane Mallarmé, havia demonstrado pouco interesse em traduzir a poesia do romantismo. É bom ver que isso está mudando e melhor ainda poder fazer parte desse movimento.

Mais do que nunca, porém, é justamente por conta do que ele tem a nos dizer sobre a política e sobre a influência do poder e da violência sobre o funcionamento das relações humanas (mesmo tendo vivido antes de Marx e Nietzsche e muito antes de Foucault ou Althusser), que Shelley, mesmo que por linhas tortas, continuará comunicando e fazendo sentido.

Notas

[1] Para os interessados na discussão acadêmica, minha dissertação está disponível na plataforma do Repositório Digital Institucional da UFPR: <http://dspace.c3sl.ufpr.br/dspace/handle/1884/35537>.

[2] Para ler mais sobre a rejeição de Arnold a Shelley e a defesa que dele faz o shelleyano Robert Browning, vide o seu "An Essay on Shelley".

[3] Esta resenha de Josiah Condor é o artigo número IX da edição de outubro de 1816 da *The Eclectic Review* (p. 391).

[4] Para os comentários de Harold Bloom sobre Shelley, vide o seu livro dedicado inteiramente a ele, *Shelley's Mythmaking* e o capítulo sobre Shelley em *The Visionary Company*.

[5] Publicado anteriormente sob o título de *Laon and Cythna*, *A Revolta do Islã* é um longo e complexo poema de 12 cantos em estrofes spenserianas sobre a questão da revolução e da tirania. No começo do século XX, um autor irlandês chamado George Moore, em seu infame livro de memórias *Hail and Farewell*, publicado originalmente em 1914, menciona o quanto era difícil ter acesso a esse poema. A censura por conta da temática do incesto fazia com que sua circulação fosse particularmente limitada.

[6] Bloom. *The Western Canon*.

[7] Vide o artigo de Ashton Nichols, "Liberationist Sexuality and Nonviolent Resistance: The Legacy of Blake and Shelley in Morris's News From Nowhere" (2008). Disponível em: <http://www.morrissociety.org/JWMS/SP94.10.4.Nichols.pdf>. Acesso em: 13 abr. 2010.

[8] Este movimento é detalhado no livro de Steiner, *The Death of Tragedy*.

[9] Pound elogia o quinto ato de *Os Cenci*, em contraposição ao poema "The Sensitive Plant", que ele pessoalmente detestava, em pelo menos dois de seus ensaios críticos no volume *Literary Essays*: "The Serious Artist" e "Henry James".

[10] Vide o ensaio "In appreciation of Shelley's poems", presente no volume *Elizabeth Bishop: Poems, Prose and Letters*.

[11] Esta citação é mencionada pelo crítico Paul Foot em seu artigo "Shelley: The Trumpet of a Prophecy", no periódico *International Socialism* (Londres, n. 79, p. 26-32, jun, 1975). Disponível em: <http://www.marxists.org/archive/foot-paul/1975/06/shelley.htm>. Acesso em: 10 jan. 2013. Se ela pertence legitimamente a Karl Marx ou se é fruto de fabricação posterior é difícil precisar.

[12] Alguns comentadores que mencionam esse problema da autoria são Michael Halleran e Peter Wilson nos capítulos "Episodes" e "Music", respectivamente, em *A Companion to Greek Tragedy*, bem como Albin Lesky, em *A Tragédia Grega*.

[13] Uma tradução do texto de Élio Aristides, bem como do de Platão, com o qual ele é contraposto, em conjunto com um estudo sobre o tema, pode ser lida no livro de Bárbara Cassin, *O Efeito Sofístico*.

[14] Hesíodo é o nosso autor mais antigo aqui, tendo vivido em torno do século 8 a.C., ao passo que Ésquilo nasce em 525 e morre em 456 a.C.. Protágoras e Sócrates foram contemporâneos, tendo o primeiro nascido em 481 e morrido em 411, e o segundo, nascido entre 471 e 469 e morrido em 399; Platão, seu discípulo, nasce só em 427. Isso faz com que Platão tenha duas gerações de diferença em relação a Ésquilo, enquanto Protágoras e Sócrates chegaram a conviver com ele durante os 20-30 primeiros anos de sua vida.

[15] A leitura de Platão de Shelley, por ser anterior à sua relação com Mary, não está incluída nas suas notas, mas há um artigo, intitulado "Shelley, Plato and the political imagination", de Jennifer Wallace, presente no volume *Platonism and the English Imagination*, organizado por Anna Baldwin e Sarah Hutton (Cambridge: UP, 1994), que trata do assunto mais longamente.

[16] Para leitura e interpretação da peça, vide o volume de Kitto, *Tragédia Grega*.

[17] Nisso, a leitura de Stanley Fish a respeito é das mais interessantes, tal como apresentada em seu livro *How Milton Works*: Milton teria composto um Satã humanizado e esplendoroso para criar essa relação de identificação e reverência no leitor, de modo a demonstrar-lhe as suas próprias fraquezas espirituais como ser humano, reforçando a necessidade da fé para não se deixar "convencer pelo inimigo".

[18] Vide o seu artigo "The sociology of Athenian tragedy" no livro *The Cambridge Companion to Greek Tragedy*.

[19] Esta visão está expressa em Romilly, *A Tragédia Grega*.

[20] Aqui, nas palavras da própria autora, em seu estudo *The Theatre of Shelley*.

[21] Potkay dedica aos românticos um capítulo inteiro do seu *A História da Alegria*, no qual se encontra um longo trecho sobre Shelley e, mais especificamente, o seu *Prometeu Desacorrentado*. Para o comentário de Bloom, vide os seus dois volumes, *Shelley's Mythmaking* e *The Visionary Company*.

[22] Vide as nossas notas para o poema aqui "Music (when soft voices die...)" em nossa antologia.

[23] A autoria deste livro de fato data do começo do século XX, mas a edição aqui utilizada é recente (Ithaca: Cornell University Library, 2009).

[24] Em seu artigo "The Unascended Heaven", presente na antologia *Shelley's Poetry and Prose*, organizada por Donald H. Reiman e Neil Fraistat.

[25] Esta tradução se encontra no volume *Prometeu Acorrentado, Ajax, Alceste* (Rio de Janeiro: Jorge Zahar, 1993) que reúne, além da peça de Ésquilo, também Sófocles e Eurípedes.

Referências

ALIGHIERI, Dante. *A Divina Comédia*. Tradução e notas de Italo Eugenio Mauro. São Paulo: 34, 2007.

AUSTIN, J. L. *How To Do Things With Words*. Cambridge: Harvard University, 1975.

BEHRENDT, Stephen. *Zastrozzi and St. Irvyne*. Toronto: Broadview, 2002.

BISHOP, Elizabeth. *Elizabeth Bishop: Poems, Prose and Letters*. New York: Library of America, 2008.

BLOOM, Harold. *Shelley's Mythmaking*. New Haven: Yale University, 1959.

BLOOM, Harold. *The Visionary Company: A Reading of English Romantic Poetry*. Ithaca & London: Cornell University, 1971.

BLOOM, Harold. *The Western Canon: Books and Schools of the Ages*. Florida: Papermac, 1994.

BRANCO, Lucia Castello (Org.). *A tarefa do tradutor, de Walter Benjamin: quatro traduções para o português*. Belo Horizonte: FALE/UFMG, 2008.

BRITTO, Paulo Henriques. A tradução para o português do metro de balada inglês. *Revista Fragmentos*, Florianópolis, v. 34, 2008.

BYRON, Baron George Gordon. Manfred: a Dramatic Poem. In: *The works of Lord Byron*. New York: Library of America, 2006.

CAMPBELL, Joseph. *O Poder do Mito*. São Paulo: Palas Athena, 2011.

CASSIN, Bárbara. *O Efeito Sofístico: Sofística, filosofia, retórica, literatura*. São Paulo: 34, 2005.

CONDOR, Josiah. Alastor: or the Spirit of Solitude: and other Poems, by Percy Bysshe Shelley. In: *The Eclectic Review*. vol. 1. out. 1816. Disponível em: <http://books.google.com.br/books?id=vtsEAAAAQAAJ>. Acesso em: 10 jan. 2012.

DAIN, A. *Traité de Métrique Grecque*. Paris: Éditions Klincksieck, 1965.

ÉSQUILO, SÓFOCLES, EURÍPEDES. *Prometeu Acorrentado, Ajax, Alceste.* Tradução Mário da Gama Kury. São Paulo: Jorge Zahar, 1993.

EAGLETON, Terry. *Literary Theory – An Introduction.* London: Blackwell, 1996.

EAGLETON, Terry. *Ideologia: uma introdução.* São Paulo: Unesp, 1997.

ELIOT, T. S. *Selected Essays.* London: Faber and Faber Limited, 1934.

GREGORY, Justina (Org.). *A Companion to Greek Tragedy.* Oxford: Blackwell, 2005.

HERÓDOTO. *The Histories, with an English Translation by A. D. Godley.* Cambridge: Harvard, 1920.

FISH, Stanley. *How Milton Works.* Cambridge: Belknap, 2001.

FOOT, Paul. Shelley: The Trumpet of a Prophecy. In: *International Socialism (1st series),* Londres, n. 79, p. 26-32, jun. 1975. Disponível em: <http://www.marxists.org/archive/foot-paul/1975/06/shelley.htm>. Acesso em: 11 out. 2012.

FRÓES, Leonardo. Os embates de Shelley pelas artes da vida. In: SHELLEY, P. B. *O Triunfo da Vida (The Triumph of Life). Tradução e ensaio, Leonardo Fróes.* Rio de Janeiro: Rocco, 2001.

FRYE, Northrop. *Anatomy of Criticism: four essays.* Princeton, New Jersey: Princeton University, 1990.

GOETHE, Johann Wolfgang. *Fausto: uma tragédia, primeira parte.* São Paulo: 34, 2004.

GONZALES, Francisco J. Introduction: A Short History of Platonic Interpretation and the "Third Way". In: *The Third Way: New Directions in Platonic Studies.* Lanham: Rowman & Littlefield, 1995.

GRÜNEWALD, J. L. *Grandes Poetas da Língua Inglesa do Século XIX.* Rio de Janeiro: Nova Fronteira, 1988.

HALL, Edith. The Sociology of Athenian Tragedy. In: EASTERLING, P. E. *The Cambridge Companion to Greek Tragedy.* Cambridge: Cambridge, 1997.

KEACH, William. *Shelley's Style.* New York: Methuen, 1984.

KITTO, H. D. F. *Tragédia Grega – Estudo Literário.* Tradução do inglês e prefácio de Dr. José Manuel Coutinho e Castro. Coimbra: Ceira, 1972.

KNOX, Bernard MacGregor Walker. *Word and Action: Essays on the Ancient Theather.* Baltimore: The Johns Hopkins University, 1986.

LEFEVERE, André. *Tradução, Reescrita e Manipulação da Fama Literária*. Bauru, SP: Edusc, 2007.

MALLARMÉ, Stéphane. Crise de verso. In: *Divagações*. Tradução Fernando Scheibe. Florianópolis: UFSC, 2010. p. 157-167.

MARLOWE, Christopher. *The Complete Plays*. New York: Penguin, 2003.

MATTOSO, Glauco. *Tratado de Versificação*. São Paulo: Annablume, 2010.

MAYOR, Joseph Bickersteth. *Chapters on English Meter*. Ithaca: Cornell University, 2009.

MESCHONNIC, Henri. *Poética do Traduzir*. São Paulo: Perspectiva, 2010.

MILTON, John. *Paradise Lost*. Suffolk: Penguin, 2003.

MULHALLEN, Jacqueline. *The Theatre of Shelley*. Cambridge: Open Book, 2010.

NICOLSON, Marjorie Hope. *A Reader's Guide to John Milton*. London: Thames and Hudson, 1964.

NICHOLS, Ashton. Liberationist Sexuality and Nonviolent Resistance: The Legacy of Blake and Shelley in Morris's News From Nowhere. 2008. Disponível em: <http://www.morrissociety.org/JWMS/SP94.10.4.Nichols.pdf>. Acesso em: 13 abr. 2010.

O'CONNOR, David K (Org.). *The Symposium of Plato: the Shelley Translation*. South Bend, Indiana: St. Augustine, 2002.

OLIVEIRA, Jane Kelly de. *As Funções do Coro na Comédia de Aristófanes*. Tese de Doutorado. Programa de Pós-Graduação em Estudos Literários, FCL, UNESP, Araraquara, 2009.

POTKAY, Adam. *A história da alegria, da Bíblia ao Romantismo tardio*. Tradução Eduardo Henrik Aubert. São Paulo: Globo, 2010.

POUND, Ezra. *Literary Essays of Ezra Pound*. New York: New Directions, 1968.

SCANDOLARA, Adriano. *Shelley e a renovação da linguagem morta: traduzindo Prometheus Unbound*. Curitiba: UFPR, 2010. Dissertação (Mestrado em Estudos Literários) – Faculdade de Ciências Humanas, Letras e Artes, Universidade Federal do Paraná, 2010.

REIMAN, Donald H.; FRAISTAT, Neil (Org.). *Shelley's Poetry and Prose: A Norton Critical Edition*. New York: Norton, 2007.

SEGAL, Erich. *The Death of Comedy*. Harvard: University, 2001.

SEYMOUR, Miranda. *Mary Shelley*. Londres: Grove, 2002.

SHELLEY, P. B. *The Complete Poetical Works of Percy Bysshe Shelley. Oxford edition: Including materials never before printed in any edition of the poems.* Edited with textual notes by Thomas Hutchinson, M. A. Editor of the Oxford Wordsworth. 1914. Disponível em: <http://ebooks.adelaide.edu.au/s/shelley/percy_bysshe/s54cp/index.html>. Acesso em: 20 jul. 2009.

SHELLEY, P. B. *O triunfo da vida*. Tradução e ensaio Leonardo Fróes. Rio de Janeiro: Rocco, 2001.

SHELLEY, P. B. *Ode ao vento Oeste e outros poemas*. Tradução Péricles Eugênio da Silva Ramos. São Paulo: Hedra, 2009.

SHELLEY, P. B. *Sementes aladas: antologia poética*. Tradução Alberto Marsicano e John Milton. São Paulo: Ateliê, 2010.

STARNER, Jacqueline M. *Shelley and Plato: Metaphysical Formulations*. English Honors Thesis, 2008. University of Delaware, Newark, DE.

STEINER, George. *The Death of Tragedy*. Norfolk: Faber and Square, 1961.

STEINER, George. *Depois de Babel: linguagem e tradução*. Curitiba: UFPR, 2005.

YEATS, William Butler. The Philosophy of Shelley's Poetry. 1900. Disponível em: <http://www.yeatsvision.com/Shelley.html>. Acesso em: 22 set. 2010.

WALLACE, Jennifer. Shelley, Plato and the political imagination. In: BALDWIN, Anna; HUTTON, Sarah (Org.). *Platonism and the English Imagination*. Cambridge: Cambridge, 1994.

WILSON, Edmund. *O castelo de Axel: estudo sobre a literatura imaginativa de 1870 a 1930*. Tradução José Paulo Paes. São Paulo: Companhia das Letras, 2004.

PROMETHEUS UNBOUND:
a Lyrical Drama in Four Acts

AUDISNE HAEC AMPHIARAE,
SUB TERRAM ABDITE?

PROMETEU DESACORRENTADO:
um drama lírico em quatro atos

AUDISNE HAEC AMPHIARAE,
SUB TERRAM ABDITE?

Prefácio

Os tragediógrafos gregos, ao selecionarem como tema qualquer porção de sua história ou mitologia nacionais, empregavam, no tratamento que lhes davam, uma certa discrição arbitrária. De modo algum eles se consideravam acorrentados à interpretação comum ou à imitação no que diz respeito à história ou ao título de seus rivais e predecessores. Tal sistema teria resultado na resignação daquelas afirmações de preferência sobre seus competidores que incitavam a composição. A história de Agamêmnon foi exibida no teatro ateniense num número de variações tão grande quanto o de peças.

Presumi empregar semelhantes liberdades. O Prometeu Liberto de Ésquilo pressupunha a reconciliação de Júpiter com sua vítima como preço da revelação do perigo que ameaçava seu império pela consumação de seu casamento com Tétis. Tétis, de acordo com essa visão do assunto, foi dada em casamento a Peleu, e Prometeu, com a permissão de Júpiter, foi livrado de seu cativeiro por Hércules. Se eu tivesse encaixado minha história nesse modelo, não estaria fazendo mais do que tentar restaurar o drama perdido de Ésquilo; uma ambição, que, se minha preferência a esse modo de tratamento do assunto tivesse me incitado a apreciar, a lembrança da excelsa comparação ousada por tal tentativa poderia muito bem abater. Mas, na verdade, eu era avesso a uma catástrofe tão flébil quanto a reconciliação do Campeão com o Opressor da humanidade. O interesse moral da fábula, tão poderosamente sustentado pelos sofrimentos e resistência de Prometeu, seria aniquilado se pudéssemos concebê-lo desdizendo sua linguagem elevada e se encolhendo diante do adversário pérfido e bem-sucedido. O único ser imaginário semelhante em algum grau a Prometeu é Satã;

e Prometeu é, em meu julgamento, um personagem mais poético que Satã, porque, além da coragem e majestade e oposição firme e paciência à força onipotente, ele é passível de ser descrito como isento das máculas da ambição, inveja, vingança e desejo de engrandecimento pessoal que no Herói do Paraíso Perdido interferem com os interesses. O personagem de Satã engendra na mente uma casuística perniciosa que nos leva a pesar suas falhas com seus erros, e a desculpar aquelas porque estas excedem qualquer mesura. Nas mentes daqueles que levam essa ficção magnífica em consideração com um sentimento religioso, algo pior é engendrado. Mas Prometeu é, por assim dizer, de um tipo de maior perfeição quanto à natureza moral e intelectual, impelido pelas motivações mais puras e verdadeiras às melhores e mais nobres mentes.

Este Poema foi escrito, em sua maior parte, sobre as ruínas montanhosas dos Banhos de Caracala, entre as clareiras floridas e alamedas de odoríferas árvores florescentes, que se estendem em longos labirintos sobre suas plataformas imensas e estonteantes arcos suspensos no ar. O céu azul-claro de Roma e o efeito da vigorosa primavera, a despertar nesse clima dos mais divinos, e a vida nova com que ela inunda os espíritos ao ponto da embriaguez foram a inspiração para esse drama.

As imagens que empreguei serão vistas, em muitas instâncias, como retiradas das operações da mente humana, ou daquelas ações externas pelas quais elas são expressas. Isso é incomum na poesia moderna, embora Dante e Shakespeare sejam repletos de instâncias do mesmo tipo: Dante, de fato, mais do que qualquer outro poeta, e com maior sucesso. Mas os poetas gregos, como escritores aos quais nenhum recurso para despertar a compaixão de seus contemporâneos era desconhecido, estavam em uso costumeiro deste poder; e é ao estudo de suas obras (visto que um mérito maior provavelmente me seria negado) que estou disposto que meus leitores imputem essa singularidade.

Devo dizer algo em candura do grau em que o estudo da literatura contemporânea pode ter tingido minha composição, pois esse vem sendo um tópico de censura em relação a poemas com maior popularidade, e, de fato, uma popularidade muito mais merecida do que a dos meus. É impossível para que alguém que habite a mesma era que tais escritores dos mais altos escalões possa garantir a si próprio, conscientemente, que a linguagem e o tom de seu pensamento não tenha sido modificado pelo estudo das produções desses intelectos extraordinários. É verdade que, não o espírito do seu gênio, mas as formas nas quais ele se manifestou, se devem menos às peculiaridades de suas próprias mentes do que às peculiaridades da condição moral e intelectual das mentes dentre as quais foi produzida. Assim, um número de escritores possui a forma, enquanto lhes falta o espírito daqueles de quem alegam imitar; porque os primeiros são o dom da era em que vivem, e os últimos devem ser o relâmpago incomunicado de suas próprias mentes.

O estilo peculiar das imagens intensas e abrangentes que distinguem a literatura moderna da Inglaterra não foram, como um poder geral, o produto da imitação de qualquer escritor em particular. A massa das capacidades permanece, materialmente, em todos os períodos a mesma; as circunstâncias que a despertam para a ação mudam perpetuamente. Se a Inglaterra fosse dividida em quarenta repúblicas, cada uma igual em população e extensão a Atenas, não há motivo para supor que cada uma delas produziria filósofos e poetas iguais àqueles que (se excetuarmos Shakespeare) jamais foram ultrapassados. Temos uma dívida para com os grandes escritores da era de ouro de nossa literatura no que diz respeito ao despertar fervoroso da mente pública que reduziu a pó a forma mais antiga e opressora da religião cristã. Devemos a Milton o progresso e o desenvolvimento do mesmo espírito: o santo Milton era, lembremos para sempre, um republicano e um inquisidor audaz das morais e da religião. Os grandes escritores de nossa era são, como temos motivos para supor, os companheiros e precursores de alguma mudança inimaginada em nossa condição social ou das opiniões que a cimentam. As nuvens da mente descarregam seu relâmpago reunido, e o equilíbrio entre instituições e opiniões está sendo ou está prestes a ser restaurada.

Quanto à imitação, a poesia é uma arte mimética. Ela cria, mas cria através da combinação e da representação. Abstrações poéticas são belas e novas, não porque as porções de que são compostas não tenham tido existência na mente do homem ou na natureza, mas porque o todo produzido por sua combinação tem alguma bela e inteligível analogia com aquelas fontes de emoção e pensamento e com a sua condição contemporânea: um grande poeta é uma obra-prima da natureza, que outro não só pode, como deve, estudar. Ele poderia, com a mesma sapiência e facilidade, determinar que essa mente não deva mais ser o espelho de tudo que é agradável e visível no universo, de modo a excluir de sua contemplação o belo que existe na literatura de um grande contemporâneo. A pretensão de realizar algo do tipo seria uma presunção das maiores; o efeito, mesmo nele, seria forçado, antinatural e ineficaz. Um poeta é o produto combinado de tais poderes internos que modificam a natureza alheia; e, de tais influências externas que excitam e mantêm esses poderes; ele não é um deles, mas ambos. A mente de todos os homens, neste respeito, é modificada por todos os objetos da natureza e da arte; cada palavra e cada sugestão já admirada que age sobre sua consciência é o espelho sobre o qual todas as formas se refletem, no qual compõe uma forma. Os poetas, não diferente dos filósofos, pintores, escultores e músicos, são, em certo sentido, os criadores e, em outro, as criações, de sua era. Desta sujeição, nem os mais excelsos escapam. Há uma similaridade entre Homero e Hesíodo, entre Ésquilo e Eurípedes, entre Virgílio e Horácio, entre Dante e Petrarca, entre Shakespeare e Fletcher, entre Dryden e Pope; cada um tem uma semelhança genérica sob a qual são distribuídas suas distinções específicas. Se tal similaridade resulta da imitação, estou disposto a confessar que imitei.

Que me seja concedida esta oportunidade de reconhecer que tenho, nos termos característicos de um certo poeta escocês, "uma paixão por reformar o mundo": qual paixão o incitou a escrever e publicar seu livro, ele omite a explicação. De minha parte, prefiro juntar-me aos condenados, ao lado de Platão e Lorde Bacon, do que ascender ao Céu com Paley e Malthus. Mas é um erro supor que dedico minhas composições poéticas apenas para a aplicação direta da reforma, ou que as considero, em qualquer grau, como contendo um sistema calculado sobre a teoria da vida humana. Tenho horror à poesia didática; nada pode ser igualmente bem expresso em prosa que não seja tedioso e supererrogatório em verso. Meu propósito, portanto, foi simplesmente o de familiarizar a imaginação altamente refinada das classes mais seletas de leitores poéticos com belos idealismos de excelência moral; ciente de que, até que a mente possa amar, admirar, confiar e ter esperança e resistência, os princípios razoáveis da conduta moral são sementes lançadas na estrada da vida, que o passante inconsciente pisoteia até que virem pó, ainda que desejasse gozar da colheita de sua alegria. Se eu viver para realizar o que proponho, isto é, produzir uma história sistemática dos que me parecem ser os elementos genuínos da sociedade humana, que os defensores da injustiça e da superstição não se alegrem por eu tomar Ésquilo, em vez de Platão, como modelo.

O fato de eu ter falado de mim mesmo com uma liberdade desprovida de afetações é algo que precisará de poucas desculpas para os mais cândidos; e que os menos cândidos considerem que me ferem menos do que ferem suas próprias mentes e corações pela falsa representação. Quaisquer talentos que uma pessoa possa possuir para divertir e instruir os outros, irrisórios como possam ser, devem ser por ela exercidos: se essa tentativa for ineficaz, que o castigo de um propósito não-cumprido seja o suficiente; que ninguém se perturbe em cumular o pó do esquecimento sobre seus esforços; a nuvem que levantam trairá sua sepultura, que poderia, de outro modo, ser desconhecida.

ACT I

Scene:
A Ravine of Icy Rocks in the Indian Caucasus.
Prometheus is discovered bound to the Precipice.
Panthea and Ione are seated at his feet.
Time, night.
During the Scene, morning slowly breaks.

PROMETHEUS
Monarch of Gods and Dæmons, and all Spirits
But One, who throng those bright and rolling worlds
Which Thou and I alone of living things
Behold with sleepless eyes! regard this Earth
Made multitudinous with thy slaves, whom thou   5
Requitest for knee-worship, prayer, and praise,
And toil, and hecatombs of broken hearts,
With fear and self-contempt and barren hope.
Whilst me, who am thy foe, eyeless in hate,
Hast thou made reign and triumph, to thy scorn,   10
O'er mine own misery and thy vain revenge.
Three thousand years of sleep-unsheltered hours,
And moments aye divided by keen pangs
Till they seemed years, torture and solitude,
Scorn and despair, — these are mine empire: —   15
More glorious far than that which thou surveyest
From thine unenvied throne, O Mighty God!
Almighty, had I deigned to share the shame
Of thine ill tyranny, and hung not here
Nailed to this wall of eagle-baffling mountain,   20
Black, wintry, dead, unmeasured; without herb,
Insect, or beast, or shape or sound of life.
Ah me! alas, pain, pain ever, for ever!

No change, no pause, no hope! Yet I endure.
I ask the Earth, have not the mountains felt?   25
I ask yon Heaven, the all-beholding Sun,
Has it not seen? The Sea, in storm or calm,
Heaven's ever-changing Shadow, spread below,

ATO I

Cena:
Uma ravina de gélidas rochas no Cáucaso indiano.
PROMETEU é descoberto acorrentado ao precipício.
PANTEIA e IONE estão sentadas aos seus pés.
Hora, noite.
Durante a cena, raia a alvorada lentamente.

PROMETEU
Senhor dos Deuses, Dáimones e Espíritos,
menos Um, congregantes nestes mundos
de luz e voltas, que eu e Tu somente
insones contemplamos! Mira a Terra
de servos multitudinária, a quem   5
punes por loas, preces genuflexas,
labor, peitos sangrando em hecatombes,
desamor próprio, medo e fé infértil.
Enquanto a mim, teu imigo, cego em ódio,
deste-me triunfo e reino em teu escárnio   10
sobre meu mal e tua vã vingança.
Três mil anos de insone desabrigo,
momentos, sempre por ferrões divisos,
iguais a anos, tortura e solitude,
desdém e desespero — eis meu reino —   15
mais glorioso que aquele que em teu trono
despiciendo prospectas, Grande Deus!
Ah, onipotente, se eu me rebaixasse
à tua vergonhosa tirania
e não pendesse fixo a este gélido   20
morro confunde-águias, negro e morto;
sem fim, sem mato, inseto, besta ou vida.
Ai de mim! Dor, dor, sempre, sempiterna!

Sem mudar, sem cessar, sem crer! Resisto.
À Terra indago, os montes não sentiram?   25
indago o Céu longínquo, o onividente
Sol não a viu? o Mar calmo ou revolto,
sombra do Céu, mutável, derramada,

Have its deaf waves not heard my agony?
Ah me! alas, pain, pain ever, for ever!   30

The crawling glaciers pierce me with the spears
Of their moon-freezing crystals, the bright chains
Eat with their burning cold into my bones.
Heaven's wingèd hound, polluting from thy lips
His beak in poison not his own, tears up   35
My heart; and shapeless sights come wandering by,
The ghastly people of the realm of dream,
Mocking me: and the Earthquake-fiends are charged
To wrench the rivets from my quivering wounds
When the rocks split and close again behind: 40
While from their loud abysses howling throng
The genii of the storm, urging the rage
Of whirlwind, and afflict me with keen hail.
And yet to me welcome is day and night,
Whether one breaks the hoar frost of the morn,   45
Or starry, dim, and slow, the other climbs
The leaden-coloured east; for then they lead
The wingless, crawling hours, one among whom
— As some dark Priest hales the reluctant victim —
Shall drag thee, cruel King, to kiss the blood   50
From these pale feet, which then might trample thee
If they disdained not such a prostrate slave.
Disdain! Ah no! I pity thee. What ruin
Will hunt thee undefended through wide Heaven!
How will thy soul, cloven to its depth with terror,   55
Gape like a hell within! I speak in grief,
Not exultation, for I hate no more,
As then ere misery made me wise. The curse
Once breathed on thee I would recall. Ye Mountains,
Whose many-voicèd Echoes, through the mist   60
Of cataracts, flung the thunder of that spell!
Ye icy Springs, stagnant with wrinkling frost,
Which vibrated to hear me, and then crept
Shuddering through India! Thou serenest Air,
Through which the Sun walks burning without beams!   65
And ye swift Whirlwinds, who on poisèd wings
Hung mute and moveless o'er yon hushed abyss,

não me ouve a surda vaga, em agonia?
ai de mim! Dor, dor, sempre, sempiterna!   30

Geleiras lentas furam-me com lanças
de seus cristais lunares; os grilhões
corroem meus ossos com seu frio ardor.
O alado cão do céu polui seu bico
no veneno dos lábios teus e rasga   35
meu coração; visões vagam disformes,
o horrível povo da região do sonho
ri de mim: a legião dos Terremotos
retorce-me rebites nas feridas,
fendendo e outra vez cerrando as rochas: 40
enquanto se unem das uivantes fragas
os gênios da tormenta, enfurecendo
vendavais, me afligindo com granizo.
Mas ainda saúdo a noite e o dia,
se um rompe a gris geada da manhã,   45
ou, astral, baço e lento, o outro sobe
o plúmbeo leste; guiam eles, pois,
as horas rastejantes, das quais uma
— sacerdote a arrastar indócil vítima —
fará que beijes, Rei cruel, o sangue   50
destes pálidos pés, que pisar-te-iam,
mas desdenham um servo assim prostrado.
Desdém! Não! Tenho é dó de ti. Que ruína
vai te caçar, imbele, no amplo Céu!
Como o terror irá fender tua alma,   55
feito um profundo inferno! Falo em luto,
não triunfo, não odeio como outrora,
hoje sou sábio pela dor. A praga
lembro, que contra ti alentei. Montes,
vossos Ecos em coro, da neblina   60
das cataratas, troam meu feitiço!
Ó fontes gélidas, na bruma inertes,
vibrantes por me ouvir, tremendo lentas
pela Índia! Ó Ar mais que sereno,
onde passeia o Sol no ardor sem raios!   65
Ó prestos Vendavais, que em leves asas
pairam mudos no abismo silenciado

As thunder, louder than your own, made rock
The orbèd world! If then my words had power,
Though I am changed so that aught evil wish   70
Is dead within; although no memory be
Of what is hate, let them not lose it now!
What was that curse? for ye all heard me speak.

FIRST VOICE (FROM THE MOUNTAINS)
Thrice three hundred thousand years
    O'er the Earthquake's couch we stood: 75
Oft, as men convulsed with fears,
    We trembled in our multitude.

SECOND VOICE (FROM THE SPRINGS)
Thunderbolts had parched our water,
    We had been stained with bitter blood,
And had run mute, 'mid shrieks of slaughter,   80
    Thro' a city and a solitude.

THIRD VOICE (FROM THE AIR)
I had clothed, since Earth uprose,
    Its wastes in colours not their own,
And oft had my serene repose
    Been cloven by many a rending groan.   85

FOURTH VOICE (FROM THE WHIRLWINDS)
    We had soared beneath these mountains
        Unresting ages; nor had thunder,
    Nor yon volcano's flaming fountains,
        Nor any power above or under
        Ever made us mute with wonder.   90

FIRST VOICE
    But never bowed our snowy crest
    As at the voice of thine unrest.

SECOND VOICE
    Never such a sound before
    To the Indian waves we bore.
    A pilot asleep on the howling sea   95

como o trovão, que, mais que vós ruidoso,
o orbe do mundo abala! Se há poder
em minha voz, embora esteja morto   70
em mim o mau desejo; se não lembro
mais o que é a raiva, que ele não se perca!
Como era a praga? todos vós me ouvíreis.

PRIMEIRA VOZ (*DAS MONTANHAS*):
Triplo cem vez três mil anos
    nós na Terra em prontidão   75
entre o medo dos humanos
    trememos numa multidão.

SEGUNDA VOZ (*DAS FONTES*):
Raios nos crestaram as águas
    no clamor da imolação,
fluímos mudos, rubras mágoas   80
    por cidade e solidão.

TERCEIRA VOZ (*DO AR*):
Trajo, dês do erguer terreno,
    terrestres restos noutras cores,
e amiúde meu lazer sereno
    fendem rasgos de clamores.   85

QUARTA VOZ (*DOS VENDAVAIS*):
Nós pairamos sob os montes
    por eras; nem a trovoada,
nem de magma ardentes fontes,
    nem força baixa ou elevada
    a voz tirou-nos, deslumbrada.   90

PRIMEIRA VOZ
Nunca a nívea tez curvamos
tal quando a tua dor 'scutamos.

SEGUNDA VOZ
Nunca um som assim levamos
às ondas dos mares indianos.
Um nauta, que entre tormentas dormia,   95

Leaped up from the deck in agony,
And heard, and cried, "Ah, woe is me!"
And died as mad as the wild waves be.

THIRD VOICE
By such dread words from Earth to Heaven
My still realm was never riven: 100
When its wound was closed, there stood
Darkness o'er the day like blood.

FOURTH VOICE
And we shrank back: for dreams of ruin
To frozen caves our flight pursuing
Made us keep silence — thus — and thus —   105
Though silence is as hell to us.

THE EARTH
The tongueless Caverns of the craggy hills
Cried, "Misery!" then; the hollow Heaven replied,
"Misery!" And the Ocean's purple waves,
Climbing the land, howled to the lashing winds, 110
And the pale nations heard it, "Misery!"

PROMETHEUS
I heard a sound of voices: not the voice
Which I gave forth. Mother, thy sons and thou
Scorn him, without whose all-enduring will
Beneath the fierce omnipotence of Jove,   115
Both they and thou had vanished, like thin mist
Unrolled on the morning wind. Know ye not me,
The Titan? He who made his agony
The barrier to your else all-conquering foe?
Oh, rock-embosomed lawns, and snow-fed streams, 120
Now seen athwart frore vapours, deep below,
Through whose o'ershadowing woods I wandered once
With Asia, drinking life from her loved eyes;
Why scorns the spirit which informs ye, now
To commune with me? me alone, who checked,   125
As one who checks a fiend-drawn charioteer,
The falsehood and the force of him who reigns
Supreme, and with the groans of pining slaves

salta ao mar em agonia,
"ai de mim!", gritava, ouvia
 e louco feito as vagas morria.

TERCEIRA VOZ
Jura em meio a Céu e Terra
nunca o reino meu fendera   100
fechada a chaga, lá estava,
treva em sangue na alvorada.

QUARTA VOZ
E fugimos: grutas mofinas
nos guardaram, sonhos-ruínas
nos calaram — e após — e após —   105
que inferno é o silêncio em nós.

A TERRA
As cavernas sem línguas dos penhascos
clamaram, pois, "Miséria!", e o Céu oco,
também, "Miséria!", e as purpúreas vagas
ao vento algoz uivaram, vindo ao solo,   110
e as pálidas nações ouvem, "Miséria!"

PROMETEU
Escuto um som de vozes: não a voz
que eu bem lancei. Ó Mãe, tu com teus filhos
rides dele, que sem plurifirme ânimo,
sob fera onipotência do deus Jove,   115
sumiriam tu e eles, feito bruma
que o vento matinal dissipa. Não
me conheceis? Titã que da agonia
fez trincheira ao imigo onitriunfante?
Ó prados petricórdios, rios nevífagos,   120
ora vistos com gélidos vapores
abaixo, em cujos bosques já vaguei
com Ásia, em cujos olhos bebi vida,
por que zomba o espírito informante
da comunhão comigo? eu, que vi   125
qual quem vê um carro de corcéis-demônios
a falsidade e força do regente
supremo, que co'o pranto dos seus servos

Fills your dim glens and liquid wildernesses:
Why answer ye not, still? Brethren!

THE EARTH

                        They dare not.   130

PROMETHEUS
Who dares? for I would hear that curse again.
Ha, what an awful whisper rises up!
'Tis scarce like sound: it tingles through the frame
As lightning tingles, hovering ere it strike.
Speak, Spirit! from thine inorganic voice   135
I only know that thou art moving near
And love. How cursed I him?

THE EARTH

                        How canst thou hear
Who knowest not the language of the dead?

PROMETHEUS
Thou art a living spirit; speak as they.

THE EARTH
I dare not speak like life, lest Heaven's fell King   140
Should hear, and link me to some wheel of pain
More torturing than the one whereon I roll.
Subtle thou art and good, and though the Gods
Hear not this voice, yet thou art more than God,
Being wise and kind: earnestly hearken now.   145

PROMETHEUS
Obscurely through my brain, like shadows dim,
Sweep awful thoughts, rapid and thick. I feel
Faint, like one mingled in entwining love;
Yet 'tis not pleasure.

THE EARTH
                        No, thou canst not hear:
Thou art immortal, and this tongue is known   150
Only to those who die.

enche teus vales turvos e ermos mares:
não respondem por quê? irmãos!

A TERRA

Não ousam. 130

PROMETEU
Quem ousa? quero ouvir de novo a praga.
Ah, que sussurro formidável se ergue!
Sequer é como um som, o corpo arde
como arde o raio e paira antes do ataque.
Explica, Espírito! Só sei que estás 135
próximo porque a voz ouço, inorgânica,
e a amo. Como praguejei?

A TERRA

Como ouves
se esta língua dos mortos não conheces?

PROMETEU
Vivo espírito és; fala como um!

A TERRA
Não falo como a vida, que o Tirano 140
não me ouça para atar-me a alguma roda
de tortura maior que esta em que estou.
Sutil e bom tu és, e embora os Deuses
não ouçam esta voz, és mais que Deus,
gentil e sábio: dá-me ouvidos francos. 145

PROMETEU
Obscuros em meu cérebro quais sombras,
correm horríveis pensamentos. Sinto
fraqueza igual a quem no amor se mescla;
porém não é prazer.

A TERRA

Não, tu não ouves.
És imortal, conhecem esta língua 150
só aqueles que morrem.

PROMETHEUS
And what art thou,
O, melancholy Voice?

THE EARTH
I am the Earth,
Thy mother; she within whose stony veins,
To the last fibre of the loftiest tree
Whose thin leaves trembled in the frozen air,   155
Joy ran, as blood within a living frame,
When thou didst from her bosom, like a cloud
Of glory, arise, a spirit of keen joy!
And at thy voice her pining sons uplifted
Their prostrate brows from the polluting dust,   160
And our almighty Tyrant with fierce dread
Grew pale, until his thunder chained thee here.
Then, see those million worlds which burn and roll
Around us: their inhabitants beheld
My spherèd light wane in wide Heaven; the sea   165
Was lifted by strange tempest, and new fire
From earthquake-rifted mountains of bright snow
Shook its portentous hair beneath Heaven's frown;
Lightning and Inundation vexed the plains;
Blue thistles bloomed in cities; foodless toads   170
Within voluptuous chambers panting crawled:
When Plague had fallen on man, and beast, and worm,
And Famine; and black blight on herb and tree;
And in the corn, and vines, and meadow-grass,
Teemed ineradicable poisonous weeds   175
Draining their growth, for my wan breast was dry
With grief; and the thin air, my breath, was stained
With the contagion of a mother's hate
Breathed on her child's destroyer; ay, I heard
Thy curse, the which, if thou rememberest not,   180
Yet my innumerable seas and streams,
Mountains, and caves, and winds, and yon wide air,
And the inarticulate people of the dead,
Preserve, a treasured spell. We meditate
In secret joy and hope those dreadful words,   185
But dare not speak them.

PROMETEU
                    E o que és tu,
voz de melancolia?

A TERRA
                    Sou a Terra,
tua mãe, aquela em quem, das pétreas veias
até as fibras das copas mais altivas
cujas folhas ondulam no ar gelado,   155
correu o júbilo igual sangue ao corpo
por ter-te erguido do meu peito qual
nuvem de glória, um jubilante espírito!
E à tua voz os seus filhos desejosos
o cenho ergueram do aviltante pó,   160
e o poderoso Déspota, num pálido
pavor, prendeu-te aqui com seu trovão.
Pois vê os milhões de mundos que ardem, giram
ao redor: minha luz de orbe seus povos
contemplaram, minguante nos Céus; varrem   165
o mar estranhos ventos e mais fogo
das níveas serras tremorissulcadas,
ondula seu cabelo ao Céu vincado;
tomam os campos a Enxurrada e o Raio;
cardos floriram nas cidades; sapos   170
em belos átrios sem nutriz rastearam:
recai sobre homem, besta e verme a Peste
e a Fome; maculadas ervas e árvores;
e os grãos, vinhas, relva sobre o prado
criaram inextirpáveis ervas tóxicas,   175
gorando-os, pois secou meu seio pálido
com pesar; meu alento, o ar, viciou-se
com o contágio do ódio que uma mãe
sopra ao algoz do filho; sim, ouvi
tua praga, que, embora não recordes,   180
os meus mares e córregos sem número,
montanhas, grutas, ventos e o ar vasto
e os mortos, esse povo inexpressivo,
guardam-no qual tesouro. Meditamos
a jura, em júbilo e esperança ocultos,   185
sem que ousemos dizer.

PROMETHEUS
                  Venerable mother!
All else who live and suffer take from thee
Some comfort; flowers, and fruits, and happy sounds,
And love, though fleeting; these may not be mine.
But mine own words, I pray, deny me not.   190

THE EARTH
They shall be told. Ere Babylon was dust,
The Magus Zoroaster, my dead child,
Met his own image walking in the garden.
That apparition, sole of men, he saw.
For know there are two worlds of life and death: 195
One that which thou beholdest; but the other
Is underneath the grave, where do inhabit
The shadows of all forms that think and live
Till death unite them and they part no more;
Dreams and the light imaginings of men,   200
And all that faith creates or love desires,
Terrible, strange, sublime and beauteous shapes.
There thou art, and dost hang, a writhing shade,
'Mid whirlwind-peopled mountains; all the gods
Are there, and all the powers of nameless worlds,   205
Vast, sceptred phantoms; heroes, men, and beasts;
And Demogorgon, a tremendous gloom;
And he, the supreme Tyrant, on his throne
Of burning gold. Son, one of these shall utter
The curse which all remember. Call at will   210
Thine own ghost, or the ghost of Jupiter,
Hades or Typhon, or what mightier Gods
From all-prolific Evil, since thy ruin
Have sprung, and trampled on my prostrate sons.
Ask, and they must reply: so the revenge   215
Of the Supreme may sweep through vacant shades,
As rainy wind through the abandoned gate
Of a fallen palace.

PROMETHEUS
                  Mother, let not aught
Of that which may be evil, pass again

PROMETEU
Mãe venerável!
Tudo que vive e sofre encontra em ti
consolo; flores, frutos, sons alegres,
e amor, fugaz no entanto; menos eu.
Mas das minhas palavras não me negues.   190

A TERRA
Dir-se-ão. Antes de ser pó a Babilônia,
meu filho morto, o Mago Zoroastro,
vira andar sua imagem no jardim,
único homem a ver a aparição.
Sabe que os mundos, pois, da vida e morte   195
são dois: um é o que vês aqui; mas o outro
jaz sob a sepultura, onde habitam
sombras das formas a pensar, viver,
até a morte as unir, e não mais partem;
as imaginações dos homens, sonhos,   200
os desejos do amor, obras da fé,
formas raras, sublimes, belas, vis.
Lá estás, pendurado, espectro agônico,
entre os alpestres vendavais, os deuses
'stão lá, forças de mundos ainda anônimos,   205
visões com cetros, homens, heróis, feras;
e Demogórgone, tremenda treva;
e ele, Tirano súpero, em seu trono
de ouro candente. Filho, um deles vai
dizer a praga que lembramos. Chama   210
de ti mesmo o fantasma ou de Júpiter,
Tifeu ou Hades, ou maiores Deuses
do mais fecundo Mal, que após tua queda
surgiram a pisar meus filhos lassos.
Pede e responderão: p'ra que a vingança   215
do Supremo as vazias sombras varra
qual vendaval nas portas solitárias
de um palácio caído.

PROMETEU
Mãe, não deixes
que saia um outro mal destes meus lábios

My lips, or those of aught resembling me. 220
Phantasm of Jupiter, arise, appear!

IONE
My wings are folded o'er mine ears:
My wings are crossèd o'er mine eyes:
Yet through their silver shade appears,
And through their lulling plumes arise, 225
A Shape, a throng of sounds;
May it be no ill to thee
O thou of many wounds!
Near whom, for our sweet sister's sake,
Ever thus we watch and wake. 230

PANTHEA
The sound is of whirlwind underground,
Earthquake, and fire, and mountains cloven;
The shape is awful like the sound,
Clothed in dark purple, star-inwoven.
A sceptre of pale gold 235
To stay steps proud, o'er the slow cloud
His veinèd hand doth hold.
Cruel he looks, but calm and strong,
Like one who does, not suffers wrong.

PHANTASM OF JUPITER
Why have the secret powers of this strange world 240
Driven me, a frail and empty phantom, hither
On direst storms? What unaccustomed sounds
Are hovering on my lips, unlike the voice
With which our pallid race hold ghastly talk
In darkness? And, proud sufferer, who art thou? 245

PROMETHEUS
Tremendous Image, as thou art must be
He whom thou shadowest forth. I am his foe,
The Titan. Speak the words which I would hear,
Although no thought inform thine empty voice.

de novo, ou dos de quem parece a mim. 220
Vem, Fantasma de Júpiter, revela-te!

IONE

Eu dobro as asas sobre o ouvido,
  eu cruzo as asas sobre a vista,
mas vem, na argêntea sombra surgido,
  e pelas plumas ainda é vista 225
  a sombra, enorme ruído,
    que ela, tal, não faça mal
    a ti, já tão ferido!
  A cujos pés, por nossa irmã,
velamos, noite até a manhã. 230

PANTEIA

O som é de um tufão sismal,
  tremor, incêndio e serra fendida;
terrível sombra, horrenda igual,
  de escuro púrpura-astral vestida.
    Um cetro d'ouro malsão 235
      co'altivo passo, em cirro lasso,
      mantém venosa mão.
Tem ar cruel, de calma e vigor,
de quem não sofre, causa dor.

FANTASMA DE JÚPITER

Por que os poderes deste estranho mundo 240
trazem-me aqui, fantasma oco e frágil
na atroz tormenta? pairam em meus lábios
que sons descostumados, voz diversa
da que a nossa palente raça fala
nas trevas? nobre sofredor, quem és? 245

PROMETEU

Tremenda Imagem, como deves ser
quem tu sombreias. Sou o imigo dele,
Titã. Fala as palavras que desejo
ouvir, sem o pensar dessa voz oca.

THE EARTH
Listen! And though your echoes must be mute, 250
Gray mountains, and old woods, and haunted springs,
Prophetic caves, and isle-surrounding streams,
Rejoice to hear what yet ye cannot speak.

PHANTASM
A spirit seizes me and speaks within:
It tears me as fire tears a thunder-cloud. 255

PANTHEA
See, how he lifts his mighty looks, the Heaven
Darkens above.

IONE
                    He speaks! O shelter me!

PROMETHEUS
I see the curse on gestures proud and cold,
And looks of firm defiance, and calm hate,
And such despair as mocks itself with smiles, 260
Written as on a scroll: yet speak: Oh, speak!

PHANTASM
    Fiend, I defy thee! with a calm, fixed mind,
        All that thou canst inflict I bid thee do;
    Foul Tyrant both of Gods and Human-kind,
        One only being shalt thou not subdue. 265
    Rain then thy plagues upon me here,
    Ghastly disease, and frenzying fear;
    And let alternate frost and fire
    Eat into me, and be thine ire
    Lightning, and cutting hail, and legioned forms 270
    Of furies, driving by upon the wounding storms.

    Ay, do thy worst. Thou art omnipotent.
        O'er all things but thyself I gave thee power,
    And my own will. Be thy swift mischiefs sent
        To blast mankind, from yon ethereal tower. 275

A Terra

Ouve! Teus ecos emudecem, mas   250
riachos e antigos bosques, grises montes,
áugures grutas, rios que as ilhas cingem,
regozijam-se ouvindo o que não falas.

Fantasma

Toma-me um 'spírito, e por dentro fala:
rasga-me feito fogo em nuvem negra.   255

Panteia

Vê, ele ergue o semblante forte, acima
o Céu se fecha.

Ione

                    Vai falar! Protege-me!

Prometeu

A praga vejo em gestos frios de orgulho
e firme olhar desafiador, calmo ódio
e desespero que a sorrir se zomba,   260
como num pergaminho: fala, Ó, fala!

Fantasma

Demônio, eu te enfrento, inabalável!
   Que causes tudo que puder causar;
tirano a deus e a homem, detestável,
   pois um só ser não podes subjugar.   265
Chove a peste em mim aqui,
doença e medo em frenesi;
que gelo e fogo após me fira
alternando-se em tua ira,
raios, saraiva aguda e legiões   270
de fúrias a chegar por infestos tufões.

Faz teu pior. Tu és onipotente.
   Assola o homem, manda tua miséria.
A tudo, exceto a ti e a mim somente,
   dei-te o poder que tens na torre etérea.   275

Let thy malignant spirit move
In darkness over those I love:
On me and mine I imprecate
The utmost torture of thy hate;
And thus devote to sleepless agony,   280
This undeclining head while thou must reign on high.

But thou, who art the God and Lord: O, thou,
    Who fillest with thy soul this world of woe,
To whom all things of Earth and Heaven do bow
    In fear and worship: all-prevailing foe!   285
I curse thee! let a sufferer's curse
Clasp thee, his torturer, like remorse;
Till thine Infinity shall be
A robe of envenomed agony;
And thine Omnipotence a crown of pain,   290
To cling like burning gold round thy dissolving brain.

Heap on thy soul, by virtue of this Curse,
    Ill deeds, then be thou damned, beholding good;
Both infinite as is the universe,
    And thou, and thy self-torturing solitude.   295
An awful image of calm power
Though now thou sittest, let the hour
Come, when thou must appear to be
That which thou art internally;
And after many a false and fruitless crime   300
Scorn track thy lagging fall through boundless space and time.

PROMETHEUS
Were these my words, O Parent?

THE EARTH
                              They were thine.

PROMETHEUS
It doth repent me: words are quick and vain;
Grief for awhile is blind, and so was mine.
I wish no living thing to suffer pain.   305

Que em treva aqueles meus amados
por teu 'spectro sejam pisados;
a mim e aos meus então praguejo
torturas do teu vil desejo,
e assim devoto insone à agonia   280
a mente altiva enquanto tens soberania.

Mas tu, Ó tu, que és Deus e que és Senhor;
   que em medo, adoração, ao teu semblante,
no que tua alma insufla o mundo em dor,
   tudo se curva, imigo onitriunfante.   285
Praguejo! Que a sofrida praga
igual remorso-algoz te traga
a um infinito que seria
um manto em veneno, agonia,
e tua onipotência, igual candente   290
ouro, coroa de dor num crânio dissolvente.

Cumula na tua alma, co'esta Praga,
   maldades, Ó precito ante a virtude;
tanto quanto o universo, infinda e vaga,
   tua autotorturante solitude.   295
Do grão poder um vulto agora
te assentas calmo, deixa a hora
chegar, tornando transparente
aquilo que és internamente;
e após estéreis crimes, sucumbindo   300
no escárnio caias por espaço e tempo infindo.

    PROMETEU
Mãe, foram tais meus termos?

    TERRA
                    Foram teus.

    PROMETEU
Lamento: vãs palavras em ardor;
cegos são os pesares, como os meus.
a ser vivente algum desejo dor.   305

THE EARTH

Misery, Oh misery to me,
That Jove at length should vanquish thee.
Wail, howl aloud, Land and Sea,
The Earth's rent heart shall answer ye.
Howl, Spirits of the living and the dead,   310
Your refuge, your defence lies fallen and vanquishèd.

FIRST ECHO

Lies fallen and vanquishèd!

SECOND ECHO

            Fallen and vanquishèd!

IONE

Fear not: 'tis but some passing spasm,
    The Titan is unvanquished still.   315
But see, where through the azure chasm
    Of yon forked and snowy hill
Trampling the slant winds on high
    With golden-sandalled feet, that glow
Under plumes of purple dye,   320
Like rose-ensanguined ivory,
    A Shape comes now,
    Stretching on high from his right hand
    A serpent-cinctured wand.

PANTHEA

'Tis Jove's world-wandering herald, Mercury.   325

IONE

And who are those with hydra tresses
    And iron wings that climb the wind,
Whom the frowning God represses
    Like vapours steaming up behind,
    Clanging loud, an endless crowd —   330

PANTHEA

These are Jove's tempest-walking hounds,
    Whom he gluts with groans and blood,

TERRA
Miséria, Ó, miséria ao meu ser,
se vier Jove te vencer.
Vinde, Terra e Mar, gemer,
a Terra irá vos responder.
Uivai, almas de vivo ou falecido,   310
o vosso bastião e arnês jaz caído e vencido.

PRIMEIRO ECO
Jaz caído e vencido!

SEGUNDO ECO
              Caído e vencido.

IONE
Não temas: é um espasmo e passa,
     invicto ainda é o Titã.   315
Mas vê, da profundeza baça
     da colina em nívea cã,
a pisar monções sem fim,
     calçado d'ouro ao pé que alvora,
sob a pluma em cor carmim   320
feito sanguirróseo marfim,
     um Vulto agora
         vem e estende em destra mão
         serpenvolto bastão.

PANTEIA
Mundívago Mercúrio, a Jove afim.   325

IONE
E o que elas são? de tranças de hidra
     e férreas asas que o ar albardam
às quais cenhoso Deus alvidra,
     iguais vapores que retardam,
         tumultuoso bando ansioso —   330

PANTEIA
Cães são: de urro e sangue os farta
     Jove, proceliambulosos,

When charioted on sulphurous cloud
He bursts Heaven's bounds.

IONE

Are they now led, from the thin dead   335
On new pangs to be fed?

PANTHEA

The Titan looks as ever, firm, not proud.

FIRST FURY

Ha! I scent life!

SECOND FURY

Let me but look into his eyes!

THIRD FURY

The hope of torturing him smells like a heap
Of corpses, to a death-bird after battle.   340

FIRST FURY

Darest thou delay, O Herald! take cheer, Hounds
Of Hell: what if the Son of Maia soon
Should make us food and sport — who can please long
The Omnipotent?

MERCURY

Back to your towers of iron,
And gnash, beside the streams of fire and wail,
Your foodless teeth. Geryon, arise! and Gorgon,   345
Chimæra, and thou Sphinx, subtlest of fiends
Who ministered to Thebes Heaven's poisoned wine,
Unnatural love, and more unnatural hate:
These shall perform your task.

FIRST FURY

Oh, mercy! mercy!   350
We die with our desire: drive us not back!

que ao carro em cirro sulfuroso
célios fins aparta.

IONE

Regidas, de ceifadas vidas,   335
para serem nutridas?

PANTEIA

Tenaz ainda é o Titã, não orgulhoso.

PRIMEIRA FÚRIA

Ah! Eu farejo vida!

SEGUNDA FÚRIA

              Quero ver seus olhos!

TERCEIRA FÚRIA

Como um monte de mortos pós-batalha
cheira ao corvo, é o anseio em torturá-lo.   340

PRIMEIRA FÚRIA

Demoras, Ó Arauto! Cães do Inferno,
alegrai-vos, que não sejamos presas
para o Filho de Maia — quem aplaca
o onipotente?

MERCÚRIO

           Ide às férreas torres
e rilhai entre os rios de fogo e gritos   345
dentes varados. Vinde, Gerião! Górgona,
Quimera e tu, sutil demônio, Esfinge,
que a Tebas deu celeste e infesto vinho,
o amor desnatural e inda mais o ódio:
tais farão vossa lida.

PRIMEIRA FÚRIA

             Ah, clemência!   350
Co'o desejo morremos: não nos leves!

MERCURY
Crouch then in silence. Awful Sufferer!
To thee unwilling, most unwillingly
I come, by the great Father's will driven down,
To execute a doom of new revenge. 355
Alas! I pity thee, and hate myself
That I can do no more: aye from thy sight
Returning, for a season, Heaven seems Hell,
So thy worn form pursues me night and day,
Smiling reproach. Wise art thou, firm and good, 360
But vainly wouldst stand forth alone in strife
Against the Omnipotent; as yon clear lamps
That measure and divide the weary years
From which there is no refuge, long have taught
And long must teach. Even now thy Torturer arms 365
With the strange might of unimagined pains
The powers who scheme slow agonies in Hell,
And my commission is to lead them here,
Or what more subtle, foul, or savage fiends
People the abyss, and leave them to their task. 370
Be it not so! there is a secret known
To thee, and to none else of living things,
Which may transfer the sceptre of wide Heaven,
The fear of which perplexes the Supreme:
Clothe it in words, and bid it clasp his throne 375
In intercession; bend thy soul in prayer,
And like a suppliant in some gorgeous fane,
Let the will kneel within thy haughty heart:
For benefits and meek submission tame
The fiercest and the mightiest.

PROMETHEUS
                    Evil minds 380
Change good to their own nature. I gave all
He has; and in return he chains me here
Years, ages, night and day: whether the Sun
Split my parched skin, or in the moony night
The crystal-wingèd snow cling round my hair: 385
Whilst my belovèd race is trampled down
By his thought-executing ministers.

MERCÚRIO

Quietas, prostrai-vos.   Sofredor excelso!
relutante, a ti, mais que relutante
venho pela vontade do grão Pai
a executar de nova pena o juízo.   355
Ai! De ti tenho dó e odeio a mim
por não poder fazer mais: ao voltar
de te ver, faz-se Inferno o Céu por tempos,
dia e noite teu vulto me persegue,
sorrindo em repreensão. Bom, sábio, justo   360
és, mas te pões em vão, sozinho, ao prélio
contra o Onipotente; como os lumes
distantes medem, cindem, anos gastos
sem refúgio, há muito ensinam, muito
ensinarão. O Algoz teu mesmo agora   365
arma com dor jamais imaginada
poderes que agonias lentas tramam
no Inferno, e minha comissão é aqui
trazê-los, ou mais vis, sutis, selvagens
demônios abissais para que ajam.   370
Que assim não seja! Um segredo há
que só tu sabes e ninguém mais vivo,
capaz de transferir do céu o cetro,
o medo que ao Supremo faz tremer:
vai! Veste-o com palavras, cinge o trono   375
na intercessão, orando, dobra a alma
e, suplicante num vistoso templo,
curva a vontade em teu altivo peito:
submissão mansa e benefícios domam
o mais forte e feroz.

PROMETEU
                         As mentes más   380
à sua índole o bem alteram. Dei
tudo que ele detém, e ele aqui prende-me
por anos, eras, dia e noite, quer
fenda-me a pele o Sol ou meus cabelos
ao luar prendam neve em voo-cristal,   385
enquanto pisam minha amada raça
aqueles que executam seus pensares,

Such is the tyrant's recompense: 'tis just:
He who is evil can receive no good;
And for a world bestowed, or a friend lost, 390
He can feel hate, fear, shame; not gratitude:
He but requites me for his own misdeed.
Kindness to such is keen reproach, which breaks
With bitter stings the light sleep of Revenge.
Submission, thou dost know I cannot try: 395
For what submission but that fatal word,
The death-seal of mankind's captivity,
Like the Sicilian's hair-suspended sword,
Which trembles o'er his crown, would he accept,
Or could I yield? Which yet I will not yield. 400
Let others flatter Crime, where it sits throned
In brief Omnipotence: secure are they:
For Justice, when triumphant, will weep down
Pity, not punishment, on her own wrongs,
Too much avenged by those who err. I wait, 405
Enduring thus, the retributive hour
Which since we spake is even nearer now.
But hark, the hell-hounds clamour: fear delay:
Behold! Heaven lowers under thy Father's frown.

MERCURY
Oh, that we might be spared: I to inflict 410
And thou to suffer! Once more answer me:
Thou knowest not the period of Jove's power?

PROMETHEUS
I know but this, that it must come.

MERCURY
        Alas!
Thou canst not count thy years to come of pain?

PROMETHEUS
They last while Jove must reign: nor more, nor less 415
Do I desire or fear.

e tal é a paga do tirano: é justo:
o mau não pode receber o bem;
pelo amigo perdido ou mundo ganho,   390
ele não sente gratidão, só ódio,
medo e vergonha, e por seus erros pune-me.
A bondade só lhe é censura, e quebra
em aguilhões o sono da Vingança.
Sabes que a submissão é-me impossível: 395
pois é a fatal palavra, submissão,
selo de morte da prisão humana,
qual gládio da Sicília, num fio pênsil
à sua coroa: ele aceitaria?
posso eu ceder? porém não cederei.   400
Que outros o Crime louvem, entronado
em breve Onipotência: estão seguros:
pois Justiça triunfante pranteará
piedade e não castigo por seus males,
muito vingados pelos que erram. 'Spero,   405
penando, a hora da retribuição,
que se aproxima mais dês que falamos.
Sem atraso, ouve: clamam Cães-do-Inferno:
vê, o Céu pende ao cenho de teu Pai.

    MERCÚRIO
Ah, se nós fôssemos poupados: eu   410
de infligir, tu, sofrer! Outra vez, diz:
não sabes do poder de Jove o fim?

    PROMETEU
Sei somente que irá acontecer.

    MERCÚRIO
                          Ai!
Os teus anos de dor por vir não contas?

    PROMETEU
Duram Jove a reinar; nem mais, nem menos   415
desejo ou temo.

MERCURY

                Yet pause, and plunge
Into Eternity, where recorded time,
Even all that we imagine, age on age,
Seems but a point, and the reluctant mind
Flags wearily in its unending flight,   420
Till it sink, dizzy, blind, lost, shelterless;
Perchance it has not numbered the slow years
Which thou must spend in torture, unreprieved?

PROMETHEUS

Perchance no thought can count them, yet they pass.

MERCURY

If thou might'st dwell among the Gods the while   425
Lapped in voluptuous joy?

PROMETHEUS

              I would not quit
This bleak ravine, these unrepentant pains.

MERCURY

Alas! I wonder at, yet pity thee.

PROMETHEUS

Pity the self-despising slaves of Heaven,
Not me, within whose mind sits peace serene,   430
As light in the sun, throned: how vain is talk!
Call up the fiends.

IONE

           O, sister, look! White fire
Has cloven to the roots yon huge snow-loaded cedar;
How fearfully God's thunder howls behind!

MERCURY

I must obey his words and thine: alas!   435
Most heavily remorse hangs at my heart!

MERCÚRIO

Pausa porém, lança-te
na Eternidade em que o lembrado tempo
mesmo o que imaginamos, era em era,
é um ponto só, e a mente relutante,
cansada, ondula em infindável voo   420
até afundar, perdida, zonza e cega;
talvez teus anos lentos de tortura
sem alívio não sejam numerados.

PROMETEU

Incontáveis que sejam, porém passam.

MERCÚRIO

Se pudesses morar em meio aos Deuses   425
em voluptuosa graça?

PROMETEU

Não sairia
desta ravina, impenitente dor.

MERCÚRIO

Ai! Deslumbras-me, mas me faz ter pena.

PROMETEU

Tenhas pena dos desamados servos
do Céu, e não de mim, que à mente entrono   430
a paz, qual luz no sol: é vão falar!
Chama os demônios.

IONE

Vê, irmã! Alva chama
fende o cedro nevado até as raízes;
como o trovão do Deus uiva, medonho!

MERCÚRIO

Ai: devo obedecer a ti, a ele!   435
Pesa em meu coração grave remorso!

PANTHEA
See where the child of Heaven, with wingèd feet,
Runs down the slanted sunlight of the dawn.

IONE
Dear sister, close thy plumes over thine eyes
Lest thou behold and die: they come: they come   440
Blackening the birth of day with countless wings,
And hollow underneath, like death.

FIRST FURY
                                        Prometheus!

SECOND FURY
Immortal Titan!

THIRD FURY
                    Champion of Heaven's slaves!

PROMETHEUS
He whom some dreadful voice invokes is here,
Prometheus, the chained Titan. Horrible forms,   445
What and who are ye? Never yet there came
Phantasms so foul through monster-teeming Hell
From the all-miscreative brain of Jove;
Whilst I behold such execrable shapes,
Methinks I grow like what I contemplate,   450
And laugh and stare in loathsome sympathy.

FIRST FURY
We are the ministers of pain, and fear,
And disappointment, and mistrust, and hate,
And clinging crime; and as lean dogs pursue
Through wood and lake some struck and sobbing fawn,   455
We track all things that weep, and bleed, and live,
When the great King betrays them to our will.

PROMETHEUS
Oh! many fearful natures in one name,
I know ye; and these lakes and echoes know

PANTEIA

Vê onde, com alados pés, o filho
do Céu extingue a luz da aurora oblíqua.

IONE

Cara irmã, cerra as plumas sobre os olhos
ou poderás morrer: elas vêm, vêm,   440
toldando o novo dia em asas várias
e ocas por baixo, como a morte.

PRIMEIRA FÚRIA

                      Prometeu!

SEGUNDA FÚRIA

Titã eterno!

TERCEIRA FÚRIA

        Mártir dos servos do Céu!

PROMETEU

Jaz aqui quem medonha voz invoca,
o Titã em grilhões, Prometeu. Vultos   445
horríveis, quem e o que sois? nunca espectros
do Hades monstrígero tão vis saíram
pela onidescriadora mente em Jove;
contemplando tais formas execráveis,
creio tornar-me igual ao que contemplo,   450
e observo e rio na compaixão mais sórdida.

PRIMEIRA FÚRIA

Somos ministras do temor, das dores,
das decepções, das desconfianças, do ódio
e crime resistente; como caçam
cães um cervo ferido em bosque e lago,   455
seguimos o que chora e sangra e vive,
quando à nossa vontade os trai o Rei.

PROMETEU

Ah! Tantas naturezas vis num nome,
eu sei quem sois; e os lagos e ecos sabem

The darkness and the clangour of your wings.   460
But why more hideous than your loathèd selves
Gather ye up in legions from the deep?

SECOND FURY
We knew not that: Sisters, rejoice, rejoice!

PROMETHEUS
Can aught exult in its deformity?

SECOND FURY
The beauty of delight makes lovers glad,   465
Gazing on one another: so are we.
As from the rose which the pale priestess kneels
To gather for her festal crown of flowers
The aëreal crimson falls, flushing her cheek,
So from our victim's destined agony   470
The shade which is our form invests us round,
Else we are shapeless as our mother Night.

PROMETHEUS
I laugh your power, and his who sent you here,
To lowest scorn. Pour forth the cup of pain.

FIRST FURY
Thou thinkest we will rend thee bone from bone,   475
And nerve from nerve, working like fire within?

PROMETHEUS
Pain is my element, as hate is thine;
Ye rend me now: I care not.

SECOND FURY
                           Dost imagine
We will but laugh into thy lidless eyes?

PROMETHEUS
I weigh not what ye do, but what ye suffer,   480
Being evil. Cruel was the power which called
You, or aught else so wretched, into light.

das trevas, do clangor em vossas asas.   460
Por que tão torpes, ainda mais hediondas,
vos reunis em legiões vindas do abismo?

SEGUNDA FÚRIA
Eis algo novo: ride, ride, Irmãs!

PROMETEU
O quê? em ser horrendas exultais?

SEGUNDA FÚRIA
O deleite do belo alegra amantes,   465
entreadmirando-se: pois nós também.
Como o carmim aéreo cai da rosa
de onde a sacerdotisa colhe flores
p'r'uma guirlanda e cora as faces pálidas,
a agonia da vítima fadada   470
investe-nos co'a forma que tomamos,
senão, como a mãe Noite, informes somos.

PROMETEU
Desdenho vossa força e quem vos manda.
Vamos! Vertei o cálice da dor!

PRIMEIRA FÚRIA
Crês que iremos destruir-te osso por osso,   475
nervo por nervo, feito fogo interno?

PROMETEU
Dor é o meu elemento, e ódio, o vosso;
ora destruí-me: não me importo.

SEGUNDA FÚRIA
                                        Pensas
que riremos nos olhos teus sem pálpebras?

PROMETEU
Não meço o que fazeis, só o que sofreis   480
por vosso mal. Cruel poder o que
vos trouxe, miseráveis, para a luz.

Third Fury

Thou think'st we will live through thee, one by one,
Like animal life, and though we can obscure not
The soul which burns within, that we will dwell   485
Beside it, like a vain loud multitude
Vexing the self-content of wisest men:
That we will be dread thought beneath thy brain,
And foul desire round thine astonished heart,
And blood within thy labyrinthine veins   490
Crawling like agony?

Prometheus

                    Why, ye are thus now;
Yet am I king over myself, and rule
The torturing and conflicting throngs within,
As Jove rules you when Hell grows mutinous.

Chorus of Furies

From the ends of the earth, from the ends of the earth,   495
Where the night has its grave and the morning its birth,
          Come, come, come!
Oh, ye who shake hills with the scream of your mirth,
When cities sink howling in ruin; and ye
Who with wingless footsteps trample the sea,   500
And close upon Shipwreck and Famine's track,
Sit chattering with joy on the foodless wreck;
          Come, come, come!
Leave the bed, low, cold, and red,
Strewed beneath a nation dead;   505
Leave the hatred, as in ashes
    Fire is left for future burning:
It will burst in bloodier flashes
    When ye stir it, soon returning:
Leave the self-contempt implanted   510
In young spirits, sense-enchanted,
    Misery's yet unkindled fuel:
Leave Hell's secrets half unchanted
    To the maniac dreamer; cruel
More than ye can be with hate   515
    Is he with fear.

TERCEIRA FÚRIA
Crês que uma a uma sobreviveremos
a ti como animais, que sem a alma
toldarmos, a queimar ao lado dela   485
moraremos, qual vã, ruidosa turba,
dos sábios a vexar o autocontento:
que em teu cérebro mau pensar seremos,
e vil desejo em teu pasmado peito
e sangue em tuas veias labirínticas,   490
na agonia a rastear?

PROMETEU
                    Ora, assim sois;
mas, rei sobre mim mesmo, assim governo
a interna turba em guerras e torturas,
qual Jove a vós, no Inferno amotinado.

CORO DE FÚRIAS
Dos confins desta terra, os confins desta terra,   495
em que nasce a manhã e onde a noite se enterra,
        vem, vem, vem!
Tu, que os montes abala com troça que berra,
as cidades ululam e afundam em ruínas
sem asa a pisar as ondas marinas   500
de onde a Fome vem ágil de lá do Naufrágio,
a rir dos famélicos vãos do pelágio;
        vem, vem, vem!
Fria cama deixai entre a trama,
sob nação que morre à lama;   505
    o ódio igual deixai, borralha,
que futuro ardor se torna:
    e em clarões de sangue espalha
se atiçada e assim retorna:
    e ao vigor mais fascinado   510
    desamor por si implantado,
        combustível frio das dores:
    o Hades, pois, deixai calado
        só p'ra loucos sonhadores;
mais vive ele na inação   515
    que tu na ira.

>   Come, come, come!
>   We are steaming up from Hell's wide gate
>   And we burthen the blast of the atmosphere,
>   But vainly we toil till ye come here.   520

IONE
Sister, I hear the thunder of new wings.

PANTHEA
These solid mountains quiver with the sound
Even as the tremulous air: their shadows make
The space within my plumes more black than night.

FIRST FURY
>   Your call was as a wingèd car   525
>   Driven on whirlwinds fast and far;
>   It rapped us from red gulfs of war.

SECOND FURY
>   From wide cities, famine-wasted;

THIRD FURY
>   Groans half heard, and blood untasted;

FOURTH FURY
>   Kingly conclaves stern and cold,   530
>   Where blood with gold is bought and sold;

FIFTH FURY
>   From the furnace, white and hot,
>   In which —

A FURY
>   Speak not: whisper not:
>   I know all that ye would tell,
>   But to speak might break the spell   535
>   Which must bend the Invincible,
>   The stern of thought;
>   He yet defies the deepest power of Hell.

Vem, vem, vem!
Fervilhando do infernal portão,
  carregamos o ar que aqui se respira
mas sem vós cá é a lida em vão.   520

IONE
Irmã, ouço o trovão de novas asas.

PANTEIA
Tremem os montes sólidos co'o som
como o ar trêmulo: sombras escurecem
o espaço em minhas plumas mais que a noite.

PRIMEIRA FÚRIA
Seu grito, alada carruagem,   525
trouxe-nos na eólia viagem
dos golfos márcios da carnagem.

SEGUNDA FÚRIA
De estados famidestruídos;

TERCEIRA FÚRIA
Sangue e gritos não fruídos;

QUARTA FÚRIA
Conclaves régios, frios e tersos,   530
onde ouro em sangue faz comércios;

QUINTA FÚRIA
Da alva forja a incendiar,
  em que —

UMA FÚRIA
        Nada hás de falar;
tudo sei que tu dirias
ao condão quebraria   535
    a voz, p'ra dobrar o Invicto,
  o em duro pensar;
do inferno as Forças ele desafia.

A FURY
Tear the veil!

ANOTHER FURY
It is torn.

CHORUS
The pale stars of the morn
Shine on a misery, dire to be borne. 540
Dost thou faint, mighty Titan? We laugh thee to scorn.
Dost thou boast the clear knowledge thou waken'dst for man?
Then was kindled within him a thirst which outran
Those perishing waters; a thirst of fierce fever,
Hope, love, doubt, desire, which consume him for ever. 545
One came forth of gentle worth
Smiling on the sanguine earth;
His words outlived him, like swift poison
Withering up truth, peace, and pity.
Look! where round the wide horizon 550
Many a million-peopled city
Vomits smoke in the bright air.
Hark that outcry of despair!
'Tis his mild and gentle ghost
Wailing for the faith he kindled: 555
Look again, the flames almost
To a glow-worm's lamp have dwindled:
The survivors round the embers
·Gather in dread.
Joy, joy, joy! 560
Past ages crowd on thee, but each one remembers,
And the future is dark, and the present is spread
Like a pillow of thorns for thy slumberless head.

SEMICHORUS I
Drops of bloody agony flow
From his white and quivering brow. 565
Grant a little respite now:
See a disenchanted nation
Springs like day from desolation;
To Truth its state is dedicate,

UMA FÚRIA
Rasga o véu!

OUTRA FÚRIA
   'Stá rasgado.

CORO
               Os astros no céu
dão luz pálida à dor infindável.   540
Desfaleces, Titã, entre o nosso escarcéu?
pois te agrada o saber que acordaste no homem?
pois atiçam-se nele tais sedes e o consomem,
findas as águas mortas; a sede sem pejo,
esperança, dúvida, amor e desejo.   545
Veio um moço valoroso
sorrindo ao mundo sanguinoso;
   legando o verbo, igual veneno
fez murchar paz, dó e verdade.
   Vede! No horizonte pleno   550
onde a popular cidade
    vomita fumo no ar aflito.
    Ouvi do desespero o grito!
É o seu brando e suave nume,
   que a fé lamenta que aquecera: 555
vede outra vez! Já quase o lume
   ao de um lampírio decrescera:
os vivos se unem numa horda,
   que arde à chama.
     Ah! Ah! Ah!   560
O passado cumula-se em ti e, recorda,
   o futuro é sombrio, o presente esparrama,
   qual à fronte insone, espinhosa cama.

SEMICORO I
Gotas de agonia em ranço
rubras caem de um cenho manso.   565
Concedei algum descanso:
vê a nação em desencanto
vir raiar de seu quebranto:
à Verdade sagra o estado,

108 | COLEÇÃO CLÁSSICA

And Freedom leads it forth, her mate;   570
A legioned band of linkèd brothers
Whom Love calls children —

SEMICHORUS II
                              'Tis another's:
    See how kindred murder kin:
    'Tis the vintage-time for death and sin:
    Blood, like new wine, bubbles within: 575
Till Despair smothers
    The struggling world, which slaves and tyrants win.

                              (All the Furies vanish, except one.)

IONE
Hark, sister! what a low yet dreadful groan
Quite unsuppressed is tearing up the heart
Of the good Titan, as storms tear the deep,   580
And beasts hear the sea moan in inland caves.
Darest thou observe how the fiends torture him?

PANTHEA
Alas! I looked forth twice, but will no more.

IONE
What didst thou see?

PANTHEA
        A woful sight: a youth
With patient looks nailed to a crucifix.   585

IONE
What next?

PANTHEA
        The heaven around, the earth below
Was peopled with thick shapes of human death,
All horrible, and wrought by human hands,
And some appeared the work of human hearts,
For men were slowly killed by frowns and smiles: 590

pela Liberdade guiado;   570
o Amor, de filho os chama, a legião
de irmãos em bando —

SEMICORO II
                              É outro, não!
   Vê, todo elo se dizima:
   da morte e crime é a vindima:
   ferve um vinho em sangue acima: 575
e o Desespero então
   preme o mundo, que a rei e servo elimina.

                    (Somem todas as FÚRIAS, *exceto uma.)*

IONE
Ouve, irmã! Que gemido baixo e fero
irreprimido rasga o coração
do bom Titã, como a tormenta rasga   580
o abismo, o mar gemendo para as bestas.
Ousaste vê-las quando o torturavam?

PANTEIA
Ai! Olhei duas vezes, mas não mais.

IONE
O que viste?

PANTEIA
   Visão horrenda: um jovem
de olhar paciente preso ao crucifixo.   585

IONE
Depois?

PANTEIA
   O céu em torno, a terra abaixo
povoados por visões de morte humana,
tudo horrível criação de mãos humanas,
e obra, em parte, de corações humanos.
Morrendo lentos sob sorriso e cenho: 590

And other sights too foul to speak and live
Were wandering by. Let us not tempt worse fear
By looking forth: those groans are grief enough.

FURY
Behold an emblem: those who do endure
Deep wrongs for man, and scorn, and chains, but heap   595
Thousandfold torment on themselves and him.

PROMETHEUS
Remit the anguish of that lighted stare;
Close those wan lips; let that thorn-wounded brow
Stream not with blood; it mingles with thy tears!
Fix, fix those tortured orbs in peace and death,   600
So thy sick throes shake not that crucifix,
So those pale fingers play not with thy gore.
O, horrible! Thy name I will not speak,
It hath become a curse. I see, I see,
The wise, the mild, the lofty, and the just,   605
Whom thy slaves hate for being like to thee,
Some hunted by foul lies from their heart's home,
An early-chosen, late-lamented home;
As hooded ounces cling to the driven hind;
Some linked to corpses in unwholesome cells: 610
Some — Hear I not the multitude laugh loud? —
Impaled in lingering fire: and mighty realms
Float by my feet, like sea-uprooted isles,
Whose sons are kneaded down in common blood
By the red light of their own burning homes.   615

FURY
Blood thou canst see, and fire; and canst hear groans;
Worse things, unheard, unseen, remain behind.

PROMETHEUS
Worse?

FURY
        In each human heart terror survives
The ravin it has gorged: the loftiest fear

e outras visões mais, impronunciáveis
vagavam. Não tentemos piores medos
com o olhar: tais gemidos já nos bastam.

FÚRIA
Eis o emblema: os que realmente aguentam
os males do homem, 'scárnio e grilhões, juntam   595
mil tormentos a si próprios e a ele.

PROMETEU
Abate a angústia deste olhar tão lúcido;
une os lábios; que da coroa-espinho
não flua o sangue; mescla-se ele às lágrimas!
Fixa, fixa na paz e morte os orbes   600
que não tremas de espasmo ao crucifixo
que não brinquem teus dedos na carnagem,
horrível! Não direi o nome teu,
tornou-se ele uma praga. Vejo, eu vejo,
os sábios, brandos, justos e os altivos,   605
que os teus servos odeiam, porque lembram
a ti, alguns caçados por mentiras
do peito; um lar que, cedo aceito, chora-se
depois; como o leopardo agarra a presa;
alguns presos aos mortos em vil cárcere;   610
alguns — escuto rir a multidão? —
empalados no fogo tardo; e reinos
flutuam aos meus pés, marirrevoltas
ilhas, cujo filial sangue, sovado,
flui, à luz rubra de seu lar em chamas.   615

FÚRIA
Vês sangue e fogo e ouves os gemidos;
falta o pior, invisto e inaudito.

PROMETEU
Pior?

FÚRIA
Vive o terror no peito humano
no abismo que o engole: os mais soberbos

All that they would disdain to think were true: 620
Hypocrisy and custom make their minds
The fanes of many a worship, now outworn.
They dare not devise good for man's estate,
And yet they know not that they do not dare.
The good want power, but to weep barren tears.   625
The powerful goodness want: worse need for them.
The wise want love; and those who love want wisdom;
And all best things are thus confused to ill.
Many are strong and rich, and would be just,
But live among their suffering fellow-men   630
As if none felt: they know not what they do.

PROMETHEUS
Thy words are like a cloud of wingèd snakes;
And yet I pity those they torture not.

FURY
Thou pitiest them? I speak no more!

(Vanishes.)

PROMETHEUS
Ah woe!
Ah woe! Alas! pain, pain ever, for ever!   635
I close my tearless eyes, but see more clear
Thy works within my woe-illumèd mind,
Thou subtle tyrant! Peace is in the grave.
The grave hides all things beautiful and good:
I am a God and cannot find it there,   640
Nor would I seek it: for, though dread revenge,
This is defeat, fierce king, not victory.
The sights with which thou torturest gird my soul
With new endurance, till the hour arrives
When they shall be no types of things which are.   645

PANTHEA
Alas! what sawest thou more?

temem ser vero o que ao pensar desdenham: 620
costume, hipocrisia, as mentes tornam
templos de adorações já desgastadas.
Não ousam planejar o bem ao homem,
sem saberem, porém, que não o ousam.
Ao bom falta poder, p'r'o pranto infértil; 625
ao poderoso o bem, pior carência;
ao sábio, amor; sapiência ao amante;
e o que de melhor há em mal confunde-se.
Querem ser justos tantos ricos, fortes,
mas vivem entre seus irmãos que sofrem, 630
sem sentirem: não sabem o que fazem.

PROMETEU

Tua fala é nuvem de serpente alada;
mas tenho pena de quem não torturam.

FÚRIA

Tens pena? nada mais digo.

(Desaparece.)

PROMETEU

Ah, mágoa!
Mágoa! Ai! Dor, dor, sempre, sempiterna! 635
Fecho os olhos ilácrimes, mais claro
vejo tua obra à minha luz-de-mágoa,
sutil tirano! Tem-se a paz na cova.
A cova esconde o que há de belo e bom:
sou um Deus, não a posso encontrar lá, 640
nem desejo: seria, pois, vingança,
porém derrota e não vitória, Ó rei.
As visões torturantes cingem-me a alma
com nova resistência até chegar
a hora em que não serão mais o que são. 645

PANTEIA

Ai! Vistes mais?

PROMETHEUS
There are two woes:
To speak, and to behold; thou spare me one.
Names are there, Nature's sacred watchwords, they
Were borne aloft in bright emblazonry;
The nations thronged around, and cried aloud,   650
As with one voice, Truth, liberty, and love!
Suddenly fierce confusion fell from heaven
Among them: there was strife, deceit, and fear:
Tyrants rushed in, and did divide the spoil.
This was the shadow of the truth I saw.   655

THE EARTH
I felt thy torture, son; with such mixed joy
As pain and virtue give. To cheer thy state
I bid ascend those subtle and fair spirits,
Whose homes are the dim caves of human thought,
And who inhabit, as birds wing the wind,   660
Its world-surrounding aether: they behold
Beyond that twilight realm, as in a glass,
The future: may they speak comfort to thee!

PANTHEA
  Look, sister, where a troop of spirits gather,
  Like flocks of clouds in spring's delightful weather,   665
  Thronging in the blue air!

IONE
                            And see! more come,
  Like fountain-vapours when the winds are dumb,
  That climb up the ravine in scattered lines.
  And, hark! is it the music of the pines?
  Is it the lake? Is it the waterfall?   670

PANTHEA
  'Tis something sadder, sweeter far than all.

CHORUS OF SPIRITS
  From unremembered ages we
  Gentle guides and guardians be

Prometeu
     Há dois tipos de mágoas:
falar e ver; me poupa de uma delas.
Há os Nomes, lemas sacros de Natura,
que em lustrosos brasões foram erguidos;
as nações se reuniram e clamaram   650
numa voz: Liberdade! Amor! Verdade!
Súbita e forte confusão do céu
cai entre eles: com medo, logro e dor:
vieram tiranos dividir o espólio.
Eis da verdade que então vi a sombra.   655

A Terra
Tua tortura senti, filho; com mista
graça em dor e virtude. P'ra alegrar-te
fiz que ascendessem 'spíritos sutis,
que habitam grutas do pensar humano
e que moram, quais aves pelos ventos,   660
em seu cosmo-envolvente éter: veem
como em cristal o que virá além desse
reino crepuscular: que te confortem!

Panteia
Vê, irmã, que, quais nuvens em rebanho
na primavera, espíritos se apanham,   665
povoando o ar azul!

Ione
     Vê! Mais à frente,
qual vapor, quando o vento jaz silente,
subindo em linhas os despenhadeiros.
E ouvi! Será a canção destes pinheiros?
será do lago? ou da queda-d'água?   670

Panteia
É ainda mais amável, com mais mágoa.

Coro de Espíritos
De eras imemoriais
somos guias cordiais

Of heaven-oppressed mortality;
And we breathe, and sicken not,   675
The atmosphere of human thought:
Be it dim, and dank, and gray,
Like a storm-extinguished day,
Travelled o'er by dying gleams;
    Be it bright as all between   680
Cloudless skies and windless streams,
    Silent, liquid, and serene;
As the birds within the wind,
    As the fish within the wave,
As the thoughts of man's own mind   685
    Float through all above the grave;
        We make there our liquid lair,
Voyaging cloudlike and unpent
Through the boundless element:
Thence we bear the prophecy   690
Which begins and ends in thee!

Ione
More yet come, one by one: the air around them
Looks radiant as the air around a star.

First Spirit
    On a battle-trumpet's blast
    I fled hither, fast, fast, fast,   695
    'Mid the darkness upward cast.
    From the dust of creeds outworn,
    From the tyrant's banner torn,
    Gathering 'round me, onward borne,
    There was mingled many a cry —   700
    Freedom! Hope! Death! Victory!
    Till they faded through the sky;
    And one sound, above, around,
    One sound beneath, around, above,
    Was moving; 'twas the soul of Love;   705
    'Twas the hope, the prophecy,
    Which begins and ends in thee.

dos celiopressos, os mortais;
respiramos sem enjoar   675
da razão humana o ar:
seja escura e cinza e fria
como o tormentório dia
pelas moribundas réstias;
   seja mais que reluzente   680
claro céu e rio sem léstias,
   fluido, plácido e silente;
como as aves pelos ventos
   como os peixes na onda pura,
na humana mente os pensamentos   685
   pairam sobre a sepultura;
      fluido lar fizemos lá,
viajando em brumas, irrestritos,
por elementos infinitos:
portamos, pois, a profecia   690
que em ti termina e se inicia!

   IONE
Outros vêm, um por um: esse ar que os cinge
se irradia como o ar que cinge estrelas.

   PRIMEIRO ESPÍRITO
Com a trombetante voz
vim, veloz, veloz, veloz,   695
na treva revirada após.
Do pó dos credos pelos anos,
da rota insígnia dos tiranos,
se reunindo e me cercando,
houve um grito de vitória —   700
Morte! Liberdade! Glória!
No céu sumindo sem demora;
e um ruído só, ao redor e acima,
se ouvia, acima e ao redor,
a alma, a se mover, do Amor;   705
a esperança, a profecia
que em ti termina e se inicia.

SECOND SPIRIT
A rainbow's arch stood on the sea,
Which rocked beneath, immovably;
And the triumphant storm did flee,   710
Like a conqueror, swift and proud,
Between, with many a captive cloud,
A shapeless, dark and rapid crowd,
Each by lightning riven in half:
I heard the thunder hoarsely laugh: 715
Mighty fleets were strewn like chaff
And spread beneath a hell of death
O'er the white waters. I alit
On a great ship lightning-split,
And speeded hither on the sigh   720
Of one who gave an enemy
His plank, then plunged aside to die.

THIRD SPIRIT
I sate beside a sage's bed,
And the lamp was burning red
Near the book where he had fed,   725
When a Dream with plumes of flame,
To his pillow hovering came,
And I knew it was the same
Which had kindled long ago
Pity, eloquence, and woe;   730
And the world awhile below
    Wore the shade, its lustre made.
It has borne me here as fleet
As Desire's lightning feet:
I must ride it back ere morrow,   735
Or the sage will wake in sorrow.

FOURTH SPIRIT
On a poet's lips I slept
Dreaming like a love-adept
In the sound his breathing kept;
Nor seeks nor finds he mortal blisses,   740
But feeds on the aëreal kisses
Of shapes that haunt thought's wildernesses.
He will watch from dawn to gloom
The lake-reflected sun illume

SEGUNDO ESPÍRITO
O arco-íris se revela
no imóvel mar que se debela;
parte a triunfal procela,   710
um conquistador altivo,
passando, em nuvarrão cativo,
o bando escuro e fugitivo,
nuvens por raios sulcadas:
do trovão ouvi risadas: 715
destrói, qual joio, as armadas,
em mortal inferno estradas
nas alvas águas. Acendi
em fulminada nau e aqui
rumos do estertor persigo,   720
de quem deu ao seu imigo
a prancha e salta ao jazigo.

TERCEIRO ESPÍRITO
Eu, à luz vermelha e lábil,
via ao lado dormir um sábio,
com seu repasto de alfarrábio,   725
quando um Sonho em plumas-chama
vem pairar à sua cama
e eu soube que era esta a flama
que vinha há anos aquecer
eloquência, dor, dever;   730
e o mundo veio guarnecer
    o vulto ilustre, de seu lustre.
Vim veloz igual lampejo
dos pés-de-raio do Desejo:
hei de ante o sol voltar,   735
ou triste o sábio irá acordar.

QUARTO ESPÍRITO
Sonho em lábios do poeta,
qual sequaz do amor-profeta
no alento dessa voz quieta;
sem buscar pulsões funéreas,   740
vive de afeições aéreas
das formas do ermo das ideias.
Da aurora à noite observará
o Sol-reflexo iluminar,

The yellow bees in the ivy-bloom, 745
  Nor heed nor see, what things they be;
But from these create he can
Forms more real than living man,
Nurslings of immortality!
One of these awakened me, 750
And I sped to succour thee.

IONE
  Behold'st thou not two shapes from the east and west
Come, as two doves to one belovèd nest,
Twin nurslings of the all-sustaining air
On swift still wings glide down the atmosphere?
And, hark! their sweet, sad voices! 'tis despair 755
Mingled with love and then dissolved in sound.

PANTHEA
  Canst thou speak, sister? all my words are drowned.

IONE
Their beauty gives me voice. See how they float
On their sustaining wings of skiey grain, 760
Orange and azure deepening into gold:
Their soft smiles light the air like a star's fire.

CHORUS OF SPIRITS
  Hast thou beheld the form of Love?

FIFTH SPIRIT
                As over wide dominions
  I sped, like some swift cloud that wings the wide air's wildernesses,
That planet-crested shape swept by on lightning-braided pinions, 765
  Scattering the liquid joy of life from his ambrosial tresses:
His footsteps paved the world with light; but as I passed 'twas fading,
  And hollow Ruin yawned behind: great sages bound in madness,
And headless patriots, and pale youths who perished, unupbraiding,
  Gleamed in the night. I wandered o'er, till thou, O King of sadness, 770
Turned by thy smile the worst I saw to recollected gladness.

SIXTH SPIRIT
  Ah, sister! Desolation is a delicate thing:
    It walks not on the earth, it floats not on the air,

do lago, abelhas a voar,   745
   sem mesmo ver que possam ser;
mas disso inventa mais reais
formas que as visões mortais,
lactentes do viver sem fim!
De vós um despertara a mim,   750
e para socorrer-te eu vim.

   IONE
Não vês as formas que, de leste e oeste
vêm, quais pombas ao ninho em voo celeste,
lactentes de ares onissustentantes
descendo os dois do céu em voos rasantes?   755
que triste e doce voz! Mistura-se antes
pesar co'amor, solvido em som após.

   PANTEIA
Podes falar, irmã? morreu-me a voz.

   IONE
Dá-me voz tal beleza. Como pairam
com fortes asas de texturas célias,   760
azuis e alaranjadas, dourejantes:
seus sorrisos acendem o ar qual astro.

   CORO DE ESPÍRITOS
Viste a forma do amor?

   QUINTO ESPÍRITO
             Tal como em colossais domínios
   corri, qual presta nuvem alça o ermo celestial,
o vulto planetário em que penachos trovilíneos   765
   da vida as graças vertem pela coma ambrosial:
seu passo em luzes cobre o mundo; que ao passar sumiam,
   a Ruína bocejando atrás: os sábios na loucura,
patriotas mentecaptos, jovens que servis morriam
   na noite reluziram. Vim a ti, Ó Rei da agrura.   770
   E em teu sorriso vejo agora alegre a desventura.

   SEXTO ESPÍRITO
Ah, minha irmã! O desalento é coisa delicada:
   não anda em terra ou paira no ar, é mais sutil

But treads with lulling footstep, and fans with silent wing
 The tender hopes which in their hearts the best and gentlest bear; 775
Who, soothed to false repose by the fanning plumes above
 And the music-stirring motion of its soft and busy feet,
Dream visions of aëreal joy, and call the monster, Love,
 And wake, and find the shadow Pain, as he whom now we greet.

CHORUS
 Though Ruin now Love's shadow be, 780
 Following him, destroyingly,
  On Death's white and wingèd steed,
 Which the fleetest cannot flee,
  Trampling down both flower and weed,
 Man and beast, and foul and fair, 785
 Like a tempest through the air;
 Thou shalt quell this horseman grim,
 Woundless though in heart or limb.

PROMETHEUS
 Spirits! how know ye this shall be?

CHORUS
  In the atmosphere we breathe, 790
 As buds grow red when the snow-storms flee,
  From Spring gathering up beneath,
   Whose mild winds shake the elder brake,
 And the wandering herdsmen know
 That the white-thorn soon will blow 795
 Wisdom, Justice, Love, and Peace,
 When they struggle to increase,
 Are to us as soft winds be
 To shepherd boys, the prophecy
 Which begins and ends in thee. 800

IONE
 Where are the Spirits fled?

PANTHEA
     Only a sense
 Remains of them, like the omnipotence
 Of music, when the inspired voice and lute

no seu embalo; abana, co'asa mais calada,
   nutridas esperanças por quem é bom, gentil;   775
que, calmos no ócio falso dessas plumas de frescor
   e a dança musicante de seus passos magnânimos,
sonham visões de aérea graça e clamam pelo Amor,
   o monstro, achando a sombra Dor, como ele a quem saudamos.

    Coro
Ruína-sombra do Amor somente   780
segue-o, destruidoramente,
   quando a ninguém deixa intato
da Morte o corcel mais palente,
   a pisar por flor e mato,
homem, fera, o feio, o belo,   785
como do vento o flagelo;
vencerás, sem tê-lo ferido,
cavaleiro tão temido.

    Prometeu
Como isso os 'spíritos conhecem?

    Coro de Espíritos
   No ar está, que nos alenta,   790
quais botões que enfim rubescem
   assim que a Primavera venta
    contra as neves, folhas leves,
e o campeiro sabe a errar
que o pilrito se abrirá: 795
Paz, Saber, Justiça, Amor,
quando sofrem seu labor,
são qual suave ventania
ao pastor, a profecia
que em ti termina e se inicia.   800

    Ione
Fugiram os Espíritos?

    Panteia
        Só ciência
deles se guarda como a onipotência
musical, quando as vozes enlanguescem

Languish, ere yet the responses are mute,
Which through the deep and labyrinthine soul,   805
Like echoes through long caverns, wind and roll.

PROMETHEUS
How fair these airborn shapes! and yet I feel
Most vain all hope but love; and thou art far,
Asia! who, when my being overflowed,
Wert like a golden chalice to bright wine   810
Which else had sunk into the thirsty dust.
All things are still: alas! how heavily
This quiet morning weighs upon my heart;
Though I should dream I could even sleep with grief
If slumber were denied not. I would fain   815
Be what it is my destiny to be,
The saviour and the strength of suffering man,
Or sink into the original gulf of things:
There is no agony, and no solace left;
Earth can console, Heaven can torment no more.   820

PANTHEA
Hast thou forgotten one who watches thee
The cold dark night, and never sleeps but when
The shadow of thy spirit falls on her?

PROMETHEUS
I said all hope was vain but love: thou lovest.

PANTHEA
Deeply in truth; but the eastern star looks white,   825
And Asia waits in that far Indian vale,
The scene of her sad exile; rugged once
And desolate and frozen, like this ravine;
But now invested with fair flowers and herbs,
And haunted by sweet airs and sounds, which flow   830
Among the woods and waters, from the aether
Of her transforming presence, which would fade
If it were mingled not with thine. Farewell!

co'os ludes, e as respostas emudecem
que através da profunda alma dedálea,   805
como eco em grutas a ondular se espalha.

PROMETEU
Que belas formas aéreas! Porém sinto,
sem amor, ser vã a esperança; Ásia,
tão longe estás; ao transbordar meu ser
foste ao meu vinho claro um áureo cálice   810
que o poupou de tombar ao pó sedento.
Tudo está inerte: ai! Tão quieta, como
pesa em meu coração esta manhã;
mesmo em dor sonharia, se dormisse,
mas me é negado o sono. Ser aquilo   815
que é meu destino ser traria júbilo,
a força e salvação ao sofredor,
ou ir-me ao golfo original das coisas:
agonia não há mais, nem conforto;
não mais tortura o Céu, consola a Terra.   820

PANTEIA
Tu te esqueceste da que mais te assiste
na escura noite fria, sem dormir
até que teu espírito a penumbre?

PROMETEU
Vã, a esperança sem amor: tu amas.

PANTEIA
Profundamente. O astro do oriente   825
fraqueja, e Ásia aguarda no índio vale
tristes cenas do exílio; antes duro,
gélido e desolado como aqui;
mas investido agora de flor e ervas
com os mais doces sons e ares que fluem   830
entre riacho e floresta a partir do éter
de seu transfigurante aspecto, que há
de sumir, se ao teu não se unir. Adeus!

ACT II

Scene I.
Morning. A lovely Vale in the Indian Caucasus. Asia alone.

Asia
From all the blasts of heaven thou hast descended:
Yes, like a spirit, like a thought, which makes
Unwonted tears throng to the horny eyes,
And beatings haunt the desolated heart,
Which should have learnt repose: thou hast descended   5
Cradled in tempests; thou dost wake, O Spring!
O child of many winds! As suddenly
Thou comest as the memory of a dream,
Which now is sad because it hath been sweet;
Like genius, or like joy which riseth up   10
As from the earth, clothing with golden clouds
The desert of our life.
This is the season, this the day, the hour;
At sunrise thou shouldst come, sweet sister mine,
Too long desired, too long delaying, come!   15
How like death-worms the wingless moments crawl!
The point of one white star is quivering still
Deep in the orange light of widening morn
Beyond the purple mountains; through a chasm
Of wind-divided mist the darker lake   20
Reflects it: now it wanes: it gleams again
As the waves fade, and as the burning threads
Of woven cloud unravel in pale air:
'Tis lost! and through yon peaks of cloud-like snow
The roseate sunlight quivers: hear I not   25
The Æolian music of her sea-green plumes
Winnowing the crimson dawn?
                                          (Panthea enters.)
                              I feel, I see
Those eyes which burn through smiles that fade in tears,
Like stars half quenched in mists of silver dew.
Belovèd and most beautiful, who wearest   30
The shadow of that soul by which I live,

ATO II

Cena 2.1.
Manhã. Um agradável vale no Cáucaso indiano. ÁSIA, sozinha.

ÁSIA

Das rajadas celestes tu desceste:
sim, qual 'spírito, ideia que com lágrimas
raras faz embaçar os córneos olhos
e assombrar co'o pulsar o peito só
que repousar devia, tu desceste   5
no berço da tormenta acordas, filha
dos ventos vários, Primavera... súbita
tu vens como a memória vem de um sonho
agora triste porque fora amável,
qual gênio ou qual a graça que levanta   10
como da Terra e veste em nuvens áureas
o deserto de nossa vida...
Eis a estação e o dia e eis a hora;
na aurora viestes, minha doce irmã...
Há muito tarda e desejada, vem!...   15
Como é rasteiro o tempo, como o verme!
Tremula ainda o ponto da alva estrela
na luz alaranjada da manhã,
além dos montes púrpuras; no abismo
de névoa repartida ao vento um lago   20
negro a reflete, ora mingua ou brilha
com o sumir das ondas e o arder
no pálido ar das nuvens desfiadas...
Perco-a! Picos de neves como as nuvens
tremeluzem no róseo sol: não ouço   25
das plumas verde-mar a eólia música
vibrando n'alba rubra?

(PANTEIA entra.)

Sinto e vejo
olhos que ardem sorrisos lacrimosos
de astros no argênteo orvalho semiextintos.
Minha amada belíssima, que vestes   30
a sombra d'alma pela qual eu vivo,

How late thou art! the spherèd sun had climbed
The sea; my heart was sick with hope, before
The printless air felt thy belated plumes.

PANTHEA
Pardon, great Sister! but my wings were faint   35
With the delight of a remembered dream,
As are the noontide plumes of summer winds
Satiate with sweet flowers. I was wont to sleep
Peacefully, and awake refreshed and calm
Before the sacred Titan's fall, and thy   40
Unhappy love, had made, through use and pity,
Both love and woe familiar to my heart
As they had grown to thine: erewhile I slept
Under the glaucous caverns of old Ocean
Within dim bowers of green and purple moss,   45
Our young Ione's soft and milky arms
Locked then, as now, behind my dark, moist hair,
While my shut eyes and cheek were pressed within
The folded depth of her life-breathing bosom:
But not as now, since I am made the wind   50
Which fails beneath the music that I bear
Of thy most wordless converse; since dissolved
Into the sense with which love talks, my rest
Was troubled and yet sweet; my waking hours
Too full of care and pain.

ASIA
                              Lift up thine eyes,   55
And let me read thy dream.

PANTHEA
                              As I have said
With our sea-sister at his feet I slept.
The mountain mists, condensing at our voice
Under the moon, had spread their snowy flakes,
From the keen ice shielding our linkèd sleep.   60
Then two dreams came. One, I remember not.
But in the other his pale wound-worn limbs
Fell from Prometheus, and the azure night

como tardas! O sol esféreo o mar
subira, o peito adoece em esperança,
no imaculado ar, por tuas plumas.

PANTEIA

Perdão, grandiosa irmã! A asa fraqueja 35
com deleite de um sonho recordado
como as plumas dos ventos estivais,
com flores satisfeitos. Dormiria
em paz e acordaria calma e fresca
perante a queda do Titã sagrado 40
e o teu sofrido amor, se o dó, se o hábito
meu peito acostumasse a dor e amor
assim como o teu... eu dormia outrora
sob glaucas furnas de Oceano antigo,
em ninhos de purpúreo e verde musgo 45
passava a jovem Ione os braços lácteos,
brandos, por minha coma negra e úmida
com minhas faces e cerrados olhos
contra seu busto de vital alento...
porém não mais, pois fiz-me como o vento 50
que falha sob a música que porta
de teu mudo colóquio; dissolvido
no sentido ditado pelo amor,
tenso é o sono, mas doce; já a vigília,
só cuidados e dor.

ÁSIA

                Ergue teus olhos, 55
deixa-me ler teu sonho.

PANTEIA

                Como disse,
a irmã do mar e eu a seus pés dormíamos.
Condensantes por nos ouvir, as brumas
dos montes ao luar, com níveos flocos,
cobriam nosso sono unido em gelo. 60
Pois, dois sonhos vieram. Um, não lembro.
Mas, noutro, os membros lassos, macilentos,
de Prometeu caíam, irradiando

Grew radiant with the glory of that form
Which lives unchanged within, and his voice fell   65
Like music which makes giddy the dim brain,
Faint with intoxication of keen joy:
"Sister of her whose footsteps pave the world
With loveliness — more fair than aught but her,
Whose shadow thou art — lift thine eyes on me."   70
I lifted them: the overpowering light
Of that immortal shape was shadowed o'er
By love; which, from his soft and flowing limbs,
And passion-parted lips, and keen, faint eyes,
Steamed forth like vaporous fire; an atmosphere   75
Which wrapped me in its all-dissolving power,
As the warm aether of the morning sun
Wraps ere it drinks some cloud of wandering dew.
I saw not, heard not, moved not, only felt
His presence flow and mingle through my blood   80
Till it became his life, and his grew mine,
And I was thus absorbed, until it passed,
And like the vapours when the sun sinks down,
Gathering again in drops upon the pines,
And tremulous as they, in the deep night   85
My being was condensed; and as the rays
Of thought were slowly gathered, I could hear
His voice, whose accents lingered ere they died
Like footsteps of weak melody: thy name
Among the many sounds alone I heard   90
Of what might be articulate; though still
I listened through the night when sound was none.
Ione wakened then, and said to me:
"Canst thou divine what troubles me to-night?
I always knew what I desired before,   95
Nor ever found delight to wish in vain.
But now I cannot tell thee what I seek;
I know not; something sweet, since it is sweet
Even to desire; it is thy sport, false sister;
Thou hast discovered some enchantment old,   100
Whose spells have stolen my spirit as I slept
And mingled it with thine: for when just now
We kissed, I felt within thy parted lips

a noite azul na glória da imutável
forma que dentro vive, e sua voz   65
caiu qual música que a mente embaça
inebriada de uma aguda graça.
"Irmã de quem com passos cobre o mundo
de amor — nada é mais belo, fora aquela
de quem és sombra — ergue a mim teus olhos!"   70
Eu os ergui: a luz sobrepujante
dessa forma imortal foi eclipsada
pelo amor, que dos fluidos, suaves, membros
e lábios de paixão e agudos olhos
qual fogo vaporava; a atmosfera   75
cobriu-me em seu poder onissolvente
como o faz o éter morno do sol d'alba
antes de o orvalho o consumir das nuvens.
Não vi, ouvi, movi-me, só senti
seu conspecto a correr, mesclar meu sangue   80
té tornar-se sua vida, e a sua, minha,
e assim fui absorvida, até passar
e quais vapores quando o sol se afunda,
em gotas se reunindo sob as pinhas,
e, assim como elas, trêmulo, na noite,   85
meu ser se condensou e, enquanto os raios
se reuniam do lento pensar, pude
ouvir-lhe a voz, cadência persistente,
passos de melodia ao longe. Só
teu nome em meio a muitos sons ouvi   90
do que seria articulado, embora
tenha auscultado a noite quieta inteira,
Ione então despertou e assim me disse:
"Podes adivinhar o que transtorna-me?
eu sempre soube quais os meus desejos   95
e jamais me agradou o vão querer.
Mas não posso dizer-te o que ora busco;
não sei; é algo de doce, pois doce é
até ao desejo; troças, falsa irmã!
Algum antigo encanto descobriste   100
que me roubou o espírito ao dormir
e o mesclou com o teu: pois quando agora
nos beijamos, senti, dentro em teus lábios

The sweet air that sustained me, and the warmth
Of the life-blood, for loss of which I faint, 105
Quivered between our intertwining arms."
I answered not, for the Eastern star grew pale,
But fled to thee.

ASIA

                                Thou speakest, but thy words
Are as the air: I feel them not: Oh, lift
Thine eyes, that I may read his written soul! 110

PANTHEA
I lift them though they droop beneath the load
Of that they would express: what canst thou see
But thine own fairest shadow imaged there?

ASIA
Thine eyes are like the deep, blue, boundless heaven
Contracted to two circles underneath 115
Their long, fine lashes; dark, far, measureless,
Orb within orb, and line through line inwoven.

PANTHEA
Why lookest thou as if a spirit passed?

ASIA
There is a change: beyond their inmost depth
I see a shade, a shape: 'tis He, arrayed 120
In the soft light of his own smiles, which spread
Like radiance from the cloud-surrounded moon.
Prometheus, it is thine! depart not yet!
Say not those smiles that we shall meet again
Within that bright pavilion which their beams 125
Shall build o'er the waste world? The dream is told.
What shape is that between us? Its rude hair
Roughens the wind that lifts it, its regard
Is wild and quick, yet 'tis a thing of air,
For through its gray robe gleams the golden dew 130
Whose stars the noon has quenched not.

o ar doce que nutria-me e a chama
do vital sangue, que, ao perder, fraquejo,   105
trementes no enlaçar dos nossos braços".
Não respondi (do leste o astro pálido
se via) e vim a ti.

ÁSIA

                    Falas, mas falas
como o ar. Não te sinto... ah, levanta
teus olhos, e lerei sua alma inscrita!   110

PANTEIA

Eu os ergo, mas caem sob o fardo
do que expressar desejam: o que vês
senão a própria, bela sombra neles?

ÁSIA

São como o Céu azul sem fim teus olhos,
dois círculos abaixo bordejando,   115
os finos, longos cílios; negros, vastos,
tramas de linha em linha e orbe em orbe.

PANTEIA

Por que pareces ter visto um espírito?

ÁSIA

Algo mudou: além destas voragens
vejo um vulto, uma forma: ei-o, pleno   120
na suave luz de seu sorriso, igual
lume espraio da lua obnubilada.
És tu, Ó Prometeu! inda não partas!
Não dizem tais sorrisos que outra vez
ver-nos-emos no Pavilhão que os raios   125
erguerão no ermo mundo? tal o sonho.
Que forma se interpõe? seus rudes cachos
bolem o vento que os sustém, é rápido
e presto seu olhar, inda que aéreo,
pois seu gris robe de áureo orvalho raia   130
de astros vistos ao sol.

DREAM

Follow! Follow!

PANTHEA

It is mine other dream.

ASIA

It disappears.

PANTHEA

It passes now into my mind. Methought
As we sate here, the flower-infolding buds
Burst on yon lightning-blasted almond-tree, 135
When swift from the white Scythian wilderness
A wind swept forth wrinkling the Earth with frost:
I looked, and all the blossoms were blown down;
But on each leaf was stamped, as the blue bells
Of Hyacinth tell Apollo's written grief, 140
O, FOLLOW, FOLLOW!

ASIA

As you speak, your words
Fill, pause by pause, my own forgotten sleep
With shapes. Methought among these lawns together
We wandered, underneath the young gray dawn,
And multitudes of dense white fleecy clouds 145
Were wandering in thick flocks along the mountains
Shepherded by the slow, unwilling wind;
And the white dew on the new-bladed grass,
Just piercing the dark earth, hung silently;
And there was more which I remember not: 150
But on the shadows of the morning clouds,
Athwart the purple mountain slope, was written
FOLLOW, O, FOLLOW! as they vanished by;
And on each herb, from which Heaven's dew had fallen,
The like was stamped, as with a withering fire; 155
A wind arose among the pines; it shook
The clinging music from their boughs, and then
Low, sweet, faint sounds, like the farewell of ghosts,
Were heard: O, FOLLOW, FOLLOW, FOLLOW ME!

SONHO

Segui, segui!

PANTEIA

Eis o outro sonho meu.

ÁSIA

Ele esvanece.

PANTEIA

Já volta à minha mente: imaginei-nos
sentadas, e os floríferos botões
da amendoeira fulminada a abrir,   135
quando, presto, dos alvos ermos citas
veio um vento enrugar de gelo a Terra...
Olhei, seu sopro toda flor varrera,
mas nas folhas se lia, igual jacinto
que o apolíneo luto traz nas pétalas,   140
SEGUI, SEGUI.

ÁSIA

Tu falas, e tua fala
preenche-me, pausa a pausa, o sono imêmore
com formas... nesse prado imaginei-nos
vagando juntas sob a gris aurora,
e bandos de lanosas nuvens densas   145
que em rebanhos vagavam pelos montes
cuidadas pelo lento, insciente vento;
e alvo orvalho na relva laminada
no negro solo, pênsil em silêncio —
e mais havia de que não me lembro;   150
mas nas sombras das nuvens matutinas,
pelas montanhas púrpuras se lia
SEGUI, SEGUI!, enquanto evanesciam;
e nas ervas que o Céu banhou de orvalho
'stava gravado o mesmo como fogo;   155
ergueu-se um vento dos pinheiros; música
tremulava dos galhos seus, e então
fracos, sons doces, fantasmais adeuses,
se ouvia: Ó, SEGUI, SEGUI, SEGUI-ME!

And then I said: "Panthea, look on me." 160
But in the depth of those belovèd eyes
Still I saw, FOLLOW, FOLLOW!

ECHO

Follow, follow!

PANTHEA

The crags, this clear spring morning, mock our voices
As they were spirit-tongued.

ASIA

It is some being
Around the crags. What fine clear sounds! O, list! 165

ECHOES (UNSEEN)
Echoes we: listen!
We cannot stay:
As dew-stars glisten
Then fade away —
Child of Ocean! 170

ASIA

Hark! Spirits speak. The liquid responses
Of their aëreal tongues yet sound.

PANTHEA

I hear.

ECHOES
O, follow, follow,
As our voice recedeth
Through the caverns hollow 175
Where the forest spreadeth;

(More distant.)
O, follow, follow!
Through the caverns hollow,
As the song floats thou pursue,
Where the wild bee never flew, 180

Então eu disse, "Olha-me, Panteia". 160
Mas ao fundo daqueles caros olhos
eu vi, SEGUI, SEGUI!

ECO
Segui, segui!

PANTEIA
Na clara aurora, imitam-nos as penhas
tal como se encantadas.

ÁSIA
É algum ser
pelas penhas. Que claros sons! Escuta! 165

ECOS, INVISÍVEIS
Voz do eco: ouvi-la!
Temos de ir:
o rol cintila
p'r'então sumir —
filha de Oceano! 170

Ásia
Atenção! Soam das aéreas línguas
dos espíritos fluidas falas.

PANTEIA
Ouço.

ECOS
Ó, segui, segui,
na oca gruta paira
nossa voz aqui, 175
onde o bosque espraia;

(mais distantes.)

Ó, segui, segui,
nossa voz aqui,
a pairar o canto, entrai
onde a abelha nunca vai, 180

Through the noontide darkness deep,
By the odour-breathing sleep
Of faint night flowers, and the waves
At the fountain-lighted caves,
While our music, wild and sweet, 185
Mocks thy gently falling feet,
   Child of Ocean!

ASIA
Shall we pursue the sound? It grows more faint and distant.

PANTHEA
List! the strain floats nearer now.

ECHOES
In the world unknown 190
   Sleeps a voice unspoken;
By thy step alone
   Can its rest be broken;
      Child of Ocean!

ASIA
How the notes sink upon the ebbing wind! 195

ECHOES
O, follow, follow!
Through the caverns hollow,
As the song floats thou pursue,
By the woodland noontide dew;
By the forest, lakes, and fountains, 200
Through the many-folded mountains;
To the rents, and gulfs, and chasms,
Where the Earth reposed from spasms,
On the day when He and thou
Parted, to commingle now; 205
   Child of Ocean!

ASIA
Come, sweet Panthea, link thy hand in mine,
And follow, ere the voices fade away.

por meridionais umbrores,
leitos do exalar das flores
noturnais, sem cor, e undosos,
sob a terra, rios brilhosos,
quando o doce som bravio   185
segue o teu passar gentil,
    Filha de Oceano!

    ÁSIA
Seguiremos o som? ele enfraquece e se afasta.

    PANTEIA
        Escuta! Já vem próximo.

    ECOS
Dorme a voz silente,   190
  que este mundo cala,
teu chegar somente
  poderá acordá-la,
    Filha de Oceano!

    ÁSIA
Na orla da brisa afundam-se essas notas!   195

    ECOS
Ó, segui, segui
nossa voz aqui,
a pairar o canto, entrai
aonde o orvalho d'alva cai
pelos bosques, lagos, fontes,   200
a cruzar dobrados montes;
para fenda e golfo e valo,
onde a Terra arfou do abalo,
quando fôreis separados
ele e Tu, logo reencontrados;   205
    Filha de Oceano!

    ÁSIA
Doce Panteia, dá-me a tua mão,
e segue, antes que estas vozes sumam.

Scene 2.2
A Forest, intermingled with Rocks and Caverns.
Asia and Panthea pass into it.
Two young Fauns are sitting on a Rock listening.

SEMICHORUS I OF SPIRITS
  The path through which that lovely twain
    Have passed, by cedar, pine, and yew,
    And each dark tree that ever grew,
    Is curtained out from Heaven's wide blue;
  Nor sun, nor moon, nor wind, nor rain,   5
      Can pierce its interwoven bowers,
    Nor aught, save where some cloud of dew,
    Drifted along the earth-creeping breeze,
    Between the trunks of the hoar trees,
      Hangs each a pearl in the pale flowers   10
    Of the green laurel, blown anew;
  And bends, and then fades silently,
    One frail and fair anemone:
    Or when some star of many a one
  That climbs and wanders through steep night,   15
    Has found the cleft through which alone
    Beams fall from high those depths upon
  Ere it is borne away, away,
  By the swift Heavens that cannot stay,
  It scatters drops of golden light,   20
  Like lines of rain that ne'er unite:
  And the gloom divine is all around,
  And underneath is the mossy ground.

SEMICHORUS II
  There the voluptuous nightingales,
    Are awake through all the broad noonday.   25
  When one with bliss or sadness fails,
    And through the windless ivy-boughs,
    Sick with sweet love, droops dying away
  On its mate's music-panting bosom;
  Another from the swinging blossom,   30
    Watching to catch the languid close

Cena 2.2.
Uma floresta, entremeada de rochas e cavernas.
ÁSIA e PANTEIA passam e entram.
Dois jovens FAUNOS estão sentados sobre uma rocha, escutando.

PRIMEIRO SEMICORO DE ESPÍRITOS

O rumo em que o amável par
  por cedro, pinha e teixo alçou,
  e tudo que por lá medrou,
  do azul celeste se velou;
nem chuva ou vento, sol, luar,   5
    penetra as copas tão bacentas.
  nem nada, fora o nublo rol,
    que em brisas paira-agarra a terra
    e entre os troncos grises erra,
    perola as flores macilentas   10
  do verde louro, que renovou;
    e cala e pende e enfim se encerra,
anêmona tão suave e bela:
ou quando então alguma estrela,
  vagando à noite, a subi-la, escarpada,   15
encontra a fenda só de onde ela
derrama a luz que os golfos vela
    que logo irá partir, partir,
    no presto Céu sem persistir,
  espalha em gotas luz dourada,   20
  como em queda a saraivada:
aqui, a diva escuridão,
e jaz abaixo o músgueo chão.

SEGUNDO SEMICORO

Despertos lá, rouxinóis amáveis
  assim persistem toda a tarde,   25
e quando falha uma dessas aves
  nos ramos, sem vento ou poda
  turbar o doce amor que arde
no peito musical do par;
das flores outro vem, no ar,   30
  cuidando p'ra pegar a coda

Of the last strain, then lifts on high
The wings of the weak melody,
'Till some new strain of feeling bear
   The song, and all the woods are mute;   35
When there is heard through the dim air
The rush of wings, and rising there
   Like many a lake-surrounded flute,
Sounds overflow the listener's brain
So sweet, that joy is almost pain.   40

SEMICHORUS I
   There those enchanted eddies play
      Of echoes, music-tongued, which draw,
      By Demogorgon's mighty law,
      With melting rapture, or sweet awe,
All spirits on that secret way;   45
      As inland boats are driven to Ocean
Down streams made strong with mountain-thaw:
        And first there comes a gentle sound
        To those in talk or slumber bound,
        And wakes the destined soft emotion, —   50
Attracts, impels them; those who saw
   Say from the breathing earth behind
   There steams a plume-uplifting wind
Which drives them on their path, while they
   Believe their own swift wings and feet   55
The sweet desires within obey:
And so they float upon their way,
Until, still sweet, but loud and strong,
The storm of sound is driven along,
Sucked up and hurrying: as they fleet   60
Behind, its gathering billows meet
And to the fatal mountain bear
Like clouds amid the yielding air.

FIRST FAUN
Canst thou imagine where those spirits live
Which make such delicate music in the woods?   65
We haunt within the least frequented caves
And closest coverts, and we know these wilds,

do canto lasso, depois eleva
as asas da nota que se entreva,
    até que nova nota ceve
        o canto, e a mata toda cale,   35
    e se ouça ao ar, escuro e leve,
    baterem asas, e então se eleve
        um som que a mente inunde e embale,
quais flautas-ilhas do olho-d'água,
tão doce que a graça é quase mágoa.   40

Primeiro Semicoro

Lá folga a ôndula encantada
    do musilíngue eco a que, forte,
    a Lei de Demogórgone é norte
    e atraem, pasmando em doce porte,
espíritos para a via velada;   45
        qual mar que em porto atrai navios
    por rios que o degelo dá suporte:
        primeiro vem um som gentil
    que acorda em quem falava, dormia
a suave emoção predestinada, —   50
        que os traz e impele; quem as viu
            diz que a terra alenta umas
            voragens que levantam plumas
    e os levam rumo à sua via,
    crendo ser de vontade vaga   55
que lhes conduz a asa, as passadas:
e pairam elas, elevadas,
    até que, doce, mas cruenta,
    sonora segue-se a tormenta:
        enquanto em pressa o vento as traga,   60
    atrás reúnem-se as suas vagas,
e vão-se assim ao fatal penedo,
tal nuvens no ar em seu enredo.

Primeiro Fauno

Concebes onde vivem tais espíritos,
que tão sutis canções nos bosques fazem?   65
moramos nas cavernas mais desertas
e matas mais fechadas, conhecemos

Yet never meet them, though we hear them oft:
Where may they hide themselves?

SECOND FAUN

'Tis hard to tell:
I have heard those more skilled in spirits say,   70
The bubbles, which the enchantment of the sun
Sucks from the pale faint water-flowers that pave
The oozy bottom of clear lakes and pools,
Are the pavilions where such dwell and float
Under the green and golden atmosphere   75
Which noontide kindles through the woven leaves;
And when these burst, and the thin fiery air,
The which they breathed within those lucent domes,
Ascends to flow like meteors through the night,
They ride on them, and rein their headlong speed,   80
And bow their burning crests, and glide in fire
Under the waters of the earth again.

FIRST FAUN
If such live thus, have others other lives,
Under pink blossoms or within the bells
Of meadow flowers, or folded violets deep,   85
Or on their dying odours, when they die,
Or in the sunlight of the spherèd dew?

SECOND FAUN
Ay, many more which we may well divine.
But, should we stay to speak, noontide would come,
And thwart Silenus find his goats undrawn,   90
And grudge to sing those wise and lovely songs
Of Fate, and Chance, and God, and Chaos old,
And Love, and the chained Titan's woful doom,
And how he shall be loosed, and make the earth
One brotherhood: delightful strains which cheer   95
Our solitary twilights, and which charm
To silence the unenvying nightingales.

estes ermos sem vê-los, só ouvindo-os:
onde se escondem?

> SEGUNDO FAUNO
>   Duro de dizer.
> Escutei dos sabidos em espíritos   70
> que as bolhas que o solar encantamento
> suga das flores pálidas que calçam
> nos lagos claros seus lodosos leitos,
> são pavilhões em que se paira e vive
> sob a atmosfera áurea e verdejante   75
> que o meio-dia aquece nas folhagens
> e quando estouram, e o fogoso ar
> que aspiraram nos domos reluzentes
> ascende pela noite igual meteoro,
> eles o montam, guiando-lhe a presteza,   80
> e as frontes curvam, deslizando em chamas
> sob as águas da terra novamente.

> PRIMEIRO FAUNO
> Se assim vivem, têm outros outras vidas?
> sob os botões rosados e em corolas
> de flores das campinas, ou violetas,   85
> ou seu odor de morte, no que morrem,
> ou no raio de sol do orvalho em globo?

> SEGUNDO FAUNO
> Sim, e mais que podíamos intuir,
> mas, se falarmos mais, subirá o sol,
> Sileno verá as cabras sem ordenha   90
> e negará a cantar seu canto amável
> sábio, dos Fados, Deus, Acaso e Caos,
> e Amor e a sina do Titã cativo
> e sua libertação, tornando a terra
> uma irmandade: doces sons que alegram   95
> nossos ermos ocasos e que encantam,
> calando os rouxinóis desinvejosos.

Scene 2.3.
A Pinnacle of Rock among Mountains.
Asia *and* Panthea

Panthea
Hither the sound has borne us — to the realm
Of Demogorgon, and the mighty portal,
Like a volcano's meteor-breathing chasm,
Whence the oracular vapour is hurled up
Which lonely men drink wandering in their youth,   5
And call truth, virtue, love, genius, or joy,
That maddening wine of life, whose dregs they drain
To deep intoxication; and uplift,
Like Mænads who cry loud, Evoe! Evoe!
The voice which is contagion to the world.   10

Asia
Fit throne for such a Power! Magnificent!
How glorious art thou, Earth! And if thou be
The shadow of some spirit lovelier still,
Though evil stain its work, and it should be
Like its creation, weak yet beautiful,   15
I could fall down and worship that and thee.
Even now my heart adoreth: Wonderful!
Look, sister, ere the vapour dim thy brain:
Beneath is a wide plain of billowy mist,
As a lake, paving in the morning sky,   20
With azure waves which burst in silver light,
Some Indian vale. Behold it, rolling on
Under the curdling winds, and islanding
The peak whereon we stand, midway, around,
Encinctured by the dark and blooming forests,   25
Dim twilight-lawns, and stream-illumèd caves,
And wind-enchanted shapes of wandering mist;
And far on high the keen sky-cleaving mountains
From icy spires of sun-like radiance fling
The dawn, as lifted Ocean's dazzling spray,   30
From some Atlantic islet scattered up,
Spangles the wind with lamp-like water-drops.

Cena 2.3.
Um pináculo de rocha entre montanhas.
Ásia e Panteia.

Panteia

Eis aonde o som nos carregou — ao reino
de Demogórgone, o portal vulcânico
como fendas exala-meteoros,
e onde o vapor oracular cumula
que errantes jovens, sós, bebem e chamam   5
verdade, amor, virtude, gênio, júbilo,
vinho louco da vida, cujas borras
sugam até se inebriarem e erguem,
qual Mênade a gritar Evoé! Evoé!,
essa voz que é o contágio deste mundo.   10

Ásia

Um trono digno a tal Poder! Magnífico!
Como és gloriosa, Terra! E se fores
sombra de um ainda mais gracioso espírito,
por mais que o mal sua obra marque, e seja
fraca, mas bela, como sua criação,   15
eu cairia a adorá-la e adorar-te.
Mesmo agora meu peito a ama: excelsos!
Olha, irmã, antes que o vapor te aturda:
há uma planície, abaixo, de nevoeiros,
como um lago a calçar no céu da aurora,   20
de ondas azuis que em luz argêntea estouram,
algum vale indiano. Vê que flui
sob os ventos coalhantes e a ilhar
este pico em que estamos, seu entorno
guarnido de viçosos, negros bosques,   25
prados-da-tarde e grutas fluvilúmines,
vento-encantadas formas de neblina,
e ao longe os altos montes que os céus fendem,
de ápices frios de semissolar lumes,
lançam a alba, sustada por Oceano   30
com fúlgida aspersão de uma ilha atlântica
que o ar corusca em gotas lampejantes.

The vale is girdled with their walls, a howl
Of cataracts from their thaw-cloven ravines,
Satiates the listening wind, continuous, vast,   35
Awful as silence. Hark! the rushing snow!
The sun-awakened avalanche! whose mass,
Thrice sifted by the storm, had gathered there
Flake after flake, in heaven-defying minds
As thought by thought is piled, till some great truth   40
Is loosened, and the nations echo round,
Shaken to their roots, as do the mountains now.

PANTHEA
Look how the gusty sea of mist is breaking
In crimson foam, even at our feet! it rises
As Ocean at the enchantment of the moon   45
Round foodless men wrecked on some oozy isle.

ASIA
The fragments of the cloud are scattered up;
The wind that lifts them disentwines my hair;
Its billows now sweep o'er mine eyes; my brain
Grows dizzy; see'st thou shapes within the mist?   50

PANTHEA
A countenance with beckoning smiles: there burns
An azure fire within its golden locks!
Another and another: hark! they speak!

SONG OF SPIRITS
    To the deep, to the deep,
      Down, down!   55
    Through the shade of sleep,
    Through the cloudy strife
    Of Death and of Life;
    Through the veil and the bar
    Of things which seem and are   60
  Even to the steps of the remotest throne,
      Down, down!

Com tais sebes se cinge o vale, um uivo
de cascata em ravinas degeladas
sacia o vento ouvinte, vasto, infindo,   35
nobre feito o silêncio; escuta! Neve!
A avalanche que o sol despertou! Massa
que, tricindida pela neve, uniu,
em mentes celiavessas, floco a floco,
como ideias se empilham, té soltar-se   40
uma grande verdade, e, abaladíssimas,
nações retumbam como agora os montes.

    PANTEIA
Vê: parte-se o revolto mar de névoa
em rubra espuma, até os nossos pés! Ergue-se
como Oceano ao lunar encantamento   45
em torno de lodosa ilha de náufragos.

    ÁSIA
Os fragmentos da nuvem se espalharam,
o vento que os sustém desfaz-me a coma;
as ondas varrem-me o olhar, a mente
zonzeia; vês as formas pela névoa?   50

    PANTEIA
Rosto a sorrir convidativo: arde
nos áureos cachos seus um fogo azul!
Outro e outro: atenção! Pois eles falam!

    CANÇÃO DOS ESPÍRITOS
    Ao abismo, o abismo
     lá, lá!   55
    N'umbra do onirismo,
    nebulosa lida
    da Morte e da Vida;
    pelo véu e a maré
    do que parece e é,   60
até do trono ao longe os degraus.
    Lá, lá!

While the sound whirls around,
   Down, down!
As the fawn draws the hound,   65
As the lightning the vapour,
As a weak moth the taper;
Death, despair; love, sorrow;
Time both; to-day, to-morrow;
As steel obeys the spirit of the stone,   70
   Down, down!

Through the gray, void abysm,
   Down, down!
Where the air is no prism,
And the moon and stars are not,   75
And the cavern-crags wear not
The radiance of Heaven,
Nor the gloom to Earth given,
Where there is One pervading, One alone,
   Down, down!   80
In the depth of the deep,
   Down, down!
Like veiled lightning asleep,
Like the spark nursed in embers,
The last look Love remembers,   85
Like a diamond, which shines
On the dark wealth of mines,
A spell is treasured but for thee alone.
   Down, down!

We have bound thee, we guide thee;   90
   Down, down!
With the bright form beside thee;
Resist not the weakness,
Such strength is in meekness
That the Eternal, the Immortal,   95
Most unloose through life's portal
The snake-like Doom coiled underneath his throne
   By that alone.

Rodopia o som,
   lá, lá!
Cervo chama cão,   65
qual trovão, vapor,
e à mosca, o calor;
morte, amor, dor, afã,
o tempo; hoje, amanhã;
e o aço serve ao gênio mineral,   70
   lá, lá!

Onde o vácuo abisma,
   lá, lá!
E o ar não é um prisma,
e astro e lua não têm,   75
e as grutas não contêm
do Céu a clareza,
nem da Terra a tristeza,
onde Alguém, só, permeia, e só, afinal,
   lá, lá!   80
No profundo do pélago,
   lá, lá!
Qual velado em sono o relâmpago,
qual brasa a reter o ardor,
o olhar-lembrança do amor,   85
como na mina um diamante
pelas ricas sombras brilhante,
um dom te espera, sobrenatural.
   Lá, lá!

Vens por nós orientada;   90
   lá, lá!
à forma iluminada;
não resiste à fraqueza,
força tal ela represa
com que o Eterno, o Perene,   95
soltará do assento solene
a serpe-Juízo do portão vital,
   só assim, afinal.

Scene 2.4.
The Cave of Demogorgon.
Asia and Panthea

Panthea
What vèiled form sits on that ebon throne?

Asia
The veil has fallen.

Panthea
   I see a mighty darkness
Filling the seat of power, and rays of gloom
Dart round, as light from the meridian sun.
— Ungazed upon and shapeless; neither limb,   5
Nor form, nor outline; yet we feel it is
A living Spirit.

Demogorgon
     Ask what thou wouldst know.

Asia
What canst thou tell?

Demogorgon
      All things thou dar'st demand.

Asia
Who made the living world?

Demogorgon
       God.

Asia
           Who made all
That it contains? thought, passion, reason, will, Imagination? 10

Demogorgon
God: Almighty God.

Cena 2.4.
A caverna de Demogórgone.
Ásia *e* Panteia.

Panteia
Que ser velado senta em trono ebâneo?

Ásia
O véu cai.

Panteia
Poderosas trevas vejo,
no assento do poder, e umbrosos raios
dardejam como luz do sol no zênite.
— Inobservado, informe; não tem membros,   5
nem forma, nem contorno; mas sentimos
que é vivo.

Demogórgone
Vem, pergunta o que quiseres.

Ásia
O que podes dizer?

Demogórgone
O que exigires.

Ásia
Quem fez o mundo vivo?

Demogórgone
Deus.

Ásia
Quem nele
Tudo fez? juízo, ideias, paixões, zelo, imaginação?   10

Demogórgone
Deus: o Onipotente.

Asia

Who made that sense which, when the winds of Spring
In rarest visitation, or the voice
Of one belovèd heard in youth alone,
Fills the faint eyes with falling tears which dim   15
The radiant looks of unbewailing flowers,
And leaves this peopled earth a solitude
When it returns no more?

Demogorgon
        Merciful God.

Asia

And who made terror, madness, crime, remorse,
Which from the links of the great chain of things,   20
To every thought within the mind of man
Sway and drag heavily, and each one reels
Under the load towards the pit of death;
Abandoned hope, and love that turns to hate;
And self-contempt, bitterer to drink than blood;   25
Pain, whose unheeded and familiar speech
Is howling, and keen shrieks, day after day;
And Hell, or the sharp fear of Hell?

Demogorgon
              He reigns.

Asia

Utter his name: a world pining in pain
Asks but his name: curses shall drag him down.   30

Demogorgon
He reigns.

Asia
      I feel, I know it: who?

Demogorgon
              He reigns.

ÁSIA

Quem o sentido fez, que à rara vinda
de primaveris ventos, ou à voz
de alguém amado, ouvida à sós no viço,
enche os olhos de lágrimas, que turvam   15
das flores sem lamento a vista esplêndida,
e deixa a plena terra em solitude
quando não volta?

DEMOGÓRGONE
          Deus misericórdio.

ÁSIA

E quem fez o terror, remorso, crime,
que, com cada pensar da humana mente,   20
dos elos da cadeia-mor das coisas,
com peso pende e arrasta e cada um arca
sob o fardo, rumando o mortal fosso;
desespero e amor que se faz ódio;
desamor próprio, amargo mais que sangue;   25
dor, cuja fala familiar e ignota
uiva e aguda grita, dia a dia,
e Inferno, ou medo dele?

DEMOGÓRGONE
                    Ele reina.

ÁSIA

Fala seu nome: um mundo ardendo em dor
pede seu nome: pragas hão de tê-lo.   30

DEMOGÓRGONE
Ele reina.

ÁSIA
          Eu o sei: quem?

DEMOGÓRGONE
                    Ele reina.

ASIA

Who reigns? There was the Heaven and Earth at first,
And Light and Love; then Saturn, from whose throne
Time fell, an envious shadow: such the state
Of the earth's primal spirits beneath his sway,   35
As the calm joy of flowers and living leaves
Before the wind or sun has withered them
And semivital worms; but he refused
The birthright of their being, knowledge, power,
The skill which wields the elements, the thought   40
Which pierces this dim universe like light,
Self-empire, and the majesty of love;
For thirst of which they fainted. Then Prometheus
Gave wisdom, which is strength, to Jupiter,
And with this law alone, "Let man be free,"   45
Clothed him with the dominion of wide Heaven.
To know nor faith, nor love, nor law; to be
Omnipotent but friendless is to reign;
And Jove now reigned; for on the race of man
First famine, and then toil, and then disease,   50
Strife, wounds, and ghastly death unseen before,
Fell; and the unseasonable seasons drove
With alternating shafts of frost and fire,
Their shelterless, pale tribes to mountain caves:
And in their desert hearts fierce wants he sent,   55
And mad disquietudes, and shadows idle
Of unreal good, which levied mutual war,
So ruining the lair wherein they raged.
Prometheus saw, and waked the legioned hopes
Which sleep within folded Elysian flowers,   60
Nepenthe, Moly, Amaranth, fadeless blooms,
That they might hide with thin and rainbow wings
The shape of Death; and Love he sent to bind
The disunited tendrils of that vine
Which bears the wine of life, the human heart;   65
And he tamed fire which, like some beast of prey,
Most terrible, but lovely, played beneath
The frown of man; and tortured to his will
Iron and gold, the slaves and signs of power,
And gems and poisons, and all subtlest forms   70

ÁSIA

Quem reina? fez-se, a primo, Terra e Céu,
e Luz e Amor; Saturno então do trono
do Tempo a sombra ínvida: assim eram
sob seu jugo, na Terra, os primais 'spíritos,   35
com calmo júbilo de flor e folha
antes que o sol ou ventos as murchassem
e semivitais vermes; porém, ele
recusa o nato dom deles, saber,
poder, a arte que dobra os elementos,   40
a ideia que penetra o turvo cosmo
qual luz, reino de si e amor magnânimo,
sede por que desmaiam. Prometeu
deu sapiência — força — a Júpiter,
com tal lei só, "Que seja o homem livre",   45
e o vestiu com domínio do amplo Céu.
Desconhecer amor, fé, lei; reinar
é ser onipotente e sem afetos;
e ora Jove reinou; pois sobre os homens
primeiro fome e lida, então moléstia,   50
discórdia, chagas, morte jamais vista
caíram; e intempestivas temporadas
com dardos ígneos ou glaciais forçaram
às grutas as expostas tribos pálidas,
e a penúria a seus peitos ele manda   55
e ócias sombras, desassossegos loucos
de bondade irreal, que mútuas guerras
traz e arruína os covis em que estrondeiam.
Prometeu vê a legião das esperanças,
do sono acorda-as nas elísias flores,   60
Amaranto, Nepente, Moli, eternas
flores, que escondam na asa iriada
a forma da Ceifeira; e o Amor manda
a atar os nós disjuntos da parreira
que dá o vinho da vida, o peito humano.   65
E ele domou o fogo, que, qual fera
terrível, mas amável, sob o cenho
do homem folgava, e torturou a juízo
ouro e ferro, dos mandos signos, servos
e venenos e gemas, sutilíssimas   70

Hidden beneath the mountains and the waves.
He gave man speech, and speech created thought,
Which is the measure of the universe;
And Science struck the thrones of earth and heaven,
Which shook, but fell not; and the harmonious mind   75
Poured itself forth in all-prophetic song;
And music lifted up the listening spirit
Until it walked, exempt from mortal care,
Godlike, o'er the clear billows of sweet sound;
And human hands first mimicked and then mocked,   80
With moulded limbs more lovely than its own,
The human form, till marble grew divine;
And mothers, gazing, drank the love men see
Reflected in their race, behold, and perish.
He told the hidden power of herbs and springs,   85
And Disease drank and slept. Death grew like sleep.
He taught the implicated orbits woven
Of the wide-wandering stars; and how the sun
Changes his lair, and by what secret spell
The pale moon is transformed, when her broad eye   90
Gazes not on the interlunar sea:
He taught to rule, as life directs the limbs,
The tempest-wingèd chariots of the Ocean,
And the Celt knew the Indian. Cities then
Were built, and through their snow-like columns flowed   95
The warm winds, and the azure aether shone,
And the blue sea and shadowy hills were seen.
Such, the alleviations of his state,
Prometheus gave to man, for which he hangs
Withering in destined pain: but who rains down   100
Evil, the immedicable plague, which, while
Man looks on his creation like a God
And sees that it is glorious, drives him on,
The wreck of his own will, the scorn of earth,
The outcast, the abandoned, the alone?   105
Not Jove: while yet his frown shook Heaven, ay, when
His adversary from adamantine chains
Cursed him, he trembled like a slave. Declare
Who is his master? Is he too a slave?

formas ocultas sob o monte e a vaga.
Deu fala ao homem, e o falar criou
pensamento, a medida do universo;
e a Ciência da terra e céu o trono
abalou, sem rasá-lo; e a harmoniosa   75
mente fluiu em canto oniprofético;
e o espírito ouvinte ergueu-se em canto
até que andasse, isento de cuidados,
divino sobre os fumos do som suave;
e humana mão mimetizou, copiou   80
a forma humana com moldados membros
amáveis mais que os seus, honrando o mármore;
mães, mirando, beberam o amor que homens
veem na raça em reflexo, veem e morrem.
Ele contou o poder de ervas e fontes,   85
dormiu a Peste. Cresce em sono a morte.
Ele ensinou as órbitas intextas
de amplivagantes astros; como o sol
o covil troca, e por qual ato mágico
a lua pálida é mudada, quando   90
não mira o olho o mar interlunar:
ensinou a reinar, qual vida aos membros,
os carros tormentosos do Oceano,
e o celta conheceu o hindu. Cidades,
pois, se ergueram e os ventos mornos fluíram   95
pelas níveas colunas, brilhou o éter,
e viu-se o mar azul e umbroso monte.
Tais os alívios desse humano estado
dados por Prometeu, pelos quais pende
mirrando em dor fadada: mas quem males   100
lança, irremediáveis, que no olhar
humano como um Deus para a criação
vendo-a gloriosa, o leva para frente,
pó das vontades, derrisão da terra,
o proscrito, o desamparado, o só?   105
não Jove: o Céu seu cenho abalou, mas,
quando do adamantino grilho o imigo
praga rogou, tremeu ele qual servo.
Quem é seu mestre? dize. Ele é um servo?

DEMOGORGON
All spirits are enslaved which serve things evil: 110
Thou knowest if Jupiter be such or no.

ASIA
Whom calledst thou God?

DEMOGORGON
                        I spoke but as ye speak,
For Jove is the supreme of living things.

ASIA
Who is the master of the slave?

DEMOGORGON
                        If the abysm
Could vomit forth its secrets . . . But a voice   115
Is wanting, the deep truth is imageless;
For what would it avail to bid thee gaze
On the revolving world? What to bid speak
Fate, Time, Occasion, Chance, and Change? To these
All things are subject but eternal Love.   120

ASIA
So much I asked before, and my heart gave
The response thou hast given; and of such truths
Each to itself must be the oracle.
One more demand; and do thou answer me
As mine own soul would answer, did it know   125
That which I ask. Prometheus shall arise
Henceforth the sun of this rejoicing world:
When shall the destined hour arrive?

DEMOGORGON
                        Behold!

ASIA
The rocks are cloven, and through the purple night
I see cars drawn by rainbow-wingèd steeds   130

Demogórgone
Servindo o mal, é escravo todo espírito: 110
sabes se tal é Júpiter ou não.

Ásia
Quem chamas Deus?

Demogórgone
           Falei como falastes.
Pois é Jove o supremo entre os viventes.

Ásia
Quem é o mestre do escravo?

Demogórgone
             Se o abismo
vomitasse os segredos... falta voz,   115
a verdade profunda é sem imagem;
pois de que adianta te pedir que mires
o mundo que dá voltas? e falar
em Fado, Tempo, Acaso e Muda? a tais
tudo serve, que não o eterno Amor.   120

Ásia
Tal antes perguntei, e deu meu peito
essa mesma resposta; tais verdades
devem ser uma à outra seu oráculo.
Outra pergunta: e, tu, responde a mim
como responderia minha própria   125
alma, caso soubesse. Prometeu
se erguerá, sol do mundo em regozijo:
chegará quando a hora tal?

Demogórgone
           Contempla!

Ásia
Fendem-se as rochas, pela noite púrpura
carros vejo e corcéis íris-alados   130

Which trample the dim winds: in each there stands
A wild-eyed charioteer urging their flight.
Some look behind, as fiends pursued them there,
And yet I see no shapes but the keen stars:
Others, with burning eyes, lean forth, and drink   135
With eager lips the wind of their own speed,
As if the thing they loved fled on before,
And now, even now, they clasped it. Their bright locks
Stream like a comet's flashing hair: they all
Sweep onward.

DEMOGORGON
          These are the immortal Hours,   140
Of whom thou didst demand. One waits for thee.

ASIA
A spirit with a dreadful countenance
Checks its dark chariot by the craggy gulf.
Unlike thy brethren, ghastly charioteer,
Who art thou? Whither wouldst thou bear me? Speak!   145

SPIRIT
I am the shadow of a destiny
More dread than is my aspect: ere yon planet
Has set, the darkness which ascends with me
Shall wrap in lasting night heaven's kingless throne.

ASIA
What meanest thou?

PANTHEA
          That terrible shadow floats   150
Up from its throne, as may the lurid smoke
Of earthquake-ruined cities o'er the sea.
Lo! it ascends the car; the coursers fly
Terrified: watch its path among the stars
Blackening the night!

ASIA
          Thus I am answered: strange!   155

que atropelam o turvo vento: em cada
um atiça o auriga, olhisselvagem.
Uns p'ra trás olham, como se seguidos,
mas nada vejo fora os claros astros:
outros se inclinam, fogo aos olhos, e, ávidos,   135
bebem da própria rapidez o vento,
como se algo que amassem fosse à frente
e o tomassem agora. Os claros cachos
fluem como a coma de um cometa; todos
prosseguem.

      DEMOGÓRGONE
           Eis as Horas imortais,   140
de que te perguntaste. Uma te aguarda.

      ÁSIA
Um espírito de hórrido semblante
no íngreme golfo para o carro negro.
Díspar ao teu irmão, auriga torvo,
quem és? aonde me queres levar? fala!   145

      ESPÍRITO
A sombra de um destino é o que sou,
mais torvo do que minha tez: ao pôr-se
o planeta distante, a treva irá
cobrir o trono celestial sem rei.

      ÁSIA
Que dizes?

      PANTEIA
           A terrível sombra paira   150
do seu trono; qual lúrida fumaça
das cidades ao mar pós-terremoto.
Ó! Ela ascende o carro; os corcéis voam
em terror: vê seu curso nas estrelas
turvando a noite!

      ÁSIA
           É a resposta: estranha!   155

PANTHEA
See, near the verge, another chariot stays;
An ivory shell inlaid with crimson fire,
Which comes and goes within its sculptured rim
Of delicate strange tracery; the young spirit
That guides it has the dove-like eyes of hope;   160
How its soft smiles attract the soul! as light
Lures wingèd insects through the lampless air.

SPIRIT
    My coursers are fed with the lightning,
      They drink of the whirlwind's stream,
    And when the red morning is bright'ning   165
      They bathe in the fresh sunbeam;
      They have strength for their swiftness I deem,
  Then ascend with me, daughter of Ocean.

    I desire: and their speed makes night kindle;
      I fear: they outstrip the Typhoon;   170
    Ere the cloud piled on Atlas can dwindle
      We encircle the earth and the moon:
      We shall rest from long labours at noon:
  Then ascend with me, daughter of Ocean.

Scene 2.5
The Car pauses within a Cloud on the top of a snowy Mountain.
ASIA, PANTHEA, *and the* SPIRIT OF THE HOUR

SPIRIT
  On the brink of the night and the morning
    My coursers are wont to respire;
  But the Earth has just whispered a warning
    That their flight must be swifter than fire:
    They shall drink the hot speed of desire!   5

ASIA
Thou breathest on their nostrils, but my breath
Would give them swifter speed.

PANTEIA

Vê, na beirada, outro carro para;
concha ebúrnea com rubro fogo dentro,
a ir e vir dentro da esculpida borda
de estranho fino traço; o jovem 'spírito
tem o olhar columbino da esperança; 160
o seu sorriso atrai a alma! Tal como
a luz atrai insetos no ar sem velas.

ESPÍRITO

Com relâmpago nutro o corcel,
  bebido no rio do tufão,
quando a aurora avermelha o céu 165
  eu o banho em sol-ribeirão;
  com presteza, poder, direção;
acompanha-me, filha de Oceano.

Se desejo: o sereno incendeiam,
  se temo: alçam grã ventania; 170
vê, do Atlas as nuvens clareiam;
  terra e lua serão nossa via:
  pousaremos ao meio-dia:
acompanha-me, filha de Oceano.

Cena 2.5.
O carro para dentro de uma nuvem no cume de uma montanha nevada.
ÁSIA, PANTEIA e o ESPÍRITO DA HORA

ESPÍRITO:

Meus corcéis vêm querer descansar
  no que a noite se faz em manhã,
mas a Terra me veio avisar
que mais rápido devem voar:
  como fogo será seu afã! 5

ÁSIA

Sopras em suas ventas, mas meu sopro
os faria correr mais.

SPIRIT

                    Alas! it could not.

PANTHEA
Oh Spirit! pause, and tell whence is the light
Which fills this cloud? the sun is yet unrisen.

SPIRIT
The sun will rise not until noon. Apollo   10
Is held in heaven by wonder; and the light
Which fills this vapour, as the aëreal hue
Of fountain-gazing roses fills the water,
Flows from thy mighty sister.

PANTHEA

                   Yes, I feel —   15

ASIA
What is it with thee, sister? Thou art pale

PANTHEA
How thou art changed! I dare not look on thee;
I feel but see thee not. I scarce endure
The radiance of thy beauty. Some good change
Is working in the elements, which suffer
Thy presence thus unveiled. The Nereids tell   20
That on the day when the clear hyaline
Was cloven at thine uprise, and thou didst stand
Within a veinèd shell, which floated on
Over the calm floor of the crystal sea,
Among the Ægean isles, and by the shores   25
Which bear thy name; love, like the atmosphere
Of the sun's fire filling the living world,
Burst from thee, and illumined earth and heaven
And the deep ocean and the sunless caves
And all that dwells within them; till grief cast   30
Eclipse upon the soul from which it came:
Such art thou now; nor is it I alone,
Thy sister, thy companion, thine own chosen one,
But the whole world which seeks thy sympathy.

Espírito

      Ai, não faz!

Panteia

Oh, para e dize de onde a luz vem, 'spírito,
que esta nuvem inunda? o sol repousa.

Espírito

O sol se erguerá ao meio-dia: Apolo   10
no céu detém-se, estupefato; a luz
que inunda este vapor, como o tom aéreo
de rosas mira-as-águas as perfumam,
flui de tua poderosa irmã.

Panteia

      Sim, sinto —   15

Ásia

O que há contigo, irmã? empalideces.

Panteia

Estás mudada! Te mirar não ouso;
sinto sem ver. Sequer suportar posso
a luz de tua beleza. Boa mudança
obram os elementos, que a presença
tua sofrem, desvelada. As Nereidas   20
contam do dia em que o hialino claro
tua ascensão fendeu, que em pé estavas
sobre raiada concha, que flutuava
no leito plácido do mar-cristal
entre as ilhas egeias; pelas praias   25
que o nome teu carregam; o amor, como
flama do sol, preenchendo o mundo vivo,
de ti irrompeu, clareando terra e céu,
até as furnas sem sol, profundo oceano,
e tudo que lá vive, até que a dor   30
lançou o eclipse à alma de onde veio:
assim estás agora; não sou eu,
só, tua irmã, parceira, tua eleita,
mas o mundo, que em ti compaixão busca.

Hearest thou not sounds i' the air which speak the love   35
Of all articulate beings? Feelest thou not
The inanimate winds enamoured of thee? List!

(Music.)

ASIA
Thy words are sweeter than aught else but his
Whose echoes they are: yet all love is sweet,
Given or returned. Common as light is love,   40
And its familiar voice wearies not ever.
Like the wide heaven, the all-sustaining air,
It makes the reptile equal to the God:
They who inspire it most are fortunate,
As I am now; but those who feel it most   45
Are happier still, after long sufferings,
As I shall soon become.

PANTHEA
                    List! Spirits speak.

VOICE IN THE AIR, SINGING
  Life of Life! thy lips enkindle
      With their love the breath between them;
  And thy smiles before they dwindle   50
      Make the cold air fire; then screen them
  In those looks, where whoso gazes
  Faints, entangled in their mazes.

  Child of Light! thy limbs are burning
      Through the vest which seems to hide them;   55
  As the radiant lines of morning
      Through the clouds ere they divide them;
  And this atmosphere divinest
  Shrouds thee wheresoe'er thou shinest.

  Fair are others; none beholds thee,   60
      But thy voice sounds low and tender
  Like the fairest, for it folds thee
      From the sight, that liquid splendour,

Não ouves no ar os sons de articulados   35
seres a professar o amor? não sentes
o inanimado vento enamorado? escuta!

(Música.)

       Ásia
Só não falas mais doce que ele a quem
ecoas; todo amor, porém, é doce
dado ou retribuído. Como a luz,   40
ele é comum, sua voz jamais nos cansa.
Como o céu vasto, o ar que tudo susta,
faz com que o réptil seja como um Deus:
é bem-aventurado quem o inspira,
como ora eu; mas o que mais o sente   45
é mais feliz, após muito sofrer,
como logo serei.

       Panteia
           Ouvi. Espíritos!

       Voz no ar, cantando
Vida à Vida! O ar no amor
  dos teus lábios descongela;
teu sorriso traz calor   50
  antes de sumir; e os vela
nos olhares, cai no enredo
quem os mira em seu segredo.

Filha desta luz! Tua forma
  queima o traje a escondê-la   55
como o claro alvor da aurora
  indo à nuvem, pois, fendê-la;
e esses ares divinais
velam-te por onde vais.

Outras belas são; a ti   60
  não veem, mas tua voz murmura
como a mais airosa, a ti
  guarda à vista, fluida alvura,

And all feel, yet see thee never,
As I feel now, lost for ever! 65

Lamp of Earth! where'er thou movest
  Its dim shapes are clad with brightness,
And the souls of whom thou lovest
  Walk upon the winds with lightness,
Till they fail, as I am failing, 70
Dizzy, lost, yet unbewailing!

ASIA
  My soul is an enchanted boat,
    Which, like a sleeping swan, doth float
Upon the silver waves of thy sweet singing;
    And thine doth like an angel sit 75
    Beside a helm conducting it,
Whilst all the winds with melody are ringing.
    It seems to float ever, for ever,
    Upon that many-winding river,
    Between mountains, woods, abysses, 80
    A paradise of wildernesses!
Till, like one in slumber bound,
Borne to the ocean, I float down, around,
Into a sea profound, of ever-spreading sound:

    Meanwhile thy spirit lifts its pinions 85
    In music's most serene dominions;
Catching the winds that fan that happy heaven.
    And we sail on, away, afar,
    Without a course, without a star,
But, by the instinct of sweet music driven; 90
    Till through Elysian garden islets
    By thee, most beautiful of pilots,
    Where never mortal pinnace glided,
    The boat of my desire is guided:
Realms where the air we breathe is love, 95
Which in the winds and on the waves doth move,
Harmonizing this earth with what we feel above.

não é vista, só sentida,
como eu sinto, tão perdida! 65

Luz da Terra! Que clareza
  traz teu vulto aonde pisas,
a alma que amas, com leveza,
  anda calma sobre as brisas,
té que falhe, como então 70
falho, sem lamentação!

  ÁSIA
  Minh'alma é barco embevecido,
  pairando, cisne adormecido,
na onda prata desse teu cantar;
  e como um anjo tu te sentas 75
  ao leme onde tu o pascentas
e os ventos vêm com as canções ressoar.
  Pairar parece eternamente,
  subindo o rio em grã corrente,
  por monte, bosque e matagal, 80
  um paraíso natural!
Até que, feito em sono denso,
pelo oceano eu sigo em seu descenso,
até esse mar imenso, em som p'ra sempre intenso:

  Então tu'alma rufla as penas 85
  na força das canções serenas;
pega celestes ventos, co'alegria,
  e para longe navegamos,
  sem rumo e estrela vamos
no instinto da mais doce melodia; 90
  até o navio de meu afã
  por ti, tão bela capitã,
  for guiado para elíseas ilhas,
  intactas por mortais flotilhas:
os reinos onde o ar é amor, 95
que move o vento às vagas com fragor,
harmonizando a terra ao que é superior.

We have passed Age's icy caves,
And Manhood's dark and tossing waves,
And Youth's smooth ocean, smiling to betray: 100
Beyond the glassy gulfs we flee
Of shadow-peopled Infancy,
Through Death and Birth, to a diviner day;
A paradise of vaulted bowers,
Lit by downward-gazing flowers, 105
And watery paths that wind between
Wildernesses calm and green,
Peopled by shapes too bright to see,
And rest, having beheld; somewhat like thee;
Which walk upon the sea, and chant melodiously! 110

Vão-se os grotões glaciais da Idade,
e a Madureza em tempestade,
e o Viço, mar de paz traidora: 100
   os povos–sombra em nossa Infância
   passamos, golfo de inconstância,
Nascença e Morte, rumo à sacra aurora;
   um paraíso cujas flores
   dão cabisbaixas seus rubores   105
   canais que, fluidos, vão errantes
   por ermos calmos, verdejantes,
co'a luz de um povo oculto à mente,
e dormem, tendo-o visto tão somente;
que corre na crescente e canta belamente!   110

ACT III

Scene 3.1.
Heaven.
JUPITER on his Throne; THETIS and the other Deities assembled.

JUPITER
Ye congregated powers of heaven, who share
The glory and the strength of him ye serve,
Rejoice! henceforth I am omnipotent.
All else had been subdued to me; alone
The soul of man, like unextinguished fire,   5
Yet burns towards heaven with fierce reproach, and doubt,
And lamentation, and reluctant prayer,
Hurling up insurrection, which might make
Our antique empire insecure, though built
On eldest faith, and hell's coeval, fear;   10
And though my curses through the pendulous air,
Like snow on herbless peaks, fall flake by flake,
And cling to it; though under my wrath's night
It climbs the crags of life, step after step,
Which wound it, as ice wounds unsandalled feet,   15
It yet remains supreme o'er misery,
Aspiring, unrepressed, yet soon to fall:
Even now have I begotten a strange wonder,
That fatal child, the terror of the earth,
Who waits but till the destined hour arrive,   20
Bearing from Demogorgon's vacant throne
The dreadful might of ever-living limbs
Which clothed that awful spirit unbeheld,
To redescend, and trample out the spark.
Pour forth heaven's wine, Idæan Ganymede,   25
And let it fill the Dædal cups like fire,
And from the flower-inwoven soil divine
Ye all-triumphant harmonies arise,
As dew from earth under the twilight stars:
Drink! be the nectar circling through your veins   30
The soul of joy, ye ever-living Gods,
Till exultation burst in one wide voice
Like music from Elysian winds.

ATO III

Cena 3.1.
Céu.
Júpiter no seu trono; Tétis e as outras deidades em assembleia.

Júpiter
Congregados poderes do céu, sócios
da força e glória deste a quem servis,
regozijai! Onipotente agora
sou, tudo me é submisso; solitária,
a humana alma, como fogo vivo,   5
queima ao céu ainda com feroz censura e dúvida
e lamentos e preces relutantes,
lançando insurreições, que tornar podem
nosso império inseguro, embora fixo
na ancestre fé, e o coevo infernal, medo;   10
e pelas minhas pragas pelo ar pêndulo,
qual neve em picos nus, cai floco a floco,
agarrando-o, na noite da ira minha
galga as penhas da vida, passo a passo,
que a fere, como o frio fere o pé nu,   15
sobre a miséria permanece excelsa,
irreprimida, mas ruinosa em breve:
mesmo agora gerei portento estranho,
a criança fatal, terror da terra,
que aguarda chegar destinada hora,   20
do ermo assento levar, de Demogórgone
hedionda força em membros semprevivos
trajando o torvo incontemplado espírito
a redescer e a chama pisotear.
Serve, Ideu Ganimedes, sacro vinho,   25
enche qual fogo os cálices dedáleos
e do divino solo enflorescente
as harmonias vossas todas subam,
como orvalho da terra sob estrelas:
bebei! Que o néctar fluindo em vossas veias   30
seja a alma da graça, imortais Deuses,
até irromper a exultação unívoca,
qual vento elísio em seu cantar.

                                        And thou
Ascend beside me, veilèd in the light
Of the desire which makes thee one with me,   35
Thetis, bright image of eternity!
When thou didst cry, "Insufferable might!
God! Spare me! I sustain not the quick flames,
The penetrating presence; all my being,
Like him whom the Numidian seps did thaw   40
Into a dew with poison, is dissolved,
Sinking through its foundations": even then
Two mighty spirits, mingling, made a third
Mightier than either, which, unbodied now,
Between us floats, felt, although unbeheld,   45
Waiting the incarnation, which ascends,
(Hear ye the thunder of the fiery wheels
Griding the winds?) from Demogorgon's throne.
Victory! victory! Feel'st thou not, O world,
The earthquake of his chariot thundering up   50
Olympus?

> *(The Car of the Hour arrives.*
> *Demogorgon descends, and moves*
> *towards the Throne of Jupiter.)*

Awful shape, what art thou? Speak!

DEMOGORGON
Eternity. Demand no direr name.
Descend, and follow me down the abyss.
I am thy child, as thou wert Saturn's child;
Mightier than thee: and we must dwell together   55
Henceforth in darkness. Lift thy lightnings not.
The tyranny of heaven none may retain,
Or reassume, or hold, succeeding thee:
Yet if thou wilt, as 'tis the destiny
Of trodden worms to writhe till they are dead,   60
Put forth thy might.

JUPITER
                        Detested prodigy!

                    E tu,
ascende ao lado meu, velada em luz
do desejo que a mim te unificou,   35
Tétis, clara visão da eternidade!
Quando gritastes, "Insofrível força!
Deus! Poupai-me! Destroem-me as prestas chamas.
Penetrante presença; é o meu ser
como aquele em orvalho liquefeito   40
no veneno da sépis da Numídia,
e afunda em suas bases": mesmo agora
dois espíritos fortes um terceiro
fizeram, mais que os dois, que ora incorpóreo,
aqui paira, sentido, incontemplado,   45
esperando encarnar, e que se eleva
(ouvis o estrondo de ígneas rodas contra
os ventos?) de onde senta Demogórgone.
a vitória, a vitória! Não o sentes,
mundo, o tremor do carro seu a troar   50
no Olimpo?

                    *(A carruagem das horas chega
                    Demogórgone desce e se move
                    em direção ao trono de Júpiter.)*

        Forma horrenda, que és? fala!

        DEMOGÓRGONE
O eterno. Nome mais atroz não peças.
Desce e segue-me até o profundo abismo.
Filho teu sou, como és filho a Saturno;
mais que ti poderoso: habitaremos   55
juntos as trevas. Teus trovões não ergas.
Tirania do céu ninguém mais há
de reter, reassumir, manter pós ti:
mas se quiseres, como o destino é
de pisoteados vermes debaterem-se,   60
oponhas-me.

        JÚPITER
                    Prodígio detestado!

Even thus beneath the deep Titanian prisons
I trample thee! thou lingerest?

        Mercy! mercy!
No pity, no release, no respite! Oh,
That thou wouldst make mine enemy my judge,   65
Even where he hangs, seared by my long revenge,
On Caucasus! he would not doom me thus.
Gentle, and just, and dreadless, is he not
The monarch of the world? What then art thou?
No refuge! no appeal!

        Sink with me then,   70
We two will sink on the wide waves of ruin,
Even as a vulture and a snake outspent
Drop, twisted in inextricable fight,
Into a shoreless sea. Let hell unlock
Its mounded oceans of tempestuous fire,   75
And whelm on them into the bottomless void
This desolated world, and thee, and me,
The conqueror and the conquered, and the wreck
Of that for which they combated.

        Ai! Ai!
The elements obey me not. I sink   80
Dizzily down, ever, for ever, down.
And, like a cloud, mine enemy above
Darkens my fall with victory! Ai, Ai!

Sob o mais baixo cárcere titânico
piso-te! Não?

                  Clemência! Ó, clemência!
Sem dó, alívio ou livramento! Ó,
que em juiz meu fizésseis meu imigo,   65
preso e crestado por vingança infinda
no Cáucaso! Menor ruína seria.
Bom, impávido e justo, não é ele
senhor do mundo? o que és tu, então?
sem fuga ou rogo!

                  Pois comigo afundes,   70
n'ampla vaga da ruína afundaremos
como abutre e serpente que exauridos
caem numa inextricável luta envoltos
num mar sem praias. Que os infernos soltem
seus montes de ígneos, árdegos oceanos,   75
e imersa co'eles ao vazio sem fundo
eu e tu e esse mundo desolado,
conquistador e conquistado, e restos
da razão de enfrentarem-se.

                  Aĭ, aĭ!
Elementos rebelam, zonzo afundo   80
ao fundo, sempre, sempiterno, ao fundo
e, qual nuvem, o imigo meu acima,
tolda-me a queda, triunfal! Aĭ, aĭ!

Scene 3.2.
The Mouth of a great River in the Island Atlantis.
OCEAN is discovered reclining near the Shore;
APOLLO stands beside him.

OCEAN
He fell, thou sayest, beneath his conqueror's frown?

APOLLO
Ay, when the strife was ended which made dim
The orb I rule, and shook the solid stars,
The terrors of his eye illumined heaven
With sanguine light, through the thick ragged skirts   5
Of the victorious darkness, as he fell:
Like the last glare of day's red agony,
Which, from a rent among the fiery clouds,
Burns far along the tempest-wrinkled deep.

OCEAN
He sunk to the abyss? To the dark void?   10

APOLLO
An eagle so caught in some bursting cloud
On Caucasus, his thunder-baffled wings
Entangled in the whirlwind, and his eyes
Which gazed on the undazzling sun, now blinded
By the white lightning, while the ponderous hail   15
Beats on his struggling form, which sinks at length
Prone, and the aëreal ice clings over it.

OCEAN
Henceforth the fields of heaven-reflecting sea
Which are my realm, will heave, unstained with blood,
Beneath the uplifting winds, like plains of corn   20
Swayed by the summer air; my streams will flow
Round many-peopled continents, and round
Fortunate isles; and from their glassy thrones
Blue Proteus and his humid nymphs shall mark

Cena 3.2.
A foz de um grande rio na ilha de Atlântida.
OCEANO é descoberto reclinando-se próximo à praia;
APOLO está em pé ao seu lado.

OCEANO
Ele caiu sob seu conquistador?

APOLO
Sim, findando-se a lida que turvou
meu orbe e abalou os astros sólidos,
seu olhar em terror clareou o céu
com luz sanguínea, pelas grossas franjas   5
das trevas vitoriosas, com sua queda:
como a luz–estertor de um rubro dia,
que, de um rasgo entre nuvens flamejantes,
queima em voragens procelissulcadas.

OCEANO
Ao abismo afundou? ao vazio negro?   10

APOLO
Feito águia envolta em nuvem carregada,
as atônitas asas pelo Cáucaso
embrenhadas nos vendavais, seus olhos
que o sol miraram sem se ofuscar, cegos
pelo alvo raio, e a saraiva dura   15
a faz se debater e enfim afunda,
prostrada, e gelo aéreo nela prende.

OCEANO
Os campos do celirreflexo mar,
meu reino, imaculados arfarão,
ora sob as correntes como glebas   20
que o ar do estio oscila, fluirão rios
por populosos continentes, por
faustosas ilhas; de seu vítreo trono,
azul Proteu, com áqueas ninfas, sombras

The shadow of fair ships, as mortals see   25
The floating bark of the light-laden moon
With that white star, its sightless pilot's crest,
Borne down the rapid sunset's ebbing sea;
Tracking their path no more by blood and groans,
And desolation, and the mingled voice   30
Of slavery and command; but by the light
Of wave-reflected flowers, and floating odours,
And music soft, and mild, free, gentle voices,
And sweetest music, such as spirits love.

APOLLO
And I shall gaze not on the deeds which make   35
My mind obscure with sorrow, as eclipse
Darkens the sphere I guide; but list, I hear
The small, clear, silver lute of the young Spirit
That sits i' the morning star.

OCEAN
                              Thou must away;
Thy steeds will pause at even, till when farewell: 40
The loud deep calls me home even now to feed it
With azure calm out of the emerald urns
Which stand for ever full beside my throne.
Behold the Nereids under the green sea,
Their wavering limbs borne on the wind-like stream,   45
Their white arms lifted o'er their streaming hair
With garlands pied and starry sea-flower crowns,
Hastening to grace their mighty sister's joy.
                              (A sound of waves is heard.)
It is the unpastured sea hungering for calm.
Peace, monster; I come now. Farewell.

APOLLO
                              Farewell.   50

de navios marcará como os mortais   25
veem o lenho da lua luminosa
com o alvo astro, a fronte do seu cego
nauta no poente de vazante rápida
não mais seguindo por gemidos, sangue,
desamparos e a mista voz de mandos   30
e escravidão; mas pela luz das flores
ondirreflexas, e os olores aéreos,
e música de brandas, livres vozes,
mais doce música, a que adoram 'spíritos.

APOLO
E eu feitos mirarei, não que escurecem   35
minha mente com mágoas como o eclipse
tolda a 'sfera que guio; mas ouve, escuto
o argênteo lude límpido do Espírito
sentado sobre Vésper.

OCEANO
                              Deves ir;
teus corcéis pararão à noite, adeus   40
até então: chamam-me com fome os pélagos
da calmaria azul de esmeraldinas
urnas, plenas ao lado do meu trono.
Nereidas sob o verde mar contempla,
membros fluem em correntes como o vento,   45
às fluidas comas levam alvos braços
com diademas de flor astral do mar,
e a pressa de agraciar a grande irmã.

                              (Ouve-se um som de ondas.)

Carece o mar pascer de calmaria,
Paz, monstro; chego já. Adeus.

APOLO
                              Adeus.   50

Scene 3.3
Caucasus.
PROMETHEUS, HERCULES, IONE, HERCULES, THE EARTH, SPIRITS ASIA, *and*
PANTHEA, *borne in the Car with the* SPIRIT OF THE HOUR.
HERCULES *unbinds* PROMETHEUS, *who descends.*

HERCULES
Most glorious among Spirits, thus doth strength
To wisdom, courage, and long-suffering love,
And thee, who art the form they animate,
Minister like a slave.

PROMETHEUS
     Thy gentle words
Are sweeter even than freedom long desired   5
And long delayed.

        Asia, thou light of life,
Shadow of beauty unbeheld: and ye,
Fair sister nymphs, who made long years of pain
Sweet to remember, through your love and care:
Henceforth we will not part. There is a cave,   10
All overgrown with trailing odorous plants,
Which curtain out the day with leaves and flowers,
And paved with veinèd emerald, and a fountain
Leaps in the midst with an awakening sound.
From its curved roof the mountain's frozen tears   15
Like snow, or silver, or long diamond spires,
Hang downward, raining forth a doubtful light:
And there is heard the ever-moving air,
Whispering without from tree to tree, and birds,
And bees; and all around are mossy seats,   20
And the rough walls are clothed with long soft grass;
A simple dwelling, which shall be our own;
Where we will sit and talk of time and change,
As the world ebbs and flows, ourselves unchanged.
What can hide man from mutability?   25
And if ye sigh, then I will smile; and thou,

Cena 3.3.
Cáucaso.
PROMETEU, HÉRCULES, IONE, a TERRA, ESPÍRITOS, ÁSIA e PANTEIA, *leva-*
das na carruagem com o ESPÍRITO DA HORA.
HÉRCULES *desagrilhoa* PROMETEU, *que desce.*

    HÉRCULES
Gloriosíssimo espírito! A força
à coragem, saber e amor sofrido
e a ti, que a forma és a quem alentam,
como um escravo serve.

    PROMETEU
               Tais palavras
mais doces são que a liberdade tão   5
tarda quanto almejada.

                      Ásia, luz
vital, sombra do belo incontemplado;
e vós, ninfas irmãs, que com cuidado
e amor doces fizeram árduos anos;
não partiremos, pois. Há uma caverna,   10
toda coberta em plantas odoríferas,
que com folhas e flores o sol toldam,
calçada de esmeralda; em despertante
clamor, salta uma fonte por seu meio.
Lágrimas congeladas da montanha,   15
qual neve ou prata, diamantinos píncaros
chovendo dúbia luz, do teto pendem;
e lá é ouvido o ar, sempremovente
de ramo em ramo sussurrando, e aves,
e abelhas; e ao redor músgueos assentos,   20
e ervas brandas paredes duras vestem;
será nossa tal simples moradia;
para falarmos da mudança e tempo,
do mundo em fluxo, nós dois imutáveis.
Da mutabilidade, o que protege?   25
se suspirares, sorrirei; e tu,

Ione, shalt chant fragments of sea-music,
Until I weep, when ye shall smile away
The tears she brought, which yet were sweet to shed.
We will entangle buds and flowers and beams   30
Which twinkle on the fountain's brim, and make
Strange combinations out of common things,
Like human babes in their brief innocence;
And we will search, with looks and words of love,
For hidden thoughts, each lovelier than the last,   35
Our unexhausted spirits; and like lutes
Touched by the skill of the enamoured wind,
Weave harmonies divine, yet ever new,
From difference sweet where discord cannot be;
And hither come, sped on the charmèd winds,   40
Which meet from all the points of heaven, as bees
From every flower aëreal Enna feeds,
At their known island-homes in Himera,
The echoes of the human world, which tell
Of the low voice of love, almost unheard,   45
And dove-eyed pity's murmured pain, and music,
Itself the echo of the heart, and all
That tempers or improves man's life, now free;
And lovely apparitions, — dim at first,
Then radiant, as the mind, arising bright   50
From the embrace of beauty (whence the forms
Of which these are the phantoms) casts on them
The gathered rays which are reality —
Shall visit us, the progeny immortal
Of Painting, Sculpture, and rapt Poesy,   55
And arts, though unimagined, yet to be.
The wandering voices and the shadows these
Of all that man becomes, the mediators
Of that best worship love, by him and us
Given and returned; swift shapes and sounds, which grow   60
More fair and soft as man grows wise and kind,
And, veil by veil, evil and error fall:
Such virtue has the cave and place around.
                                  (*Turning to the* SPIRIT OF THE HOUR.)
For thee, fair Spirit, one toil remains. Ione,

Ione, fragmentos cantarás de música
do mar, aliviando com sorrisos
doces lágrimas que ela me trará.
Enlaçaremos flores, botões, raios   30
brilhando à borda de uma fonte, coisas
comuns combinaremos em estranhas,
como o bebê humano na inocência;
e com amor no olhar e à língua, ocultos
pensares buscaremos, mais que amáveis,   35
os nossos gênios inexaustos; como
ludes que o vento enamorado toca,
diva harmonia teceremos, sempre
novas, da diferença sem discórdia;
e aqui vem sobre os ventos encantados   40
que se encontram dos pontos do céu, como
abelha em flor que o Ena aéreo nutre
pelos seus lares de ínsulas em Hímera,
ecos do mundo humano que recontam
da voz baixa do amor, quase inaudita   45
e a columbina dor da pena, e música,
cordial eco ela mesma, e tudo
que a vida humana esmera, agora livre;
e aparições amáveis, — turvas antes
e após radiantes como a mente erguendo-se   50
clara do abraço da beleza (de onde
as formas das quais essas são fantasmas)
lança os unidos raios do real —
receberemos a imortal progênie
da Pintura, Escultura e pasmo Verso,   55
e inconcebidas artes, ainda a vir;
e errantes vozes, sombras disso tudo
em que o homem se torna, mediadoras
dessa veneração maior, o amor,
a todos mútuo, prestos sons e formas   60
belos junto ao saber e bem no homem,
e, véu a véu, o mal e o erro caem:
tal virtude é da gruta e seu entorno.

(Para o Espírito da Hora.)

Resta-te, Espírito, uma lida. Ione,

Give her that curvèd shell, which Proteus old 65
Made Asia's nuptial boon, breathing within it
A voice to be accomplished, and which thou
Didst hide in grass under the hollow rock.

IONE
Thou most desired Hour, more loved and lovely
Than all thy sisters, this is the mystic shell; 70
See the pale azure fading into silver
Lining it with a soft yet glowing light:
Looks it not like lulled music sleeping there?

SPIRIT
It seems in truth the fairest shell of Ocean:
Its sound must be at once both sweet and strange. 75

PROMETHEUS
Go, borne over the cities of mankind
On whirlwind-footed coursers: once again
Outspeed the sun around the orbèd world;
And as thy chariot cleaves the kindling air,
Thou breathe into the many-folded shell, 80
Loosening its mighty music; it shall be
As thunder mingled with clear echoes: then
Return; and thou shalt dwell beside our cave.
And thou, O, Mother Earth! —

THE EARTH
I hear, I feel;
Thy lips are on me, and their touch runs down 85
Even to the adamantine central gloom
Along these marble nerves; 'tis life, 'tis joy,
And through my withered, old, and icy frame
The warmth of an immortal youth shoots down
Circling. Henceforth the many children fair 90
Folded in my sustaining arms; all plants,
And creeping forms, and insects rainbow-winged,
And birds, and beasts, and fish, and human shapes,
Which drew disease and pain from my wan bosom,

dá-lhe a curvada concha, por Proteu   65
dada por dom nupcial, ela uma voz
alenta, a ser cumprida, e que escondestes
entre a relva, debaixo de oca rocha.

IONE
Hora mais desejada, amada, amável,
que as tuas irmãs, eis a concha mística,   70
mira o azul, que em prata se esvanece
e com luz branda e cintilante a cobre.
Não parece que nela dorme música?

ESPÍRITO
Parece a concha oceânica mais bela:
estranho e doce deve ser seu som.   75

PROMETEU
Vai, sustada em corcéis de pés de vento
sobre humanas cidades; outra vez
vence o sol em presteza no orbitar;
e no que o morno ar teu carro corta,
a multienvolta concha tua alentas   80
desatando-lhe a música potente;
como trovão com claro eco; depois
volta; e por nossa gruta morarás.
E tu, Ó Terra Mãe! —

A TERRA
                              Eu ouço, escuto;
corre o toque dos lábios teus em mim   85
até a central, adamantina umbra
pelos marmóreos nervos; vida!, graça!
E no meu porte murcho, velho e frio
dispara o imortal calor do viço
em círculo. Agora as crianças várias   90
sustadas por meus braços; toda planta
e formas chãs e insetos irisados
e aves e bestas, peixes e os humanos,
que do meu peito sugam o veneno

Draining the poison of despair, shall take 95
And interchange sweet nutriment; to me
Shall they become like sister-antelopes
By one fair dam, snow-white and swift as wind,
Nursed among lilies near a brimming stream.
The dew-mists of my sunless sleep shall float 100
Under the stars like balm: night-folded flowers
Shall suck unwithering hues in their repose:
And men and beasts in happy dreams shall gather
Strength for the coming day, and all its joy:
And death shall be the last embrace of her 105
Who takes the life she gave, even as a mother
Folding her child, says, "Leave me not again."

ASIA
Oh, mother! wherefore speak the name of death?
Cease they to love, and move, and breathe, and speak,
Who die?

THE EARTH
         It would avail not to reply: 110
Thou art immortal, and this tongue is known
But to the uncommunicating dead.
Death is the veil which those who live call life:
They sleep, and it is lifted: and meanwhile
In mild variety the seasons mild 115
With rainbow-skirted showers, and odorous winds,
And long blue meteors cleansing the dull night,
And the life-kindling shafts of the keen sun's
All-piercing bow, and the dew-mingled rain
Of the calm moonbeams, a soft influence mild, 120
Shall clothe the forests and the fields, ay, even
The crag-built deserts of the barren deep,
With ever-living leaves, and fruits, and flowers.
And thou! There is a cavern where my spirit
Was panted forth in anguish whilst thy pain 125
Made my heart mad, and those who did inhale it
Became mad too, and built a temple there,
And spoke, and were oracular, and lured

do desespero, doença e dor, irão 95
tirar dele e trocar doce repasto;
ser-me-ão como antílopes irmãs
numa barragem, níveas e velozes,
nutridas num arroio entre lírios.
Rocios de meu dormir sem sol sob astros 100
pairarão como um bálsamo; noturnas
flores tons imurcháveis sugarão;
e bestas e homens em alegres sonhos
reunirão forças nos vindouros dias;
e será a morte o derradeiro abraço 105
dela que tira a vida que deu como
mãe com filho, e diz, "Não te vás de novo".

Ásia
Ah, mãe! Falas por que da morte o nome?
deixa de amar, mover-se, arfar, falar,
quem morre?

A Terra
Não adianta responder-te; 110
és imortal, ninguém sabe tal língua
senão os mortos incomunicáveis.
A morte é o véu que os vivos chamam vida;
dormem, e é levantado; assim nesse ínterim,
em branda variação, brandas sazões 115
com chuva orlada de arco-íris, e olentes
ventos, meteoros acendrando a noite,
e os dardos incendeia-vida, do arco
do sol, garoas mistas com orvalhos
de luares calmos, influência branda, 120
vestes darão ao campo, ao bosque, até
mesmo aos desertos de baldios abismos,
com folhas semprevivas, fruta e flor.
E tu! há uma caverna em que meu 'spírito
arquejou de aflição, tua dor meu peito 125
desvairando, e aqueles que inalaram-na
desvairaram também, fizeram templo
e, oraculares, discursaram, guiando

The erring nations round to mutual war,
And faithless faith, such as Jove kept with thee;   130
Which breath now rises, as amongst tall weeds
A violet's exhalation, and it fills
With a serener light and crimson air
Intense, yet soft, the rocks and woods around;
It feeds the quick growth of the serpent vine,   135
And the dark linkèd ivy tangling wild,
And budding, blown, or odour-faded blooms
Which star the winds with points of coloured light,
As they rain through them, and bright golden globes
Of fruit, suspended in their own green heaven,   140
And through their veinèd leaves and amber stems
The flowers whose purple and translucid bowls
Stand ever mantling with aëreal dew,
The drink of spirits: and it circles round,
Like the soft waving wings of noonday dreams,   145
Inspiring calm and happy thoughts, like mine,
Now thou art thus restored. This cave is thine.
Arise! Appear!

(A Spirit rises in the likeness of a winged child.)
          This is my torch-bearer;
Who let his lamp out in old time with gazing
On eyes from which he kindled it anew   150
With love, which is as fire, sweet daughter mine,
For such is that within thine own. Run, wayward,
And guide this company beyond the peak
Of Bacchic Nysa, Mænad-haunted mountain,
And beyond Indus and its tribute rivers,   155
Trampling the torrent streams and glassy lakes
With feet unwet, unwearied, undelaying,
And up the green ravine, across the vale,
Beside the windless and crystalline pool,
Where ever lies, on unerasing waves,   160
The image of a temple, built above,
Distinct with column, arch, and architrave,
And palm-like capital, and over-wrought,
And populous with most living imagery,

nações errantes rumo à mútua guerra
e à fé sem fé, qual a de Jove a ti; 130
seu alento já se ergue qual no mato
o exalar das violetas, a preencher
de luz serena e ar carmim, intensos,
mas suaves, a rocha, o bosque em volta;
nutre o crescer da vinha serpenteante 135
e as negras heras em selvagens tramas,
e flores em botão ou já sem cheiro,
que com pontos de luz constelam ventos
no que chovem, e claros, áureos globos
de frutas em seus verdes céus suspensas, 140
e por folhas raiadas, caules âmbar,
flores, de bojo púrpura e translúcido
que traja sempre seu orvalho aéreo,
corre o néctar de espíritos, fluindo
como as asas dos sonhos de uma sesta 145
a inspirar, como os meus, pensares calmos,
recuperado estás. Tal gruta é tua.
Vem! Aparece!

(Um espírito surge, semelhante a uma criança alada.)
Eis meu porta-tocha;
que a deixou apagar-se outrora, mas
com os olhos mirando a reaqueceu 150
com amor, que é qual fogo, filha minha,
pois tal é dentro em ti. Corre, teimoso,
e guia essa companhia além
do Nisa báquico, em que moram Mênades,
e além do Indo e seus fluxos tributários, 155
calcando lagos vítreos e torrentes,
com inúmidos pés, inatrasáveis
e incansáveis, por vales e ravinas
pela lagoa cristalina e plácida
onde eterno repousa, sobre vagas 160
indeléveis, a imagem desse templo
com arcos, arquitraves e colunas
e capitólio palmiforme, todo
rebuscado e com vívidas imagens

Praxitelean shapes, whose marble smiles   165
Fill the hushed air with everlasting love.
It is deserted now, but once it bore
Thy name, Prometheus; there the emulous youths
Bore to thy honour through the divine gloom
The lamp which was thine emblem; even as those   170
Who bear the untransmitted torch of hope
Into the grave, across the night of life,
As thou hast borne it most triumphantly
To this far goal of Time. Depart, farewell.
Beside that temple is the destined cave.   175

Scene IV.
A Forest. In the Background a Cave. PROMETHEUS, ASIA, PANTHEA, IONE,
and the SPIRIT OF THE EARTH.

IONE
Sister, it is not earthly: how it glides
Under the leaves! how on its head there burns
A light, like a green star, whose emerald beams
Are twined with its fair hair! how, as it moves,
The splendour drops in flakes upon the grass!   5
Knowest thou it?

PANTHEA
                         It is the delicate spirit
That guides the earth through heaven. From afar
The populous constellations call that light
The loveliest of the planets; and sometimes
It floats along the spray of the salt sea,   10
Or makes its chariot of a foggy cloud,
Or walks through fields or cities while men sleep,
Or o'er the mountain tops, or down the rivers,
Or through the green waste wilderness, as now,
Wondering at all it sees. Before Jove reigned   15
It loved our sister Asia, and it came
Each leisure hour to drink the liquid light
Out of her eyes, for which it said it thirsted

praxitelianas, de sorrir marmóreo   165
que enche o mudo ar de sempiterno amor.
Está deserto agora, mas já teve
teu nome, Prometeu; lá emulosos
jovens portaram pela diva treva
a tocha, teu emblema; mesmo quando   170
pela noite da vida, a tocha não
transmitida levaram para a tumba,
como tu a levaste, triunfantíssimo,
a esse longínquo ponto. Vai, adeus.
Perto do templo está a fadada gruta.   175

Cena 3.4.
Uma Floresta. Ao fundo, uma Gruta. Prometeu, Ásia, Panteia, Ione *e o*
Espírito da Terra.

Ione
Olha, irmã, ele não é deste mundo:
como plana entre as folhas! raios ardem
coroando-o com astros de esmeralda
mistos na bela coma! Como cai
seu esplendor em flocos sobre a relva!   5
Sabes quem é?

Panteia
                        O espírito sensível
que guia a terra pelo céu. De longe,
densas constelações a essa luz chamam
de mais amável dos planetas; paira
às vezes nos borrifos do mar salso   10
ou de nuvens brumosas faz seu carro,
ou passa campos, urbes dormecidas,
ou sobre os píncaros e sob os rios,
ou pelo vasto verde ermo, como
agora, em maravilha. Quando Jove   15
não reinava, era Ásia sua amada,
e vinha, de seus olhos beber líquida
luz, da qual tinha sede, como alguém

As one bit by a dipsas, and with her
It made its childish confidence, and told her   20
All it had known or seen, for it saw much,
Yet idly reasoned what it saw; and called her —
For whence it sprung it knew not, nor do I —
Mother, dear mother.

SPIRIT OF THE EARTH *(running to Asia).*
                    Mother, dearest mother;
May I then talk with thee as I was wont?   25
May I then hide my eyes in thy soft arms,
After thy looks have made them tired of joy?
May I then play beside thee the long noons,
When work is none in the bright silent air?

ASIA
I love thee, gentlest being, and henceforth   30
Can cherish thee unenvied: speak, I pray:
Thy simple talk once solaced, now delights.

SPIRIT OF THE EARTH
Mother, I am grown wiser, though a child
Cannot be wise like thee, within this day;
And happier too; happier and wiser both.   35
Thou knowest that toads, and snakes, and loathly worms,
And venomous and malicious beasts, and boughs
That bore ill berries in the woods, were ever
An hindrance to my walks o'er the green world:
And that, among the haunts of humankind,   40
Hard-featured men, or with proud, angry looks,
Or cold, staid gait, or false and hollow smiles,
Or the dull sneer of self-loved ignorance,
Or other such foul masks, with which ill thoughts
Hide that fair being whom we spirits call man;   45
And women too, ugliest of all things evil,
(Though fair, even in a world where thou art fair,
When good and kind, free and sincere like thee),
When false or frowning made me sick at heart
To pass them, though they slept, and I unseen.   50

mordido pela dipsas, e com ela
confidenciava, pueril e disse   20
o que sabia e via, e muito via,
fazendo pouco caso do que via —
e a chamava, seu rumo não sabendo —
mãe, cara mãe.

    O Espírito da Terra, *correndo para Ásia*
             Mãe, mãe, tão cara mãe!
Posso falar contigo como quero?   25
posso esconder meus olhos nos teus braços,
após cansá-los com tamanha graça?
posso brincar ao lado teu nas tardes
em que a lida se finda no ar silente?

    Ásia
Amo a ti, gentilíssimo ser, ora   30
posso apreciar-te sem inveja. Fala;
teu falar simples, consolado, apraz.

    O Espírito da Terra
Mãe, ora sou mais sábio, mas a criança
sábia não pode ser como tu, hoje;
mais alegre também, alegre e sábia.   35
Sabes que sapos, cobras e vis vermes
e bestas venenosas, maliciosas,
e ramos com maus frutos nas florestas
sempre minhas andanças perturbaram;
e que, entre as moradias dos humanos,   40
homens de feições duras e furiosas,
ou passos graves, frios, sorrisos ocos
e o zombar da ignorância presunçosa
e outras máscaras vis, cuja maldade
esconde o belo ser que homem chamamos   45
e mulheres, dos males os mais feios
(mas belas, neste mundo onde és bela,
se boas, livres e gentis como és),
falsas, cenhosas, me adoecia o peito
passá-las, mesmo em sono, e eu invisto.   50

Well, my path lately lay through a great city
Into the woody hills surrounding it:
A sentinel was sleeping at the gate:
When there was heard a sound, so loud, it shook
The towers amid the moonlight, yet more sweet   55
Than any voice but thine, sweetest of all;
A long, long sound, as it would never end:
And all the inhabitants leaped suddenly
Out of their rest, and gathered in the streets,
Looking in wonder up to Heaven, while yet   60
The music pealed along. I hid myself
Within a fountain in the public square,
Where I lay like the reflex of the moon
Seen in a wave under green leaves; and soon
Those ugly human shapes and visages   65
Of which I spoke as having wrought me pain,
Passed floating through the air, and fading still
Into the winds that scattered them; and those
From whom they passed seemed mild and lovely forms
After some foul disguise had fallen, and all   70
Were somewhat changed, and after brief surprise
And greetings of delighted wonder, all
Went to their sleep again: and when the dawn
Came, wouldst thou think that toads, and snakes, and efts,
Could e'er be beautiful? yet so they were,   75
And that with little change of shape or hue:
All things had put their evil nature off:
I cannot tell my joy, when o'er a lake
Upon a drooping bough with nightshade twined,
I saw two azure halcyons clinging downward   80
And thinning one bright bunch of amber berries,
With quick long beaks, and in the deep there lay
Those lovely forms imaged as in a sky;
So, with my thoughts full of these happy changes,
We meet again, the happiest change of all.   85

ASIA
And never will we part, till thy chaste sister
Who guides the frozen and inconstant moon

Bem, meu caminho atravessava grande
cidade e verdes montes ao redor;
um sentinela nos portões dormia;
quando sequer um som se ouvia, alto,
as torres abalou sob o luar   55
mais doce que qualquer voz salvo a tua;
um longo, longo som, como se infindo;
e os habitantes todos levantaram
de sobressalto, em reunião nas ruas,
a olhar o Céu maravilhados, música   60
ao fundo retumbando. Escondi-me
deitado qual reflexo lunar, visto
em ôndulas sob verdes folhas, numa
praça pública; logo aquelas feias
formas, feições humanas, que citei   65
como causa de tantas dores minhas,
passaram no ar, flutuando e esvaindo-se
nos dispersantes ventos; e por quem
passavam se tornavam formas brandas
e amáveis, e, indo ao chão o vil disfarce,   70
todos foram mudados, e após breve
surpresa, saudações maravilhadas,
foram dormir de novo, e quando a aurora
veio, crês que podiam ser tão belos
sapos, cobras, tritões? e, no entanto, eram,   75
pouco mudando-lhes a forma e cor;
tudo desfez-se da índole perversa;
indizível meu júbilo ao notar
dois alcíones azuis num ramo pênsil
num lago, unido a uma beladona,   80
a pegar um punhado dessas bagas
com seus ligeiros longos bicos, jazem
lá essas formas lindas qual num céu;
e, de alegre mudanças satisfeito,
te reencontro, mudança mais que alegre.   85

    Ásia
Partiremos jamais, té que tua casta
irmã, guia da lua instável, fria,

Will look on thy more warm and equal light
Till her heart thaw like flakes of April snow
And love thee.

SPIRIT OF THE EARTH
    What; as Asia loves Prometheus?   90

ASIA
Peace, wanton, thou art yet not old enough.
Think ye by gazing on each other's eyes
To multiply your lovely selves, and fill
With spherèd fires the interlunar air?

SPIRIT OF THE EARTH
Nay, mother, while my sister trims her lamp   95
'Tis hard I should go darkling.

ASIA
     Listen; look!

      (The SPIRIT OF THE HOUR *enters.)*

PROMETHEUS
We feel what thou hast heard and seen: yet speak.

SPIRIT OF THE HOUR
Soon as the sound had ceased whose thunder filled
The abysses of the sky and the wide earth,
There was a change: the impalpable thin air   100
And the all-circling sunlight were transformed,
As if the sense of love dissolved in them
Had folded itself round the spherèd world.
My vision then grew clear, and I could see
Into the mysteries of the universe: 105
Dizzy as with delight I floated down,
Winnowing the lightsome air with languid plumes,
My coursers sought their birthplace in the sun,
Where they henceforth will live exempt from toil,
Pasturing flowers of vegetable fire;   110

veja tua luz mais igual e cálida,
e qual neve em abril degele o peito
e ame-te.

O Espírito da Terra
Quê, igual Ásia e Prometeu? 90

Ásia
Paz, libertino! Ainda és muito novo.
Pensas que vós multiplicai-vos vendo
um os olhos amáveis do outro, o ar
interlunar preenchendo de ígneos orbes?

O Espírito da Terra
Não, mãe, no que ela a lâmpada mantém, 95
não irei às escuras.

Ásia
Ouve; vê!

(O Espírito da Hora entra.)

Prometeu
Diz: sentimos o que tu viste e ouviste.

O Espírito da Hora
No que cessara o som cujo trovão
os abismos do céu e a terra encheu,
algo mudara; o ar ralo impalpável 100
e a luz do sol onicercante foram
transformados, tal qual se o amor, neles
dissolvido, englobasse todo o mundo.
Minha visão clareou e pude ver
adentrando os mistérios do universo. 105
Desci pairando, zonzo de deleite;
acirandando o ar com plumas lânguidas,
meus corcéis seu local natal buscaram
no sol, onde em repouso viverão,
flores de fogo vegetal pastando, 110

And where my moonlike car will stand within
A temple, gazed upon by Phidian forms
Of thee, and Asia, and the Earth, and me,
And you fair nymphs looking the love we feel, —
In memory of the tidings it has borne, —   115
Beneath a dome fretted with graven flowers,
Poised on twelve columns of resplendent stone,
And open to the bright and liquid sky.
Yoked to it by an amphisbaenic snake
The likeness of those wingèd steeds will mock   120
The flight from which they find repose. Alas,
Whither has wandered now my partial tongue
When all remains untold which ye would hear?
As I have said, I floated to the earth:
It was, as it is still, the pain of bliss   125
To move, to breathe, to be; I wandering went
Among the haunts and dwellings of mankind,
And first was disappointed not to see
Such mighty change as I had felt within
Expressed in outward things; but soon I looked,   130
And behold, thrones were kingless, and men walked
One with the other even as spirits do,
None fawned, none trampled; hate, disdain, or fear,
Self-love or self-contempt, on human brows
No more inscribed, as o'er the gate of hell,   135
"All hope abandon ye who enter here";
None frowned, none trembled, none with eager fear
Gazed on another's eye of cold command,
Until the subject of a tyrant's will
Became, worse fate, the abject of his own,   140
Which spurred him, like an outspent horse, to death.
None wrought his lips in truth-entangling lines
Which smiled the lie his tongue disdained to speak;
None, with firm sneer, trod out in his own heart
The sparks of love and hope till there remained   145
Those bitter ashes, a soul self-consumed,
And the wretch crept a vampire among men,
Infecting all with his own hideous ill;
None talked that common, false, cold, hollow talk

e onde num templo ficará meu carro
lunar, no olhar das formas fidisianas
tuas e de Ásia e minhas e da Terra
e vossas, belas ninfas, vendo o amor
que sentimos — memória dessas novas —,   115
sob cúpula com flores entalhadas,
sobre doze colunas resplendentes,
e aberta ao claro, reluzente céu.
E uma anfisbena subjugada a ela,
a semelhança dos corcéis imita   120
o voo do qual repouso encontram. Ah,
como erra, parcial, a minha língua,
quando nada contei, que ouvir quereis?
como falei, flutuando à terra vim;
era, e é ainda, a dor do regozijo   125
de respirar, mover-se, ser. Vaguei
entre morada e residência humana,
e a princípio fiquei decepcionado
não vendo expressa em coisa externa a forte
mudança que senti; mas logo vi   130
e, Ó, os tronos não tinham reis; unidos,
como espíritos, homens caminhavam
sem lisonja ou ofensa, ódio ou medo,
amor ou desamor próprios, nos rostos
como em porta infernal, não mais se lia,   135
"Deixai, Ó vós que entrais, toda a esperança!"
Ninguém franzia, estremecia ou via
com medo o olhar alheio de comando
té que quem a um tirano se sujeita,
pior, se torna abjeto de si próprio,   140
como um cavalo exausto, guiado à morte.
Nenhum lábio sorria com mentiras,
desdém das línguas, a enredar verdades.
Ninguém, zombando, atropelou no peito
centelhas de esperança e amor, até   145
restarem cinzas, alma consumindo-se
e um vampiro vagando em meio aos homens
a todos infectando com seus males.
Ninguém falava a língua fria e falsa

Which makes the heart deny the yes it breathes,   150
Yet question that unmeant hypocrisy
With such a self-mistrust as has no name.
And women, too, frank, beautiful, and kind
As the free heaven which rains fresh light and dew
On the wide earth, past; gentle radiant forms,   155
From custom's evil taint exempt and pure;
Speaking the wisdom once they could not think,
Looking emotions once they feared to feel,
And changed to all which once they dared not be,
Yet being now, made earth like heaven; nor pride,   160
Nor jealousy, nor envy, nor ill shame,
The bitterest of those drops of treasured gall,
Spoilt the sweet taste of the nepenthe, love.

Thrones, altars, judgement-seats, and prisons; wherein,
And beside which, by wretched men were borne   165
Sceptres, tiaras, swords, and chains, and tomes
Of reasoned wrong, glozed on by ignorance,
Were like those monstrous and barbaric shapes,
The ghosts of a no-more-remembered fame,
Which, from their unworn obelisks, look forth   170
In triumph o'er the palaces and tombs
Of those who were their conquerors: mouldering round,
These imaged to the pride of kings and priests
A dark yet mighty faith, a power as wide
As is the world it wasted, and are now   175
But an astonishment; even so the tools
And emblems of its last captivity,
Amid the dwellings of the peopled earth,
Stand, not o'erthrown, but unregarded now.
And those foul shapes, abhorred by god and man, —   180
Which, under many a name and many a form
Strange, savage, ghastly, dark and execrable,
Were Jupiter, the tyrant of the world;
And which the nations, panic-stricken, served
With blood, and hearts broken by long hope, and love   185
Dragged to his altars soiled and garlandless,
And slain amid men's unreclaiming tears,

que ao peito faz negar o sim que alenta,   150
cismando a hipocrisia involuntária
com autodesconfiança inominável.
E mulheres também, gentis e belas,
como o céu livre chove orvalho e luz
sobre a terra, passaram; formas cândidas   155
do costume do mal puras e isentas;
a falar o saber que não pensavam,
e ver antes temidas emoções,
mudadas no que não ousavam ser,
mas sendo-o, a terra em céu tornaram; nem   160
ciúmes, orgulho, inveja, nem vergonha,
amargas gotas do valioso fel,
turvava o doce do nepente, amor.

Tronos, altares, cortes, prisões; onde
por homens reles foram ostentados   165
cetro, tiara, corrente, espada e tomos
do erro ignorante racionalizado,
eram como as monstruosas formas bárbaras,
fantasmas de não-mais-lembrada fama
a observar de obeliscos intocados   170
sepulturas, palácios em triunfo
de seus conquistadores; apodrecem
os espelhados em régias e litúrgicas
pompas, fé negra e forte, poder amplo
como o mundo que destruiu, são ora   175
senão assombro; como as ferramentas
e emblemas do último em seus cativeiros,
nas moradas da terra populosa,
jazem, não suplantadas: ignoradas.
E as formas vis, odiadas por deus e homem —,   180
que sob palavra vária e forma vária,
torva, execrável, negra, estranha e bárbara,
eram do mundo o seu tirano, Júpiter,
e que as nações em pânico serviam
com sangue e corações que a fé partia   185
sacrificados sujos, sem grinalda
no altar, com pranto de homens resignados,

Flattering the thing they feared, which fear was hate, —
Frown, mouldering fast, o'er their abandoned shrines:
The painted veil, by those who were, called life,   190
Which mimicked, as with colours idly spread,
All men believed or hoped, is torn aside;
The loathsome mask has fallen, the man remains
Sceptreless, free, uncircumscribed, but man
Equal, unclassed, tribeless, and nationless,   195
Exempt from awe, worship, degree, the king
Over himself; just, gentle, wise: but man
Passionless? — no, yet free from guilt or pain,
Which were, for his will made or suffered them,
Nor yet exempt, though ruling them like slaves,   200
From chance, and death, and mutability,
The clogs of that which else might oversoar
The loftiest star of unascended heaven,
Pinnacled dim in the intense inane.

lisonjeando o que temem, medo e ódio —,
franzem, apodrecendo em templos ermos.
O tinto véu, que aqueles chamam vida, 190
que imitava qual cor de nuance vaga
o que o homem espera e crê, se rompe:
cai a máscara odiosa, o homem vive
livre, sem cetro e restrição, mas homem
igual, sem classe e tribo, sem nação, 195
de temor, culto e casta isento, o rei
de si; bom, sábio e íntegro; mas homem,
sem paixões? — não, mas livre da dor, culpa,
sofridas, feitas pela sua vontade;
não ainda isento, mas tornando servas 200
a sorte, morte e mutabilidade,
as obstruções do que sobrevoaria
o astro mais alto do inascenso céu
passado turvo pela inânia intensa.

ACT IV

Scene.
A Part of the Forest near the Cave of PROMETHEUS. PANTHEA *and* IONE *are sleeping: they awaken gradually during the first Song.*

VOICE OF UNSEEN SPIRITS
 The pale stars are gone!
  For the sun, their swift shepherd,
   To their folds them compelling,
  In the depths of the dawn,
 Hastes, in meteor-eclipsing array, and they flee   5
   Beyond his blue dwelling,
   As fawns flee the leopard.
 But where are ye?

A Train of dark FORMS *and* SHADOWS *passes by confusedly, singing.*

 Here, oh, here:
 We bear the bier   10
 Of the Father of many a cancelled year!
 Spectres we
 Of the dead Hours be,
 We bear Time to his tomb in eternity.

 Strew, oh, strew   15
 Hair, not yew!
 Wet the dusty pall with tears, not dew!
 Be the faded flowers
 Of Death's bare bowers
 Spread on the corpse of the King of Hours!   20
 Haste, oh, haste!
 As shades are chased,
 Trembling, by day, from heaven's blue waste.
 We melt away,
 Like dissolving spray,   25
 From the children of a diviner day,
 With the lullaby
 Of winds that die
 On the bosom of their own harmony!

ATO IV

Cena:
Parte de uma Floresta próxima à Caverna de PROMETEU. PANTEIA e IONE dormem: elas despertam gradualmente durante a primeira canção.

> VOZ DE ESPÍRITOS INVISÍVEIS
> O céu astral se fora!
>   No que o sol-pastor guia
>   as estrelas ao redil
>   no abismo da aurora,
> eclipsante e apressado, e elas, além   5
>   de sua azul moradia,
>   fogem qual cervo arredio.
> Onde estais, porém?

(Uma Procissão de Sombras e Vultos negros passa confusamente, cantando.)

> Vamos, vamos:
> o esquife portamos   10
> do pai de muitos cancelados anos!
> Somos umbras
> das Horas fundas
> levando o Tempo à sua eterna tumba.
>
> Lancemos, lancemos   15
> não folhas, cabelos,
> com pranto e não rocio o pálio molhemos!
> Espalhe-se a flora
> que a morte descora
> sobre o cadáver do Senhor das Horas!   20
> Oh, depressa!
> a sombra cessa,
> trêmula, o céu azul a atravessa.
> Nos diluímos,
> salpico fino,   25
> dos filhos do que é um dia mais divino,
> co'o ninar
> do vento a expirar
> no peito da harmonia em si no ar!

IONE

What dark forms were they? 30

PANTHEA

The past Hours weak and gray,
With the spoil which their toil
  Raked together
From the conquest but One could foil.

IONE

Have they passed?

PANTHEA

                    They have passed; 35
  They outspeeded the blast,
While 'tis said, they are fled:

IONE

  Whither, oh, whither?

PANTHEA

  To the dark, to the past, to the dead.

VOICE OF UNSEEN SPIRITS

  Bright clouds float in heaven, 40
      Dew-stars gleam on earth,
    Waves assemble on ocean,
  They are gathered and driven
By the storm of delight, by the panic of glee!
    They shake with emotion, 45
      They dance in their mirth.
But where are ye?

  The pine boughs are singing
      Old songs with new gladness,
    The billows and fountains 50
  Fresh music are flinging,
Like the notes of a spirit from land and from sea;
    The storms mock the mountains

IONE
Quem tais sombras são? 30

PANTEIA
Das Horas o vulto malsão,
na felícia que a lida espolia
  e esconde
daquilo que Um só frustrar podia.

IONE
Passaram?

PANTEIA
                    Passaram; 35
  mais que o vento voaram,
falo, e estão já absortos.

IONE
Aonde, oh, aonde?

PANTEIA
À treva, aos que passaram, aos mortos.

VOZ DE ESPÍRITOS INVISÍVEIS
Nuvens no céu alçadas, 40
    brilha ao chão o rorejo,
  ondas vêm reunidas,
chegando, guiadas
na tormenta do gozo, o pavor do bem!
    E tremem condoídas 45
    em dançar sobejo.
Onde estais, porém?

Com nova graça entoam
  os ramos velhas canções,
    as vagas e as fontes 50
  frescas notas ressoam,
como de gênio da terra, e mar também,
    o temporal imita os montes

With the thunder of gladness.
But where are ye? 55

IONE
What charioteers are these?

PANTHEA
Where are their chariots?

SEMICHORUS OF HOURS
The voice of the Spirits of Air and of Earth
Have drawn back the figured curtain of sleep
Which covered our being and darkened our birth
In the deep.

A VOICE
In the deep?

SEMICHORUS II
Oh, below the deep. 60

SEMICHORUS I
An hundred ages we had been kept
Cradled in visions of hate and care,
And each one who waked as his brother slept,
Found the truth —

SEMICHORUS II
Worse than his visions were!

SEMICHORUS I
We have heard the lute of Hope in sleep; 65
We have known the voice of Love in dreams;
We have felt the wand of Power, and leap —

SEMICHORUS II
As the billows leap in the morning beams!

CHORUS
Weave the dance on the floor of the breeze,

com graciosos trovões.
Onde estais, porém? 55

Ione

Quem são estes aurigas?

Panteia

                    E onde os carros?

Semicoro das Horas

Dos Espíritos Voz, da Terra e Ar,
  tirara as cortinas do soporismo
a encobrir-nos, e o ser nos entrevar
  no abismo.

Uma voz
          No abismo?

Semicoro 2

                        Sob o abismo. 60

Semicoro 1

Por cem anos um berço nos mantinha
  em visões de ódio e preocupações,
e quem acordava, se o irmão dormia,
  via a verdade —

Semicoro 2
              Pior que as visões!

Semicoro 1

Em sono o lude da Fé escutamos; 65
  em sonho a voz sabemos do Amor;
o Poder sentimos e saltamos —

Semicoro 2

Como a vaga a saltar à luz do alvor!

Coro

Tecei a dança sobre o chão da brisa,

Pierce with song heaven's silent light, 70
Enchant the day that too swiftly flees,
To check its flight ere the cave of Night.

Once the hungry Hours were hounds
Which chased the day like a bleeding deer,
And it limped and stumbled with many wounds 75
Through the nightly dells of the desert year.

But now, oh weave the mystic measure
Of music, and dance, and shapes of light,
Let the Hours, and the spirits of might and pleasure,
Like the clouds and sunbeams, unite.

A VOICE

Unite! 80

Panthea.
See, where the Spirits of the human mind
Wrapped in sweet sounds, as in bright veils, approach.

CHORUS OF SPIRITS
We join the throng
Of the dance and the song,
By the whirlwind of gladness borne along; 85
As the flying-fish leap
From the Indian deep,
And mix with the sea-birds, half asleep.

CHORUS OF HOURS
Whence come ye, so wild and so fleet,
For sandals of lightning are on your feet, 90
And your wings are soft and swift as thought,
And your eyes are as love which is veilèd not?

CHORUS OF SPIRITS
We come from the mind
Of human kind
Which was late so dusk, and obscene, and blind, 95
Now 'tis an ocean

furei em canto a célia luz taciturna,   70
o dia encantai, que presta fuga visa,
    quando pousa ante a gruta Noturna.

Antes eram as horas sabujos
    a caçar com fome os dias-cervos,
que coxeavam, sangrentos, sujos,   75
    nos noturnos vales de anos desertos.

Mas ora vinde o encanto tecer
    da canção, dança e lumes por vir
que as Horas e gênios de força e prazer
    venham, quais nuvens e o sol, se unir.

UMA VOZ

                                                  Se unir!   80

PANTEIA
Vede, onde espíritos da humana mente
por doces sons, quais véus, cobertos, chegam.

CORO DE ESPÍRITOS
À procissão
de dança e canção
viemos, com sutil furacão;   85
como peixes voando
do pego indiano,
com aves sonolentas se mesclando.

CORO DAS HORAS
De onde vindes, selvagens e gaios,
tendo aos pés sandálias de raios,   90
de asa presta e suave qual pensar,
de olhos como o amor, sem se velar?

CORO DE ESPÍRITOS
Viemos da mente
da humana gente,
outrora escura, cega, indecente,   95
agora oceano

Of clear emotion,
A heaven of serene and mighty motion

From that deep abyss
Of wonder and bliss,   100
Whose caverns are crystal palaces;
From those skiey towers
Where Thought's crowned powers
Sit watching your dance, ye happy Hours!

From the dim recesses   105
Of woven caresses,
Where lovers catch ye by your loose tresses
From the azure isles,
Where sweet Wisdom smiles,
Delaying your ships with her siren wiles.   110

From the temples high
Of Man's ear and eye,
Roofed over Sculpture and Poesy;
From the murmurings
Of the unsealed springs   115
Where Science bedews her Dædal wings.

Years after years,
Through blood, and tears,
And a thick hell of hatreds, and hopes, and fears;
We waded and flew,   120
And the islets were few
Where the bud-blighted flowers of happiness grew.

Our feet now, every palm,
Are sandalled with calm,
And the dew of our wings is a rain of balm;   125
And, beyond our eyes,
The human love lies
Which makes all it gazes on Paradise.

CHORUS OF SPIRITS AND HOURS
Then weave the web of the mystic measure;

de sentir diáfano,
céu do moto forte e humano.

Da fossa abissal,
transcendental,   100
com grutas de paço em cristal;
de altos pavimentos
em que os Pensamentos
das horas gaias veem os movimentos!

Das brechas escuras   105
de afagos-texturas
onde amantes vos tocam nas tranças puras;
de ilhas anis,
tu, Saber, sorris
ao atrasar navios com teus ardis.   110

Do templo erguido
do humano sentido
da Poesia e da Escultura abrigo;
pela cadência
das fontes, a essência,   115
onde as asas dedáleas molha a Ciência.

Por anos demais,
entre sangue e ais,
e ânsia, medo e ódio infernais;
voamos sem via,   120
ilhas não havia
para medrarem brotos de alegria.

Já nossos pés, cada palma,
têm sandálias de calma,
e o rocio à asa é bálsamo à alma;   125
e além do olhar
o humano amar
emparaísa o que vem mirar.

    Coro de Espíritos e Horas
Vinde a teia do encanto tecer;

From the depths of the sky and the ends of the earth,   130
Come, swift Spirits of might and of pleasure,
    Fill the dance and the music of mirth,
As the waves of a thousand streams rush by
To an ocean of splendour and harmony!

CHORUS OF SPIRITS
    Our spoil is won,   135
    Our task is done,
    We are free to dive, or soar, or run;
    Beyond and around,
    Or within the bound
    Which clips the world with darkness round.   140

    We'll pass the eyes
    Of the starry skies
    Into the hoar deep to colonize:
    Death, Chaos, and Night,
    From the sound of our flight,   145
    Shall flee, like mist from a tempest's might.

    And Earth, Air, and Light,
    And the Spirit of Might,
    Which drives round the stars in their fiery flight;
    And Love, Thought, and Breath,   150
    The powers that quell Death,
    Wherever we soar shall assemble beneath.

    And our singing shall build
    In the void's loose field
    A world for the Spirit of Wisdom to wield;   155
    We will take our plan
    From the new world of man,
    And our work shall be called the Promethean.

CHORUS OF HOURS
    Break the dance, and scatter the song;
        Let some depart, and some remain.   160

SEMICHORUS I
    We, beyond heaven, are driven along:

do fundo do céu, da terra os confins,   130
vinde, Gênios da força e prazer,
    trazei canção e dança sem fim
no correr das ondas de mil flumes
a um mar de harmonias e lumes!

        CORO DE ESPÍRITOS
No espólio de guerra,   135
a lida se encerra
liberdade que corre e voa e erra;
aqui e além
e dentro também
nos limites que o mundo em trevas cobrem.   140

Do olho passado
do céu estrelado
ao golfo gris a ser colonizado;
Caos, Noite e Morte
longe têm seu norte   145
como a névoa teme do alúvio o porte.

E Ar, Terra e Luz,
e o astro que reluz,
no que o Gênio da Força o conduz;
e o Pensar, Amor e Alento   150
que à Morte dá encerramento,
se reunirão sob nosso movimento.

A cantar, a construir,
pelo vácuo a ruir,
um mundo para o Saber brandir;   155
faremos o plano
p'r'o novo mundo humano,
o feito que se chamará prometeano.

        CORO DAS HORAS
Todos dancemos, canto espalhamos;
    cada um à parte designada;   160

        SEMICORO I
Nós além do céu nos vamos:

SEMICHORUS II
    Us the enchantments of earth retain:

SEMICHORUS I
    Ceaseless, and rapid, and fierce, and free,
    With the Spirits which build a new earth and sea,
    And a heaven where yet heaven could never be.   165

SEMICHORUS II
    Solemn, and slow, and serene, and bright,
    Leading the Day and outspeeding the Night,
    With the powers of a world of perfect light.

SEMICHORUS I
    We whirl, singing loud, round the gathering sphere,
    Till the trees, and the beasts, and the clouds appear   170
    From its chaos made calm by love, not fear.

SEMICHORUS II
    We encircle the ocean and mountains of earth,
    And the happy forms of its death and birth
    Change to the music of our sweet mirth.

CHORUS OF HOURS AND SPIRITS
    Break the dance, and scatter the song,   175
      Let some depart, and some remain,
    Wherever we fly we lead along
    In leashes, like starbeams, soft yet strong,
      The clouds that are heavy with love's sweet rain.

PANTHEA
Ha! they are gone!

IONE
                    Yet feel you no delight   180
From the past sweetness?

PANTHEA
                    As the bare green hill

SEMICORO 2
Nós, a terra prende, encantada:

SEMICORO 1
Livres, bravos, sem cessar,
com gênios recriando a terra e o mar,
céu onde o céu não pôde durar.   165

SEMICORO 2
Lentos, graves, em paz luzidia,
vencendo a Noite, a orientar o Dia,
co'a plena luz que seu mundo irradia.

SEMICORO 1
Cantando, rodeamos esta esfera
té que surjam nuvens, plantas, feras   170
de seu caos, calmo de amor, não guerra.

SEMICORO 2
Cingimos da terra o mar, precipícios,
as gaias formas de mortes e inícios
mudam às notas dos bons auspícios.

CORO DAS HORAS E ESPÍRITOS
Todos dancemos, canto espalhemos;   175
    cada um à parte designada,
nós trazemos onde voamos
    qual ástrea luz, branda e forte, cada
    nuvem da chuva do amor pesada.

PANTEIA
Foram-se, ah!

IONE
                            Mas tu não te deleitas   180
co'a graça que passou?

PANTEIA
                            Quais verdes montes,

When some soft cloud vanishes into rain,
Laughs with a thousand drops of sunny water
To the unpavilioned sky!

IONE
                        Even whilst we speak
New notes arise. What is that awful sound?   185

PANTHEA
'Tis the deep music of the rolling world
Kindling within the strings of the waved air
Æolian modulations.

IONE
                        Listen too,
How every pause is filled with under-notes,
Clear, silver, icy, keen, awakening tones,   190
Which pierce the sense, and live within the soul,
As the sharp stars pierce winter's crystal air
And gaze upon themselves within the sea.

PANTHEA
But see where through two openings in the forest
Which hanging branches overcanopy,   195
And where two runnels of a rivulet,
Between the close moss violet-inwoven,
Have made their path of melody, like sisters
Who part with sighs that they may meet in smiles,
Turning their dear disunion to an isle   200
Of lovely grief, a wood of sweet sad thoughts;
Two visions of strange radiance float upon
The ocean-like enchantment of strong sound,
Which flows intenser, keener, deeper yet
Under the ground and through the windless air.   205

IONE
I see a chariot like that thinnest boat,
In which the Mother of the Months is borne
By ebbing light into her western cave,
When she upsprings from interlunar dreams;

quando suave nuvem some em chuva,
rindo em mil gotas d'água ensolarada
ao céu sem pavilhões.

IONE

                    Enquanto falo,
vêm novas notas. Que é tal som sublime?   185

PANTEIA
É a grave música do mundo em voltas
nas cordas do ondulante ar aquecendo
eólias modulações.

IONE

                    Também escuta
como subnotas preenchem cada pausa,
tons de vigília argênteos, claros, gélidos,   190
que furam o sentido e na alma vivem,
como furam os astros o ar do inverno
cristalino, mirando-se no mar.

PANTEIA
Vê, por duas clareiras na floresta
que o velário de pênseis ramos cobre   195
e onde dois veios de um arroio, entre
os musgos de violeta enflorescentes,
traçam mavioso rumo, quais irmãs
que partem com suspiros e em sorrisos
reúnem-se, a desunião tornada em ilha   200
de amável dor, pensares agridoces;
duas visões de estranho brilho pairam
sobre o encanto oceânico do som,
que fluem mais graves, fortes, mais intensas,
subterrâneas, e pelos ares calmos.   205

IONE
Vejo um carro qual barco dos mais finos
que leva a Mãe dos Meses na vazante
da noite até a caverna ocidental,
quando de interlunares sonhos surge;

O'er which is curved an orblike canopy   210
Of gentle darkness, and the hills and woods,
Distinctly seen through that dusk aery veil,
Regard like shapes in an enchanter's glass;
Its wheels are solid clouds, azure and gold,
Such as the genii of the thunderstorm   215
Pile on the floor of the illumined sea
When the sun rushes under it; they roll
And move and grow as with an inward wind;
Within it sits a wingèd infant, white
Its countenance, like the whiteness of bright snow,   220
Its plumes are as feathers of sunny frost,
Its limbs gleam white, through the wind-flowing folds
Of its white robe, woof of ethereal pearl.
Its hair is white, the brightness of white light
Scattered in strings; yet its two eyes are heavens   225
Of liquid darkness, which the Deity
Within seems pouring, as a storm is poured
From jaggèd clouds, out of their arrowy lashes,
Tempering the cold and radiant air around,
With fire that is not brightness; in its hand   230
It sways a quivering moonbeam, from whose point
A guiding power directs the chariot's prow
Over its wheelèd clouds, which as they roll
Over the grass, and flowers, and waves, wake sounds,
Sweet as a singing rain of silver dew.   235

Panthea
And from the other opening in the wood
Rushes, with loud and whirlwind harmony,
A sphere, which is as many thousand spheres,
Solid as crystal, yet through all its mass
Flow, as through empty space, music and light: 240
Ten thousand orbs involving and involved,
Purple and azure, white, and green, and golden,
Sphere within sphere; and every space between
Peopled with unimaginable shapes,
Such as ghosts dream dwell in the lampless deep,   245
Yet each inter-transpicuous, and they whirl
Over each other with a thousand motions,

em que se curva o orbe de um velário   210
de amena treva e bosques e colinas
no aéreo véu crepuscular distintos,
miram quais vultos num espelho mágico;
rodas de nuvens, áureas, azuis, sólidas,
como as que os gênios da procela sobre   215
o leito do radiante mar empilham
no que sob ele corre o sol; e rolam,
movem-se e crescem como se insufladas;
dentro, senta um infante alado — brancas
as feições, qual brancura de alva neve   220
as plumas, como gelo ensolarado,
os membros brilham brancos, pelo aéreo
robe branco, de etérea trama pérola,
branca coma, clarão de branca luz
difusa em fios, porém são céus os olhos   225
de treva líquida, a jorrar, parece,
da Deidade interior, como a tormenta
de tortas nuvens jorra, os prestos cílios
temperando o ar radiante e frio em torno
com fogo que clarão não é; na mão   230
agita um trêmulo luar, que a proa
do carro guia, co'o poder à ponta,
sobre as nuvens de rodas, que, passando
sobre flor, relva e vaga, sons despertam,
doces como o chover de orvalho argênteo.   235

PANTEIA
E, duma outra clareira na floresta,
corre nos vendavais harmoniosa
uma esfera, tal como mil esferas;
sólida qual cristal, mas por sua massa
como se no vazio, fluem luz e música;   240
dez mil orbes envoltos e envolventes,
azuis e roxos, alvos, verdes e áureos,
esferas em esferas; cada espaço
dentro, inimagináveis formas guarda,
quais sonhos fantasmais em negro abismo;   245
mas interdiáfana cada uma; e giram,
com movimentos mil, umas sobre outras,

Upon a thousand sightless axles spinning,
And with the force of self-destroying swiftness,
Intensely, slowly, solemnly roll on,   250
Kindling with mingled sounds, and many tones,
Intelligible words and music wild.
With mighty whirl the multitudinous orb
Grinds the bright brook into an azure mist
Of elemental subtlety, like light;   255
And the wild odour of the forest flowers,
The music of the living grass and air,
The emerald light of leaf-entangled beams
Round its intense yet self-conflicting speed,
Seem kneaded into one aëreal mass   260
Which drowns the sense. Within the orb itself,
Pillowed upon its alabaster arms,
Like to a child o'erwearied with sweet toil,
On its own folded wings, and wavy hair,
The Spirit of the Earth is laid asleep,   265
And you can see its little lips are moving,
Amid the changing light of their own smiles,
Like one who talks of what he loves in dream.

IONE
'Tis only mocking the orb's harmony.

PANTHEA
And from a star upon its forehead, shoot,   270
Like swords of azure fire, or golden spears
With tyrant-quelling myrtle overtwined,
Embleming heaven and earth united now,
Vast beams like spokes of some invisible wheel
Which whirl as the orb whirls, swifter than thought,   275
Filling the abyss with sun-like lightenings,
And perpendicular now, and now transverse,
Pierce the dark soil, and as they pierce and pass,
Make bare the secrets of the earth's deep heart;
Infinite mines of adamant and gold,   280
Valueless stones, and unimagined gems,
And caverns on crystalline columns poised
With vegetable silver overspread;

sobre mil eixos rodopiando informes,
e rolam, devagar, intensas, lentas
com autodestrutiva rapidez,   250
aquecendo, com mistos sons e tons,
palavras insondáveis, feroz música.
O multitudinário orbe mói,
girando, o claro lago em névoa azul
de sutileza elemental, qual luz;   255
e de flores silvestres o odor bárbaro,
a música da relva e ar viventes,
a esmeraldina luz enleada às folhas
pela intensa presteza conflitante
parece fazer parte de uma massa   260
aérea que o sentido afoga. No orbe,
acomodada em braços de alabastro
como criança cansada em brincadeiras,
sobre as asas dobradas e seus cachos
o Espírito da Terra jaz dormindo,   265
e podes ver seus lábios se mexendo,
entre a mutável luz de seus sorrisos,
como quem fala em sonho do que ama.

     Ione
Imita apenas a harmonia do orbe.

     Panteia
E de uma estrela sobre a fronte emanam   270
quais lanças d'ouro, ou sabres de azuis chamas,
co'a murta que tiranos sobrepuja,
de unidos céu e terra agora emblemas,
como em roda invisível, vastos raios,
que co'o orbe giram, prestos mais que a mente,   275
todo o abismo um clarão semissolar,
e, perpendicular ou transversal,
perfuram, negro, o solo, e, perfurando,
despem segredos do âmago da terra;
mina infinita d'ouro e adamante,   280
inestimáveis pedras, gemas nunca
sonhadas, grutas de colunas diáfanas
sob espraiada prata vegetal;

Wells of unfathomed fire, and water springs
Whence the great sea, even as a child is fed,   285
Whose vapours clothe earth's monarch mountain-tops
With kingly, ermine snow. The beams flash on
And make appear the melancholy ruins
Of cancelled cycles; anchors, beaks of ships;
Planks turned to marble; quivers, helms, and spears,   290
And gorgon-headed targes, and the wheels
Of scythèd chariots, and the emblazonry
Of trophies, standards, and armorial beasts,
Round which death laughed, sepulchred emblems
Of dead destruction, ruin within ruin!   295
The wrecks beside of many a city vast,
Whose population which the earth grew over
Was mortal, but not human; see, they lie,
Their monstrous works, and uncouth skeletons,
Their statues, homes and fanes; prodigious shapes   300
Huddled in gray annihilation, split,
Jammed in the hard, black deep; and over these,
The anatomies of unknown wingèd things,
And fishes which were isles of living scale,
And serpents, bony chains, twisted around   305
The iron crags, or within heaps of dust
To which the tortuous strength of their last pangs
Had crushed the iron crags; and over these
The jaggèd alligator, and the might
Of earth-convulsing behemoth, which once   310
Were monarch beasts, and on the slimy shores,
And weed-overgrown continents of earth,
Increased and multiplied like summer worms
On an abandoned corpse, till the blue globe
Wrapped deluge round it like a cloak, and they   315
Yelled, gasped, and were abolished; or some God
Whose throne was in a comet, passed, and cried,
"Be not!" And like my words they were no more.

THE EARTH
 The joy, the triumph, the delight, the madness!
  The boundless, overflowing, bursting gladness,   320
 The vaporous exultation not to be confined!

poços com insondada chama e fontes
que, desde criança, o grande mar alentam,   285
cujo vapor os régios picos traja
com régia neve–arminho. Reluzindo,
os raios mostram ruínas melancólicas
de ciclos cancelados; proas e âncoras,
pranchas marmóreas; elmo, aljava e lança,   290
e tarjas de gorgôneo rosto, as rodas
de ceifadores carros, brasonários
de troféus, estandartes, bestas de armas,
riso da morte, sepulcrais emblemas
de morta destruição, ruínas em ruínas!   295
Os destroços ao lado de urbes vastas,
cuja população foi inumada
mortal, mas inumana; jazem, vês,
monstruosas obras e esqueletos rústicos,
estátuas, lares, templos, prodigiosas   300
formas em gris exício divididas
no fundo, negro pélago; e, sobre elas,
de aladas coisas sua anatomia,
e peixes, ilhas vivas escamosas,
e serpes, ósseos grilhos retorcidos   305
em férreas penhas ou poeira aos montes
a que a tortuosa força dessas presas
as férreas penhas reduzira; acima
do áspero crocodilo, e o vigor
do beemote treme–terra, outrora   310
bestas monarcas, que em lodosas costas
e herbosos continentes sobre a terra,
quais vermes num cadáver pelo estio,
cresceram, se multiplicaram, té
o globo azul velar-se de um dilúvio   315
que os aboliu, ou veio um Deus, de trono
de cometa, mandando, "Não sejais!",
e como estas palavras, não mais foram.

    A Terra
A graça, o triunfo, o deleite, a loucura!
a alegria sem fim que inunda e estoura,   320
a vaporosa exultação inconfinada!

Ha! ha! the animation of delight
Which wraps me, like an atmosphere of light,
And bears me as a cloud is borne by its own wind.

THE MOON

Brother mine, calm wanderer,   325
Happy globe of land and air,
Some Spirit is darted like a beam from thee,
Which penetrates my frozen frame,
And passes with the warmth of flame,
With love, and odour, and deep melody   330
Through me, through me!

THE EARTH

Ha! ha! the caverns of my hollow mountains,
My cloven fire-crags, sound-exulting fountains
Laugh with a vast and inextinguishable laughter.
The oceans, and the deserts, and the abysses,   335
And the deep air's unmeasured wildernesses,
Answer from all their clouds and billows, echoing after.

They cry aloud as I do. Sceptred curse,
Who all our green and azure universe
Threatenedst to muffle round with black destruction, sending   340
A solid cloud to rain hot thunderstones,
And splinter and knead down my children's bones,
All I bring forth, to one void mass battering and blending, —

Until each crag-like tower, and storied column,
Palace, and obelisk, and temple solemn,   345
My imperial mountains crowned with cloud, and snow, and fire;
My sea-like forests, every blade and blossom
Which finds a grave or cradle in my bosom,
Were stamped by thy strong hate into a lifeless mire:

How art thou sunk, withdrawn, covered, drunk up   350
By thirsty nothing, as the brackish cup
Drained by a desert-troop, a little drop for all;
And from beneath, around, within, above,
Filling thy void annihilation, love
Burst in like light on caves cloven by the thunder-ball.   355

Ah! Ah! a animação do deleite
que envolve, como nuvem que deite
em seu vento, como atmosfera alumiada.

A Lua
Irmão meu, calmo a vagar,   325
alegre globo, terra e ar,
    de ti um 'spírito salta, um lume,
penetra minha forma fria
passando com sua melodia,
    e amor, forte ardor, perfume,   330
    que rume, que rume!

A Terra
Ah! Ah! as grutas de meus ocos montes,
as ígneas penhas, ribombantes fontes,
riem com seus inextinguíveis vastos risos.
    Imensuráveis ermos do ar profundo   335
    respondem pelas nuvens sobre o mundo,
em eco com oceanos, desertos e abismos.

Comigo gritam. Praga com seu cetro,
que ao nosso cosmo azul lançaste o 'spectro
da negra, ameaçada destruição, enviando   340
    nuvens de pedras de trovão do céu,
    moendo os ossos de todo filho meu,
tudo isso trago, massa-vácuo se mesclando —,

até que as torres e bastiões vertentes,
paço, obelisco e templos eminentes   345
meus montes coroados de nuvens, neve e chama;
    meus bosques-mares, pétala e nervura,
    que em mim encontram berço ou sepultura,
por teu ódio viraram ermos charco e lama:

como vais embebido, fundo e baço,   350
pelo nada sedento, um copo salso
com poucas gotas, esvaziado entre a legião;
    e acima, abaixo, dentro e ao redor
    preenchendo-te a aniquilação, o amor
qual luz, estoura, em grutas que fende o trovão.   355

THE MOON

The snow upon my lifeless mountains
Is loosened into living fountains,
    My solid oceans flow, and sing, and shine:
A spirit from my heart bursts forth,
It clothes with unexpected birth   360
    My cold bare bosom: Oh! it must be thine
    On mine, on mine!

Gazing on thee I feel, I know
Green stalks burst forth, and bright flowers grow,
    And living shapes upon my bosom move: 365
Music is in the sea and air,
Wingèd clouds soar here and there,
    Dark with the rain new buds are dreaming of:
    'Tis love, all love!

THE EARTH

    It interpenetrates my granite mass,   370
        Through tangled roots and trodden clay doth pass
Into the utmost leaves and delicatest flowers;
        Upon the winds, among the clouds 'tis spread,
        It wakes a life in the forgotten dead,
They breathe a spirit up from their obscurest bowers.   375

    And like a storm bursting its cloudy prison
        With thunder, and with whirlwind, has arisen
Out of the lampless caves of unimagined being:
        With earthquake shock and swiftness making shiver
        Thought's stagnant chaos, unremoved for ever,   380
Till hate, and fear, and pain, light-vanquished shadows, fleeing,
    Leave Man, who was a many-sided mirror,
    Which could distort to many a shape of error,
This true fair world of things, a sea reflecting love;
    Which over all his kind, as the sun's heaven   385
    Gliding o'er ocean, smooth, serene, and even,
Darting from starry depths radiance and life, doth move:

    Leave Man, even as a leprous child is left,
    Who follows a sick beast to some warm cleft

A Lua

Sem vida, a neve dos meus montes
se solta e forma vivas fontes,
    meus mares fluem, brilham, cantam: meu
peito frio e nu se veste
no que este espírito brusco cresce   360
    em meu coração: Ah! ele é o teu
        no meu, no meu!

Eu sei e sinto ao mirar-te
que existe vida em toda parte
    no peito meu, rebenta o broto, a flor: 365
canta céu e mar, aladas
nuvens voam, carregadas
    da chuva, verde sonho em seu negror:
        amor, amor!

A Terra

Penetra minha granitosa massa,   370
por barro e raízes densas ele passa
    até as mais finas flores, longínqua folhagem
nos ventos, entre as nuvens ele espalha
as almas alentando na mortalha,
    reavivando-as em sua escura ramagem.   375

Como a tormenta irrompe em sua prisão
de nuvens, com rajadas e trovão,
de escuras grutas do inimaginável ser
    vem no tremor fremir a permanente
    estagnação caótica da mente,   380
até que o ódio, o medo, a dor, a correr,
quais sombras, deixem o Homem, antes 'spelho
que em muitos lados distorcia em erro
    as coisas deste belo mundo, mar que amor
reflete e sobre a raça inteira move   385
tal como o sol do céu, que a pairar chove
    sereno e justo, de ástreos confins o esplendor:

Deixai o Homem, qual um leproso infante
que as bestas doentes segue até diante

Of rocks, through which the might of healing springs is poured;   390
   Then when it wanders home with rosy smile,
   Unconscious, and its mother fears awhile
It is a spirit, then, weeps on her child restored.

   Man, oh, not men! a chain of linkèd thought,
   Of love and might to be divided not,   395
Compelling the elements with adamantine stress;
   As the sun rules, even with a tyrant's gaze,
   The unquiet republic of the maze
Of planets, struggling fierce towards heaven's free wilderness.

   Man, one harmonious soul of many a soul,   400
   Whose nature is its own divine control,
Where all things flow to all, as rivers to the sea;
   Familiar acts are beautiful through love;
   Labour, and pain, and grief, in life's green grove
Sport like tame beasts, none knew how gentle they could be!   405

   His will, with all mean passions, bad delights,
   And selfish cares, its trembling satellites,
A spirit ill to guide, but mighty to obey,
   Is as a tempest-wingèd ship, whose helm
   Love rules, through waves which dare not overwhelm,   410
Forcing life's wildest shores to own its sovereign sway.

   All things confess his strength. Through the cold mass
   Of marble and of colour his dreams pass;
Bright threads whence mothers weave the robes their children wear;
   Language is a perpetual Orphic song,   415
   Which rules with Dædal harmony a throng
Of thoughts and forms, which else senseless and shapeless were.

   The lightning is his slave; heaven's utmost deep
   Gives up her stars, and like a flock of sheep
They pass before his eye, are numbered, and roll on!   420
   The tempest is his steed, he strides the air;
   And the abyss shouts from her depth laid bare,
Heaven, hast thou secrets? Man unveils me; I have none.

das rochas em que a água que cura é jorrada; 390
e quando volta à casa sorridente
sem ter consciência, hesita a mãe, temente
    ser quimera, e na criança chora, restaurada.

O Homem, não homens! Elos do pensar,
de amor, poder, p'ra não se separar, 395
    com força adamantina dobra os elementos;
como governa o sol, vista tirana,
a república inquieta e dedaliana
    dos orbes, que procuram confins do firmamento.

Homem, alma harmoniosa em sua ventura, 400
cujo controle é a própria natura
    e tudo a tudo flui, tal como ao mar o rio;
ações usuais são belas pelo amor;
no bosque-vida, dor, pesar, labor
    são besta mansa, pasmadamente gentil! 405

A vontade, em paixões más, maus contentos,
e, à órbita, os egóticos tormentos,
    péssimo gênio-guia, mas servo sobejo,
é à vida qual navio revolto: ao leme
o amor, sob ele a vaga imbele treme, 410
    e as praias força ao seu soberano manejo.

Tudo admite-lhe a força. Na fria massa
do mármore e da cor seu sonho passa;
    dos trajes que a mãe tece aos filhos o tecido;
a língua, eterna órfica canção, 415
rege em dedáleo acordo o turbilhão
    de pensamentos, antes sem forma ou sentido.

O raio o serve; os fins do céu, fronteiros,
os astros cedem, passam qual cordeiros
    por seu olhar e vão-se, contados, um a um! 420
O Homem monta o corcel-tormenta no ar;
gritam abismos, ao se desnudar,
    tens segredos, céu? o Homem deixou-me nenhum.

THE MOON
The shadow of white death has passed
From my path in heaven at last,   425
A clinging shroud of solid frost and sleep;
And through my newly-woven bowers,
Wander happy paramours,
Less mighty, but as mild as those who keep
Thy vales more deep.   430

THE EARTH
As the dissolving warmth of dawn may fold
A half unfrozen dew-globe, green, and gold,
And crystalline, till it becomes a wingèd mist,
And wanders up the vault of the blue day,
Outlives the moon, and on the sun's last ray   435
Hangs o'er the sea, a fleece of fire and amethyst.

THE MOON
Thou art folded, thou art lying
In the light which is undying
Of thine own joy, and heaven's smile divine;
All suns and constellations shower   440
On thee a light, a life, a power
Which doth array thy sphere; thou pourest thine
On mine, on mine!

THE EARTH
I spin beneath my pyramid of night,
Which points into the heavens dreaming delight,   445
Murmuring victorious joy in my enchanted sleep;
As a youth lulled in love-dreams faintly sighing,
Under the shadow of his beauty lying,
Which round his rest a watch of light and warmth doth keep.

THE MOON
As in the soft and sweet eclipse,   450
When soul meets soul on lovers' lips,
High hearts are calm, and brightest eyes are dull;
So when thy shadow falls on me,
Then am I mute and still, by thee

A Lua

Da morte a sombra alva em meu
caminho passa então ao céu,   425
   sudário de sono e gelo; e no jardim
de minhas vias recém-tramadas
vagam almas bem amadas,
   iguais às que mantém, brandos, assim,
   teus vales sem fim.   430

A Terra

Como engloba o calor da alvorada
a esfera de rocio, verde e dourada,
   e cristalina, até ser névoa alada e mista
e vai, na abóbada diurna a vagar,
vence a lua, na extrema luz solar,   435
   sobre o mar paira, velo de fogo, ametista.

A Lua

Coberto estás, na paz, prazer,
de luz que nunca irá morrer,
   do teu gozo, o sorriso almo do céu;
dos sóis e estrelas precipita   440
em ti luz, poder e vida
   que orna teu globo; vens manar o teu
   no meu, no meu!

A Terra

Sob a pirâmide da noite giro
que aponta ao céu que sonha entre suspiros   445
   com murmúrio triunfante em meu sono encantado;
qual jovem que, a dormir, do amor sonhando,
vai sob a sombra dela se deitando,
   tendo em luz e calor seu repouso vigiado.

A Lua

E como em doce eclipse, em calma   450
dos lábios em que alma encontra alma,
   se abranda o peito, a íris faz-se amena;
quando cai tua sombra em mim
fico muda inerte assim,

Covered; of thy love, Orb most beautiful,   455
Full, oh, too full!

Thou art speeding round the sun
Brightest world of many a one;
Green and azure sphere which shinest
With a light which is divinest   460
Among all the lamps of Heaven
To whom life and light is given;
I, thy crystal paramour
Borne beside thee by a power
Like the polar Paradise,   465
Magnet-like of lovers' eyes;
I, a most enamoured maiden
Whose weak brain is overladen
With the pleasure of her love,
Maniac-like around thee move   470
Gazing, an insatiate bride,
On thy form from every side
Like a Mænad, round the cup
Which Agave lifted up
In the weird Cadmæan forest.   475
Brother, wheresoe'er thou soarest
I must hurry, whirl and follow
Through the heavens wide and hollow,
Sheltered by the warm embrace
Of thy soul from hungry space,   480
Drinking from thy sense and sight
Beauty, majesty, and might,
As a lover or a chameleon
Grows like what it looks upon,
As a violet's gentle eye   485
Gazes on the azure sky
   Until its hue grows like what it beholds,
As a gray and watery mist
Glows like solid amethyst
   Athwart the western mountain it enfolds,   490
When the sunset sleeps
   Upon its snow —

sob teu amor, Ó Esfera mais serena,   455
plena, ah, tão plena!

Corres ao redor do sol,
entre os mundos mais claro farol,
glauca esfera que reluz
com a mais divina luz   460
dentre as celestiais candeias
onde vida e luz permeia;
eu, teu cristalino par,
feito o Paraíso polar
do ímã do olho dos amantes,   465
forças prendem-me à tua frente;
eu, donzela enamorada
cuja mente é dominada
co'o prazer de nosso amor
louca rodo ao teu redor,   470
como noiva insaciável miro
tua silhueta aonde giro,
qual Bacante à taça erguida
por Agave ensandecida
pela estranha silva cadmeia.   475
Irmão, aonde tu passeias
devo assim, correr, seguir
pelo cavo céu a se abrir,
protegida pelo abraço
da alma tua em voraz espaço   480
indo à tua visão beber
todo júbilo e poder,
qual o amante ou camaleão
que o que mira imita a feição,
e a violeta tão gentil   485
olha o céu azul-anil
    até o tom ser tal qual que o olho traça,
como a névoa gris à vista
brilha como rija ametista
    nas montanhas ocidentais que abraça,   490
quando o sol se deita
    sobre o gelo —

THE EARTH
And the weak day weeps
That it should be so.
Oh, gentle Moon, the voice of thy delight 495
Falls on me like thy clear and tender light
Soothing the seaman, borne the summer night,
Through isles for ever calm;
Oh, gentle Moon, thy crystal accents pierce
The caverns of my pride's deep universe, 500
Charming the tiger joy, whose tramplings fierce
Made wounds which need thy balm.

PANTHEA
I rise as from a bath of sparkling water,
A bath of azure light, among dark rocks,
Out of the stream of sound.

IONE
Ah me! sweet sister, 505
The stream of sound has ebbed away from us,
And you pretend to rise out of its wave,
Because your words fall like the clear, soft dew
Shaken from a bathing wood-nymph's limbs and hair.

PANTHEA
Peace! peace! A mighty Power, which is as darkness, 510
Is rising out of Earth, and from the sky
Is showered like night, and from within the air
Bursts, like eclipse which had been gathered up
Into the pores of sunlight: the bright visions,
Wherein the singing spirits rode and shone, 515
Gleam like pale meteors through a watery night.

IONE
There is a sense of words upon mine ear.

PANTHEA
An universal sound like words: Oh, list!

DEMOGORGON
Thou, Earth, calm empire of a happy soul,

A Terra

E o dia lamenta
    por assim perdê-lo.
Ó gentil Lua, a voz do teu prazer   495
cai em mim como a luz a enternecer
embalando os marujos, ao descer
    a ilhas que em calma tardam;
Ó gentil Lua, com teu cristal gravo
o orgulho de meu universo cavo,   500
que encanta o tigre-graça que fez, bravo,
    feridas que te aguardam.

Panteia

Levanto como ao me banhar em águas
brilhantes, luz azul, nas rochas negras,
longe dos sons fluentes.

Ione

                Doce irmã,   505
para longe em vazante o som fluiu,
e tu ensaias das ondas levantar.
Tuas palavras caem qual claro orvalho
pingando dos cabelos de uma dríade.

Panteia

Paz! Paz! Grande Poder, que é como treva,   510
da Terra emerge e pelo firmamento
chove igual noite, e do interior dos ares
estoura, como eclipse pelos poros
da luz solar reunido: as visões claras
onde brilhavam 'spíritos em canto,   515
cintilam qual meteoro em noite úmida.

Ione

Ouço uma sensação, como palavras.

Panteia

Um som verbal universal: escuta!

Demogórgone

Ó Terra, calmo império de candor,

Sphere of divinest shapes and harmonies,   520
  Beautiful orb! gathering as thou dost roll
    The love which paves thy path along the skies:

THE EARTH
  I hear: I am as a drop of dew that dies.

DEMOGORGON
  Thou, Moon, which gazest on the nightly Earth
    With wonder, as it gazes upon thee;   525
  Whilst each to men, and beasts, and the swift birth
    Of birds, is beauty, love, calm, harmony:

THE MOON
  I hear: I am a leaf shaken by thee!

DEMOGORGON
  Ye Kings of suns and stars, Dæmons and Gods,
    Aetherial Dominations, who possess   530
  Elysian, windless, fortunate abodes
    Beyond Heaven's constellated wilderness:

A VOICE FROM ABOVE
  Our great Republic hears, we are blest, and bless.

DEMOGORGON
  Ye happy Dead, whom beams of brightest verse
    Are clouds to hide, not colours to portray,   535
  Whether your nature is that universe
    Which once ye saw and suffered —

A VOICE FROM BENEATH
                                        Or as they
    Whom we have left, we change and pass away.

DEMOGORGON
  Ye elemental Genii, who have homes
    From man's high mind even to the central stone   540
  Of sullen lead; from heaven's star-fretted domes
    To the dull weed some sea-worm battens on:

orbe em que divinais formas concorrem   520
em harmonia. Bela esfera, o amor
  dos céus colhes no que os teus pés percorrem:

   A Terra
Ouço: sou gotas de rocio que morrem.

   Demogórgone
Ó Lua, que a mirar do firmamento
  a Terra à noite, é por ela admirada;   525
e o mesmo ao homem, feras, nascimento
  de aves, do belo, amor, calma morada:

   A Lua
Ouço: sou folha por ti abalada!

   Demogórgone
Turba de deuses, dáimones, reis d'astros,
  dominações etéreas, que conflagra   530
moradas em elísios, calmos castros
  além do Céu de constelada fraga:

   Uma Voz de cima
Nosso Estado ouve, é sacro e consagra.

   Demogórgone
Gaios mortos, de raios de alvo verso,
  nuvem a velar, não cor p'ra tecer,   535
se é vossa natureza o universo
  que vós sofrestes já —

   Uma Voz debaixo
                    Ou como os que
fomos deixando, p'ra mudar, morrer.

   Demogórgone
Gênios elementais, que tendes lares
  da altiva mente do homem, ao declívio   540
do chumbo em pedra; domos estelares
  à alga em que o verme encontra seu alívio:

A Confused Voice

    We hear: thy words waken Oblivion.

Demogorgon

    Spirits, whose homes are flesh: ye beasts and birds,
        Ye worms, and fish; ye living leaves and buds;   545
    Lightning and wind; and ye untameable herds,
        Meteors and mists, which throng air's solitudes: —

A Voice

    Thy voice to us is wind among still woods.

Demogorgon

    Man, who wert once a despot and a slave;
        A dupe and a deceiver; a decay;   550
    A traveller from the cradle to the grave
        Through the dim night of this immortal day:

All

    Speak: thy strong words may never pass away.

Demogorgon

    This is the day, which down the void abysm
    At the Earth-born's spell yawns for Heaven's despotism,   555
    And Conquest is dragged captive through the deep:
        Love, from its awful throne of patient power
        In the wise heart, from the last giddy hour
    Of dread endurance, from the slippery, steep,
    And narrow verge of crag-like agony, springs   560
    And folds over the world its healing wings.

    Gentleness, Virtue, Wisdom, and Endurance,
    These are the seals of that most firm assurance
        Which bars the pit over Destruction's strength;
    And if, with infirm hand, Eternity,   565
    Mother of many acts and hours, should free
        The serpent that would clasp her with his length;
    These are the spells by which to reassume
    An empire o'er the disentangled doom.

UMA VOZ CONFUSA
Nós ouvimos: tua voz desperta o Oblívio.

DEMOGÓRGONE
'Spíritos cujo lar é a carne: aves,
    bestas e vermes; folhas a aspirar;   545
vento e trovão; vós, bandos indomáveis,
    névoas, meteoros, na solidão do ar: —

UMA VOZ
Tua voz é vento em bosques a soprar.

DEMOGÓRGONE
Homem, outrora um déspota e escravo;
    logrado e logrador; um incapaz;   550
do berço ao túmulo viajor ignavo
    na noite dessas horas imortais:

TODOS
Falai: palavras a morrer jamais.

DEMOGÓRGONE
Eis o dia em que vai-se ao vão do abismo,
no fastio do condão da Terra, o despotismo   555
do Céu, caindo a Conquista no vazio:
    o amor, do trono do poder paciente
    no peito sábio, da hora mais insciente
da resistência, do escorregadio
penhasco da agonia, cobertura   560
vem com as asas dar ao mundo em cura.

O Bem, Saber, Virtude e Resistência,
eis os selos da mais firme evidência
    que o fosso cobre contra a Destruição;
e se, com mão enferma, a Eternidade,   565
mãe de atos e horas, for dar liberdade
    à serpente que, com sua extensão,
a prenderá; podeis, mesmo em declínio,
co'este condão reaver vosso domínio.

To suffer woes which Hope thinks infinite;   570
To forgive wrongs darker than death or night;
    To defy Power, which seems omnipotent;
To love, and bear; to hope till Hope creates
From its own wreck the thing it contemplates;
    Neither to change, nor falter, nor repent;   575
This, like thy glory, Titan, is to be
Good, great and joyous, beautiful and free;
This is alone Life, Joy, Empire, and Victory.

Sofrer dores que a Esp'rança crê tão vastas,   570
perdoar ações mais que o terror nefastas;
    violar o que se crê o maior poder,
amar, arcar; té que a Esperança veja
nascer de seus destroços o que almeja;
    não se alterar, falhar, se arrepender;   575
isso, Titã, é ter, como em tua glória,
Bem, Belo, a Liberdade que vigora;
isso em si é Vida, Graça, Reinado e Vitória.

Alastor e outros poemas

Introdução a *Alastor e outros poemas*

"Alastor" foi composto durante os meses de outono e inverno de 1815 e publicado pela primeira vez no ano seguinte, no volume *Alastor; or the Spirit of Solitude, and Other Poems*, pela Baldwin, Cradock and Joy e pela Carpenter & Son, numa tiragem de 250 exemplares. O longo poema de 720 versos brancos era acompanhado pelos seguintes poemas breves, nesta ordem: "O! There Are Spirits Of The Air...", "Stanzas.—April 1814", "Mutability", "The Pale, The Cold, And The Moony Smile...", "A Summer-evening Church-yard", "To Wordsworth", "Feelings Of A Republican On The Fall Of Bonaparte", "Superstition", duas traduções, do italiano de Dante e do grego de Mosco; encerrando o volume, o poema "The Daemon Of The World" – que Shelley descreve no prefácio como "uma parte separada de um poema que o autor não deseja publicar". O poema a que ele se refere era o *Queen Mab*, publicado dois anos antes, cujo caráter radical demais para a época – de que Shelley estava plenamente consciente – o fez limitar sua distribuição. Mesmo assim, *Queen Mab* arranjou problemas jurídicos para Shelley e para quem mais o republicasse, como William Clark, que em 1821 o pirateou e foi processado, não por pirataria, mas pela divulgação de textos "imorais", pela Society for the Suppression of Vice. Com 623 versos, "The Daemon Of The World" consiste nas seções 1 e 2 (parte 1 de "Daemon") e 8 e 9 (parte 2) de *Queen Mab*, retrabalhadas. Como se pode ver, ao comparar os versos de abertura, Shelley parece ter dado um polimento extra às imagens, substituindo o tom de conto de fadas que reveste parte do seu vocabulário por algo mais sombrio, mais próximo do gótico. Onde *Queen Mab* diz "One, pale as yonder waning moon / With lips of lurid blue; / The other, rosy as the morn" [Um, pálido como, ao longe, a lua minguante / Com lábios de um azul lúrido; / O outro, rosado como a aurora], se torna em "Daemon": "One pale as yonder wan and horned moon, / With lips of lurid blue, / The other glowing like the vital morn" [Um, pálido como, ao longe, a lua córnea e minguante / Com lábios de um azul lúrido, / O outro, enrubescendo como a vital aurora]. O "gloomy Power" [Poder sinistro] da estrofe seguinte de *Queen Mab* também se torna um "iron-sceptred Skeleton" [Esqueleto com cetro de ferro], e assim por diante.

O volume *Alastor* não foi sucesso de vendas, mas conseguiu esgotar toda sua tiragem entre 1816 e o ano da morte de Shelley. É possível ter acesso à edição original graças à digitalização feita pela Duke University Library e disponibilizada pelo Internet Archive: <https://archive.org/details/alastororspirito00shel>.

Do grego, "Alastor" (Ἀλάστωρ) significa "vingador" e, no entanto, não é o nome de nenhum personagem do poema, apesar de algumas interpretações feitas à época de seu lançamento alegarem isso. Thomas Love Peacock, amigo de Shelley, relata que à época o poeta estava sem ideias para um título, quando ele sugeriu o nome Alastor em referência ao espírito (*dáimon*) de vingança contra crimes familiares que é mencionado na peça *Agamêmnon* de Ésquilo. Apesar dessa origem improvisada, o título consegue ainda relembrar, de certa forma, um poema que Shelley havia publicado aos 17 ou 18 anos, chamado "Ghasta, or the Avenging Demon!!!" (sim, com as exclamações... era um poema de adolescência, afinal), no volume anônimo *Original Poetry by Victor and Cazire* (1810), que Shelley escreveu com sua irmã Elizabeth antes de entrar em Oxford. No entanto, em vez do tom de horror sobrenatural que reveste o poema juvenil "Ghasta" e um espectro bastante literal que persegue o protagonista em sua narrativa, temos em "Alastor" uma aura wordsworthiana de poesia da natureza, com boa parte do poema consistindo de cenas naturais carregadas de tons metafóricos, e uma perseguição cujo caráter é bastante distinto. Esse espírito "vingador" da solidão é o que impele – como o moscardo enviado por Hera para castigar Io, impedindo-a de parar para descansar, no mito grego utilizado por Ésquilo em *Prometeu Acorrentado* – o protagonista do poema, anônimo e chamado apenas de "o Poeta", a embarcar numa busca que culmina na sua própria destruição: ele começa como um poeta da natureza, à moda de Wordsworth e Coleridge, e se afasta da civilização, do seu "lar alienado" (v. 76), para buscar no mundo natural algo de transcendente. Essa jornada, ao modo da tradição do romance medieval – tradição com a qual Shelley teve contato via Spenser – o leva primeiro às entranhas da terra, à procura da origem das coisas, mas a Natureza, apesar da afinidade do Poeta com ela, continua se recusando a revelar seus mistérios (vv. 37-40: "... nunca o teu / mais íntimo santuário desvelastes, / em mais que sonhos incomunicáveis"). Depois prossegue pelas ruínas do passado, na África, no Oriente Médio e na Ásia

Central, atrás desse seu ideal no berço da humanidade. Ele despreza os afetos humanos e é insensível aos apelos das mulheres que se encantam por sua figura, como a donzela árabe que cuida dele antes de seguir para a Ásia Central (vv. 129-39), ou as moças das famílias que o abrigam por lá (265-71), exceto por uma mulher envolta num véu que lhe aparece numa visão e o insta a retomar a jornada com ímpeto redobrado. Em qualquer momento, ele poderia ter abandonado a busca e retornado à civilização, mas essa obstinação o impede. A bordo de uma chalupa, um pequeno barco, o Poeta prossegue rumo às origens míticas da humanidade, cada vez mais consciente do caráter autodestrutivo da sua jornada: ele morre, enfim, à beira de um abismo em algum ponto do Cáucaso (da Geórgia ou da Índia, o texto é ambíguo), conforme a grande lua crescente afunda em seu campo de visão. Sua morte, porém, é menos um clímax grandioso – como é, por exemplo, o *Liebestod* da morte/orgasmo de Isolda em *Tristão e Isolda* – do que um anticlímax, visto que o que ele buscava permanece inatingível, e o poema conclui pedindo que não se lamente pela sua morte. A busca, afinal, era em vão.

"Alastor" é um poema wordsworthiano em mais de um sentido: em primeiro lugar, porque Shelley faz uso liberal de citações diretas e indiretas da obra do poeta, tanto no prefácio quanto em diversos pontos do poema, como apontamos nas notas ao texto. Segundo, que, como diz Harold Bloom em seu estudo *The Visionary Company*, "parecia, para o jovem Shelley, que Wordsworth e Coleridge haviam inaugurado um modo, liberado um impulso imaginativo, mas depois repudiado sua própria criação", e "Alastor" incorpora em si esse modo inaugurado pelos dois Lake Poets (não por acaso, uma porção considerável do poema consiste de imagens de cenas naturais) e o leva às suas últimas consequências, tal como eles mesmos não o fizeram, de modo que a solidão e o desejo de comunhão com uma Natureza no limite incapaz de reciprocar esse desejo, em detrimento das relações humanas, acabam por culminar na morte precoce do Poeta. Diferente da poética de Wordsworth, porém, "Alastor" é fundamentado sobre um sentimento de desespero. Como aponta o prefácio do autor, haveria dois destinos possíveis para o humano: a morte-em-vida da "decadência lenta e venenosa" dos "espíritos mais medíocres", sobre a qual Shelley voltaria a elaborar em *O triunfo da vida*, e o destino do Poeta, em sua busca, para citar Bloom mais uma vez, "por um objeto de desejo finito e mensurável capaz de abranger em si a beleza e a verdade das concepções infinitas e imensuráveis do Poeta", que é o que narra "Alastor". É uma visão extremamente pessimista da condição humana, que, de certo modo, lembra o que viria a escrever Arthur Schopenhauer em *O mundo como vontade e representação*, que a vida "oscila como um pêndulo entre a dor e o tédio". A conclusão do poema é um beco sem saída, dotado de imagens belíssimas e muito bem composto, mas ainda assim sem saída, abrindo margem para um niilismo bastante perigoso.

Mas essa não é uma visão que Shelley manteria por muito tempo e nem a mais comumente associada ao seu pensamento. Talvez seja possível, como Bloom sugere, enxergar sua produção como ciclos entre desespero e idealismo. Segundo o crítico, Shelley encontraria, em 1816, uma saída desse desespero que marca "Alastor" com nos poemas mitopeicos (i.e. de criação de mitos) "Hymn to Intellectual Beauty" e "Mont Blanc": o grande valor da relação do humano com o natural não se encontraria, então, no natural em si, mas na capacidade da imaginação de criar essas relações, um mérito puramente humano, portanto, e *Prometeu Desacorrentado* seria a culminação e a celebração desse pensamento. Shelley, porém, recairia do idealismo para o desespero alastoriano mais uma vez com *O triunfo da vida*, seu último poema. Bloom não fala de sua obra de juventude, mas ela tem despertado cada vez mais interesse de outros estudiosos, como Donald Reiman, Neil Fraistat, William Keach e Linda Brigham, e nela podemos observar esse mesmo padrão, conforme seus primeiros poemas, como "A Tale of Society As It Is: from Facts, 1811" e "The Devil's Walk", preocupados em denunciar ou ironizar as mazelas da sociedade, sem, porém, terem qualquer ideia de como poder resolvê-las, parecem se inserir num espírito de desespero, ao passo que o posterior *Queen Mab* é o melhor exemplo de idealismo de sua poesia de juventude, cuja preocupação é nada menos que a reforma da sociedade, com a promoção do ateísmo, do vegetarianismo, do amor livre e de ideais que poderíamos aproximar aos do socialismo ou do anarquismo. Depois, não por acaso, diz Mary, "*Alastor* é escrito num tom muito diferente do de *Queen Mab*. [...] Alguns anos, com os eventos que os acompanharam, puseram em xeque o ardor das esperanças de Shelley, apesar de que ele ainda as julga bem embasadas e que a concretização delas seria a mais nobre tarefa a que o homem pode aspirar". Com dois ciclos completos, a morte precoce de Shelley em 1822, porém, o impediu de dar prosseguimento a um terceiro e não nos permitiu acompanhar que novos rumos tomaria essa luta agônica em que consistem as tentativas de resolver o problema dessas contradições.

"Alastor" é um marco na obra do poeta e no romantismo como um todo, considerado por muitos críticos e professores como o primeiro poema do período mais maduro da poesia de Shelley (e, com frequência, é o poema escolhido para os alunos terem seu primeiro contato com o poeta). Para nós, hoje, acostumados à poesia moderna, "Alastor" não há de representar maiores dificuldades de leitura, mas foi considerado incompreensível para os leitores da época. Uma resenha da *The Monthly Review*, de abril de 1816, declara: "Devemos candidamente reconhecer que esses poemas estão além de nossa compreensão; e que não obtivemos qualquer pista para sua obscuridade sublime até que um apelo ao Sr. Wordsworth [provavelmente o soneto 'To Wordsworth', onde aparece a única menção explícita ao poeta] explicou em qual escola o autor deu forma ao seu gosto". Outra resenha, de Josiah Condor, citada em nosso Introdução, afirma algo parecido. O curioso aqui é observar como a descrição de Condor, por mais que demonstrasse uma clara intenção pejorativa, parece aproximar "Alastor" das nossas noções de poesia moderna, ainda que ele tivesse sido lançado cerca de quatro décadas antes do advento da modernidade na poesia do XIX, pelo menos tal como boa parte dos críticos e teóricos da poesia a enxergam, pelo viés baudelairiano.

Apresentamos aqui então, o poema "Alastor", traduzido integralmente (incluindo o prefácio de Shelley), com três poemas importantes do volume *Alastor; or the Spirit of Solitude, and Other Poems*: "O! There Are Spirits Of The Air...", "Mutability" e "To Wordsworth".

Prefácio

O poema intitulado "Alastor" pode ser considerado alegórico de uma das situações mais interessantes da mente humana. Ele representa um jovem de sentimentos incorruptos e gênio aventureiro levado, por uma imaginação inflamada e purificada pela familiaridade com tudo que há de excelente e majestoso, à contemplação do universo. Ele bebe fundo das fontes do conhecimento, mas permanece insaciado. A magnificência e beleza do mundo externo afundam profundamente na estrutura de suas concepções, cedendo às suas modificações uma variedade inexaurível. Enquanto é possível para seus desejos apontarem a objetos assim sem fim e sem mesura, ele é alegre, tranquilo e controlado. Mas chega o período em que esses objetos não mais lhe bastam. Sua mente é enfim despertada e tem sede de um intercurso com uma inteligência semelhante a si própria. Ele cria para si mesmo a imagem do Ser a quem ele ama. Conversando com as mais sublimes e perfeitas naturezas, a visão em que incorpora suas próprias imaginações une tudo que há de maravilhoso, ou sábio, ou belo, que o poeta, o filósofo, ou o amante poderiam representar. As faculdades intelectuais, a imaginação, as funções da percepção, têm suas respectivas requisições sobre a simpatia dos poderes correspondentes em outros seres humanos. O Poeta é representado como sendo quem une todas essas requisições, amarrando-as a uma única imagem. Ele procura em vão por um protótipo de sua concepção. Devastado pela decepção, ele prossegue rumo à sua morte precoce.

Essa imagem não se encontra desprovida de instrução para os homens reais. O isolamento autocentrado do Poeta é vingado pelas fúrias de uma paixão irresistível que o perseguem até sua rápida ruína. Mas o Poder que atinge os luminares do mundo com trevas súbitas e extinção, ao despertá-los para uma percepção demasiadamente rara de duas influências, condena a uma decadência lenta e venenosa os espíritos mais medíocres que ousam abjurar o seu domínio. Seu destino é mais abjeto e inglório, tanto quanto sua delinquência é mais desprezível e perniciosa. Eles, que, sem serem iludidos por um erro generoso, ou instigados pela sede sagrada de um conhecimento dúbio, ou enganados por uma superstição ilustre, sem nada amarem nesta terra e sem nutrirem quaisquer esperanças no além, mantém-se, no entanto, apáticos para com as compaixões de sua estirpe, sem nem se regozijarem com o gozo, nem lamentarem o sofrimento humano; esses e os que lhes são semelhantes têm a sua parte da maldição que lhes cabe. Definham, porque ninguém sente com eles sua natureza em comum. Estão mortos, moralmente. Não são nem amigos, nem amantes, nem pais, nem cidadãos do mundo, nem benfeitores de seu país. Entre esses que tentam existir sem a compaixão humana, os puros e tenros de coração perecem na intensidade e paixão de sua busca atrás de suas comunidades, quando o vazio em seu espírito de repente se faz sentir. Todos os outros, egoístas, cegos e torpes, são essas multidões incapazes de ver adiante, que constituem, junto com os seus semelhantes, a miséria duradoura e solidão do mundo. Aqueles que não amam os seres que são seus companheiros vivem vidas infrutíferas e se preparam para sua terceira idade uma sepultura miserável.

> Os bons morrem primeiro,
> E quem tem seco o peito qual pó ao sol
> Queima até o osso!

O Fragmento, intitulado "The Daemon of the World", é uma parte separada de um poema que o autor não deseja publicar. O metro em que ele foi composto é o do *Sansão Agonista* e do drama pastoral italiano, que pode ser considerado a medida natural em que os conceitos poéticos, expressos numa linguagem harmoniosa, necessariamente caem.

14 de dezembro de 1815

Alastor; or, the Spirit of Solitude

Nondum amabam, et amare amabam,
quaerebam quid amarem, amans amare.—
Confess., St. August.

Earth, Ocean, Air, beloved brotherhood!
If our great Mother has imbued my soul
With aught of natural piety to feel
Your love, and recompense the boon with mine;
If dewy morn, and odorous noon, and even,   5
With sunset and its gorgeous ministers,
And solemn midnight's tingling silentness;
If autumn's hollow sighs in the sere wood,
And winter robing with pure snow and crowns
Of starry ice the grey grass and bare boughs;   10
If spring's voluptuous pantings when she breathes
Her first sweet kisses, have been dear to me;
If no bright bird, insect, or gentle beast
I consciously have injured, but still loved
And cherished these my kindred; then forgive   15
This boast, beloved brethren, and withdraw
No portion of your wonted favour now!

   Mother of this unfathomable world!
Favour my solemn song, for I have loved
Thee ever, and thee only; I have watched   20
Thy shadow, and the darkness of thy steps,
And my heart ever gazes on the depth
Of thy deep mysteries. I have made my bed
In charnels and on coffins, where black death
Keeps record of the trophies won from thee,   25
Hoping to still these obstinate questionings
Of thee and thine, by forcing some lone ghost,
Thy messenger, to render up the tale
Of what we are. In lone and silent hours,
When night makes a weird sound of its own stillness,   30
Like an inspired and desperate alchymist
Staking his very life on some dark hope,

Alastor: ou o Espírito da Solidão

Nondum amabam, et amare amabam,
quaerebam quid amarem, amans amare.—
Santo Agostinho, *Confissões*

Terra, Oceano, Ar, cara irmandade!
Se a grande Mãe imbuíra a minha alma
de zelo natural para sentir
seu amor, retribuindo-o com o meu;
se a orvalhada aurora e o meio-dia   5
e o ocaso até, de arautos deslumbrantes,
e o sereno da meia-noite ardente;
se os ais do outono na madeira seca,
o inverno em níveo manto e diadema
tão frio na relva gris e ramas nuas;   10
se o alento sensual da primavera
arfando ao me beijar, me foram caros;
se nenhuma ave, inseto ou besta dócil
feri conscientemente, mas amei
e adorei estes meus iguais; perdoem,   15
pois, amados irmãos, esta vanglória,
não retirem seus usuais favores!

    Ó Mãe deste insondável mundo, assiste
minha canção solene, pois amei
a ti sempre e somente a ti; segui   20
tuas sombras e as trevas de teus passos,
e meu coração mira sempre o âmago
de teus fundos mistérios. Fiz meu leito
em adros e em caixões, onde os troféus
ganhos de ti a negra morte conta   25
e espera findar tão tenazes dúvidas
de ti e os teus, ao forçar algum fantasma,
teu mensageiro, a transmitir a história
do que somos. Nas horas solitárias,
quando de tão calada a noite estranhos   30
sons produz, como um alquimista aflito,
que a vida aposta em esperança obscura,

Have I mixed awful talk and asking looks
With my most innocent love, until strange tears,
Uniting with those breathless kisses, made   35
Such magic as compels the charmed night
To render up thy charge: ... and, though ne'er yet
Thou hast unveiled thy inmost sanctuary,
Enough from incommunicable dream,
And twilight phantasms, and deep noon-day thought,   40
Has shone within me, that serenely now
And moveless, as a long-forgotten lyre
Suspended in the solitary dome
Of some mysterious and deserted fane,
I wait thy breath, Great Parent, that my strain   45
May modulate with murmurs of the air,
And motions of the forests and the sea,
And voice of living beings, and woven hymns
Of night and day, and the deep heart of man.

There was a Poet whose untimely tomb   50
No human hands with pious reverence reared,
But the charmed eddies of autumnal winds
Built o'er his mouldering bones a pyramid
Of mouldering leaves in the waste wilderness: —
A lovely youth, —no mourning maiden decked   55
With weeping flowers, or votive cypress wreath,
The lone couch of his everlasting sleep: —
Gentle, and brave, and generous, —no lorn bard
Breathed o'er his dark fate one melodious sigh:
He lived, he died, he sung in solitude.   60
Strangers have wept to hear his passionate notes,
And virgins, as unknown he passed, have pined
And wasted for fond love of his wild eyes.
The fire of those soft orbs has ceased to burn,
And Silence, too enamoured of that voice,   65
Locks its mute music in her rugged cell.

By solemn vision, and bright silver dream
His infancy was nurtured. Every sight
And sound from the vast earth and ambient air,

mesclei o olhar pedinte e voz temente
com o inocente amor até que o pranto
se unisse, estranho, a tais arfantes beijos   35
num condão como o que em encanto a noite
faz ceder seus segredos: ... nunca o teu
mais íntimo santuário desvelastes
em mais que sonhos incomunicáveis;
e espectros da penumbra e devaneios,   40
que outrora em mim luziram, já serenos
e imóveis como liras esquecidas
suspensas sobre a solitária cúpula
de algum tempo deserto e misterioso,
mas, Grande Mãe, teu sopro aguardo, e que   45
meu canto co'os murmúrios do ar module-se,
e movimentos da floresta e mares
e a voz das coisas vivas, hinos mistos
da noite e o dia, e o vasto peito do homem.

Houve um Poeta morto antes da hora.   50
Nenhuma mão tocou jamais seu túmulo,
mas os ventos do outono, fascinados,
uma pirâmide de folhas podres
sobre os seus podres ossos construíram: —
um belo jovem — sem donzelas para   55
de flores ou coroas de ciprestes
cobrir o leito de seu sono eterno —
gentil, valente e nobre, — nenhum bardo
por seu mau fado a voz soltou, queixosa:
sozinho ele viveu, morreu, cantou.   60
Estranhos suplicavam para ouvi-lo,
e as virgens, pois passara sem sabê-lo,
sofreram pelo amor desse olhar bárbaro.
Já não mais arde o fogo desses olhos,
e o Silêncio, porque ama a essa voz,   65
em seu cárcere tranca a muda música.

A solene visão, o sonho argênteo,
sua infância nutriram. Toda vista
e som da terra vasta e ar ambiente

Sent to his heart its choicest impulses.   70
The fountains of divine philosophy
Fled not his thirsting lips, and all of great,
Or good, or lovely, which the sacred past
In truth or fable consecrates, he felt
And knew. When early youth had passed, he left   75
His cold fireside and alienated home
To seek strange truths in undiscovered lands.
Many a wide waste and tangled wilderness
Has lured his fearless steps; and he has bought
With his sweet voice and eyes, from savage men,   80
His rest and food. Nature's most secret steps
He like her shadow has pursued, where'er
The red volcano overcanopies
Its fields of snow and pinnacles of ice
With burning smoke, or where bitumen lakes   85
On black bare pointed islets ever beat
With sluggish surge, or where the secret caves,
Rugged and dark, winding among the springs
Of fire and poison, inaccessible
To avarice or pride, their starry domes   90
Of diamond and of gold expand above
Numberless and immeasurable halls,
Frequent with crystal column, and clear shrines
Of pearl, and thrones radiant with chrysolite.
Nor had that scene of ampler majesty   95
Than gems or gold, the varying roof of heaven
And the green earth lost in his heart its claims
To love and wonder; he would linger long
In lonesome vales, making the wild his home,
Until the doves and squirrels would partake   100
From his innocuous hand his bloodless food,
Lured by the gentle meaning of his looks,
And the wild antelope, that starts whene'er
The dry leaf rustles in the brake, suspend
Her timid steps, to gaze upon a form   105
More graceful than her own.

                              His wandering step,
Obedient to high thoughts, has visited

ao seu peito o melhor impulso deram. 70
Não fugiam dos lábios seus as fontes
da divina filosofia, e tudo
ele sentiu ou soube de grandioso,
belo e bom que o passado em fato ou fábula
consagra. Ao findar-se a mocidade, 75
larga o borralho frio, o lar apático,
para estranhas verdades encontrar
em paragens por descobrir. Sem medo,
vastos ermos seus passos atraíram;
com seu olhar e voz entre selvagens 80
comprou abrigo. Ele os mais secretos
cantos da Natureza buscou como
seu vulto, fosse onde o vulcão rubro
os píncaros de gelo e níveos campos
de ardente fumo tolda, fosse onde, 85
em negras ilhas, lagos de betume
batem lentos, ou onde grutas ásperas
por via escura, oculta, entre as nascentes
de chamas e veneno, inacessíveis
à avareza e vanglória, suas cúpulas 90
se expandem, estreladas de ouro e gemas,
sobre espaços sem conta e sem medida,
colunas de cristal, santuários límpidos
de pérolas, e tronos com crisólitos.
Mas nem a majestade dessa cena, 95
maior que de ouro e gemas, fez perder
a verde terra, o céu vário em seu peito
o deslumbre, o amor; por ermos vales
ele se demorou, onde fez lar,
até virem as pombas, os esquilos, 100
comer da mão inócua o alimento
imaculado, atraídos pela calma
em seu olhar; e antílopes selvagens,
que até o farfalho da folhagem temem,
cessam o passo tímido p'ra ver 105
graça maior que a deles.

                        Obediente
ao pensamento altivo, o passo errante

The awful ruins of the days of old:
Athens, and Tyre, and Balbec, and the waste
Where stood Jerusalem, the fallen towers   110
Of Babylon, the eternal pyramids,
Memphis and Thebes, and whatsoe'er of strange,
Sculptured on alabaster obelisk,
Or jasper tomb, or mutilated sphynx,
Dark Aethiopia in her desert hills   115
Conceals. Among the ruined temples there,
Stupendous columns, and wild images
Of more than man, where marble daemons watch
The Zodiac's brazen mystery, and dead men
Hang their mute thoughts on the mute walls around, 120
He lingered, poring on memorials
Of the world's youth: through the long burning day
Gazed on those speechless shapes; nor, when the moon
Filled the mysterious halls with floating shades
Suspended he that task, but ever gazed   125
And gazed, till meaning on his vacant mind
Flashed like strong inspiration, and he saw
The thrilling secrets of the birth of time.

   Meanwhile an Arab maiden brought his food,
Her daily portion, from her father's tent,   130
And spread her matting for his couch, and stole
From duties and repose to tend his steps,
Enamoured, yet not daring for deep awe
To speak her love: —and watched his nightly sleep,
Sleepless herself, to gaze upon his lips   135
Parted in slumber, whence the regular breath
Of innocent dreams arose; then, when red morn
Made paler the pale moon, to her cold home
Wildered, and wan, and panting, she returned.

   The Poet, wandering on, through Arabie,   140
And Persia, and the wild Carmanian waste,
And o'er the aerial mountains which pour down
Indus and Oxus from their icy caves,
In joy and exultation held his way;
Till in the vale of Cashmire, far within   145

o conduzira às ruínas doutras eras:
Atenas, Tiro e Baalbek e os escombros
que eram Jerusalém, o pó das torres 110
da Babilônia, as sólidas pirâmides,
Mênfis e Tebas, e o que tem de exótico
gravado em obeliscos de alabastro,
tumba de jaspe e esfinge mutilada,
tudo que a negra Etiópia em seus montes 115
oculta. Dentre os templos lá arruinados,
pilares estupendos, feros ídolos
do mais que humano, o arcano do Zodíaco
sob vígeis dáimones de pedra, os mortos
que em muros mudos fixam mudos juízos, 120
ele se demorou, nos memoriais
da infância deste mundo: o dia inteiro
mirando aquelas formas sem voz; nem
co'a lua a encher de vultos os salões
ele parou, mas continuou a olhar 125
e olhar até o sentido em seu espírito
reluzir como inspiração, e pôde
ver os segredos do nascer do tempo.

E uma donzela árabe lhe dava
alimento da tenda de seu pai 130
e abria a esteira para que deitasse: —
roubando horas de dever ou sono
para dele cuidar, enamorada,
mas sem dizê-lo — a vigiar seu sono,
vendo seus lábios, ela mesma insone, 135
se abrirem e a respiração constante
de sonhos inocentes surgir; pois,
ao descorar a lua a rubra aurora,
perplexa, arfante, ao lar frio retornava.

O Poeta, a vagar ainda, na Arábia, 140
pela Pérsia, o deserto da Carmânia,
e as montanhas aéreas que do gelo
de suas grutas o Indo e Oxo inundam,
alegre e exultado ele prossegue;
até, na Caxemira, no mais ermo 145

Its loneliest dell, where odorous plants entwine
Beneath the hollow rocks a natural bower,
Beside a sparkling rivulet he stretched
His languid limbs. A vision on his sleep
There came, a dream of hopes that never yet   150
Had flushed his cheek. He dreamed a veiled maid
Sate near him, talking in low solemn tones.
Her voice was like the voice of his own soul
Heard in the calm of thought; its music long,
Like woven sounds of streams and breezes, held   155
His inmost sense suspended in its web
Of many-coloured woof and shifting hues.
Knowledge and truth and virtue were her theme,
And lofty hopes of divine liberty,
Thoughts the most dear to him, and poesy,   160
Herself a poet. Soon the solemn mood
Of her pure mind kindled through all her frame
A permeating fire; wild numbers then
She raised, with voice stifled in tremulous sobs
Subdued by its own pathos; her fair hands   165
Were bare alone, sweeping from some strange harp
Strange symphony, and in their branching veins
The eloquent blood told an ineffable tale.
The beating of her heart was heard to fill
The pauses of her music, and her breath   170
Tumultuously accorded with those fits
Of intermitted song. Sudden she rose,
As if her heart impatiently endured
Its bursting burthen: at the sound he turned,
And saw by the warm light of their own life   175
Her glowing limbs beneath the sinuous veil
Of woven wind, her outspread arms now bare,
Her dark locks floating in the breath of night,
Her beamy bending eyes, her parted lips
Outstretched, and pale, and quivering eagerly.   180
His strong heart sunk and sickened with excess
Of love. He reared his shuddering limbs and quelled
His gasping breath, and spread his arms to meet
Her panting bosom: ... she drew back a while,
Then, yielding to the irresistible joy,   185

vale em que olentes plantas se entrelaçam
sob ocas rochas, natural abrigo,
ao lado de um regato espreguiçar
os membros lânguidos. Em sonho vem-lhe
uma visão, anseios que jamais   150
coraram suas faces. Viu uma dama
de véu e ares solenes lá sentada.
Dela a voz era igual à da sua alma
ouvida em calmaria mental; música,
qual trama de marulho e brisa a ater   155
pênseis nela os sentidos de seu âmago
na urdidura de muitas fluidas cores.
A verdade, o saber, virtude – os temas,
e o anseio por divina liberdade,
caríssimas ideias, e a poesia,   160
ela mesma poeta. Logo o tom
solene de sua mente pura atiça
nela um fogo pungente: e fortes versos
ela entoou, sufocada por soluços,
vencida pelo próprio *pathos*: nuas,   165
as belas mãos tiravam da harpa estranha
estranha sinfonia e pelas veias
contava o sangue um inefável conto.
Palpitante, seu peito preenchia
as pausas da canção, e seu alento   170
tumultuoso com canto intermitente
se harmonizava. De repente ergueu-se
como se o coração levasse o fardo
impaciente: ao ouvi-la, ele se volta
e vê, sob a luz morna de sua vida,   175
dela os membros radiantes sob o véu
do tecido da brisa, os braços nus,
pairando os cachos negros no ar noturno,
o olhar brilhante, os lábios entreabertos
pálidos, tremulando de tão sôfregos,   180
seu coração ansioso pelo excesso
de amor. Os membros trêmulos ergueu,
suprimiu seu arquejo, abrindo os braços
ao seio dela que ofegava: ... e ela,
se afastando a princípio, mas cedendo   185

With frantic gesture and short breathless cry
Folded his frame in her dissolving arms.
Now blackness veiled his dizzy eyes, and night
Involved and swallowed up the vision; sleep,
Like a dark flood suspended in its course,   190
Rolled back its impulse on his vacant brain.

   Roused by the shock he started from his trance —
The cold white light of morning, the blue moon
Low in the west, the clear and garish hills,
The distinct valley and the vacant woods,   195
Spread round him where he stood. Whither have fled
The hues of heaven that canopied his bower
Of yesternight? The sounds that soothed his sleep,
The mystery and the majesty of Earth,
The joy, the exultation? His wan eyes   200
Gaze on the empty scene as vacantly
As ocean's moon looks on the moon in heaven.
The spirit of sweet human love has sent
A vision to the sleep of him who spurned
Her choicest gifts. He eagerly pursues   205
Beyond the realms of dream that fleeting shade;
He overleaps the bounds. Alas! Alas!
Were limbs, and breath, and being intertwined
Thus treacherously? Lost, lost, for ever lost
In the wide pathless desert of dim sleep,   210
That beautiful shape! Does the dark gate of death
Conduct to thy mysterious paradise,
O Sleep? Does the bright arch of rainbow clouds
And pendent mountains seen in the calm lake,
Lead only to a black and watery depth,   215
While death's blue vault, with loathliest vapours hung,
Where every shade which the foul grave exhales
Hides its dead eye from the detested day,
Conducts, O Sleep, to thy delightful realms?
This doubt with sudden tide flowed on his heart;   220
The insatiate hope which it awakened, stung
His brain even like despair.

                        While daylight held

ao êxtase, frenética e sem ar,
cobriu-o com seus braços dissolventes.
Ora vela um negror seus olhos zonzos,
e a noite essa visão engole; o sono,
qual negra enchente em seu caminho obstada,   190
na mente vaga o impulso rebentou.

  Pois desperta do transe pelo choque —
a aurora em luz de gelo, a lua azul,
baixa a oeste, os vistosos claros montes,
os bosques vagos e o distinto vale   195
se estendem ao redor. Aonde fugiram
os tons celestiais que o aninharam
noutras noites? Os sons que o sono embalam,
mistério e majestade deste mundo,
a graça e exultação? Seus olhos lívidos   200
miram a cena oca vagamente
como a lua ao mar faz co'a lua ao céu.
O espírito do amor humano envia
visões em sonho àquele que despreza
seus mais perfeitos dons. Ávido, busca   205
o vulto em fuga além do reino onírico;
ultrapassa os limites. Triste! Triste!
Entrelaçam-se membros, ser e alento
assim tão pérfidos? Perdida, a bela
forma no ermo sem vias, para sempre   210
perdida! Há de conduzir o pórtico
atroz da morte ao teu paraíso oculto,
Ó Sono? Acaso as irisadas nuvens
e o monte pênsil visto em lago plácido
levam só à profundeza aquosa e negra,   215
enquanto a morte, os miasmas em seu cofre
azul, do sol refúgio ao olho morto
dos espectros que os túmulos exalam,
conduz, Sono, a teu reino de deleites?
Súbita, inunda o coração tal dúvida;   220
a esperança insaciável em seu cérebro
em desespero ardeu.

Luzia o sol

The sky, the Poet kept mute conference
With his still soul. At night the passion came,
Like the fierce fiend of a distempered dream,   225
And shook him from his rest, and led him forth
Into the darkness. — As an eagle, grasped
In folds of the green serpent, feels her breast
Burn with the poison, and precipitates
Through night and day, tempest, and calm, and cloud,   230
Frantic with dizzying anguish, her blind flight
O'er the wide aery wilderness: thus driven
By the bright shadow of that lovely dream,
Beneath the cold glare of the desolate night,
Through tangled swamps and deep precipitous dells,   235
Startling with careless step the moonlight snake,
He fled. Red morning dawned upon his flight,
Shedding the mockery of its vital hues
Upon his cheek of death. He wandered on
Till vast Aornos seen from Petra's steep   240
Hung o'er the low horizon like a cloud;
Through Balk, and where the desolated tombs
Of Parthian kings scatter to every wind
Their wasting dust, wildly he wandered on,
Day after day a weary waste of hours,   245
Bearing within his life the brooding care
That ever fed on its decaying flame.
And now his limbs were lean; his scattered hair,
Sered by the autumn of strange suffering
Sung dirges in the wind; his listless hand   250
Hung like dead bone within its withered skin;
Life, and the lustre that consumed it, shone
As in a furnace burning secretly
From his dark eyes alone. The cottagers,
Who ministered with human charity   255
His human wants, beheld with wondering awe
Their fleeting visitant. The mountaineer,
Encountering on some dizzy precipice
That spectral form, deemed that the Spirit of wind
With lightning eyes, and eager breath, and feet   260
Disturbing not the drifted snow, had paused

no céu, e o Poeta, mudo, com sua alma
conversava. À noite, a paixão veio
como o demônio atroz de um sonho louco   225
e o despertou de sobressalto, guiando-o
à escuridão — como uma águia, presa
pela serpente, que seu peito sente
ardendo de veneno e se despenha
por noite e dia, calma e tempestade,   230
em frenética angústia, seu voo cego
sobre a aérea paisagem: guiado assim
pela sombra fulgente desse sonho,
no clarão frio da noite desolada
por brejos embrenhados, fundos vales,   235
assustando a notívaga serpente,
ele correu. Raiava a rubra aurora,
vertendo de sua cor vital o escárnio
sobre a fronte da morte. Prosseguiu
até de íngreme Petra o vasto Aorno   240
pender qual nuvem do horizonte baixo;
por Balkh e onde as tumbas desoladas
de reis partas seu pó esvaído espalha
aos quatro ventos, ele prosseguiu
dia após dia a desgastar as horas,   245
levando em si o cuidado pensativo
que nutriu sempre a chama moribunda.
E estava magro; seu cabelo seco
na estranha dor do outono e desgrenhado
entoava nênias pelo vento; a mão   250
imbele, um osso morto em pele murcha;
brilhava a vida, o lustro que a consome
como se ardendo oculta na fornalha
de seus escuros olhos. Os aldeões,
cuidando, humanamente caridosos,   255
de sua carência humana, deslumbraram-se
co'a visita fugaz. O montanhista
ao ver nalgum vertiginoso abismo
tal espectro, julgou que, em seu caminho,
de olhos de raio, pés e alento sôfregos,   260
sobre as neves o Espírito do vento,

In its career: the infant would conceal
His troubled visage in his mother's robe
In terror at the glare of those wild eyes,
To remember their strange light in many a dream   265
Of after-times; but youthful maidens, taught
By nature, would interpret half the woe
That wasted him, would call him with false names
Brother and friend, would press his pallid hand
At parting, and watch, dim through tears, the path   270
Of his departure from their father's door.

  At length upon the lone Chorasmian shore
He paused, a wide and melancholy waste
Of putrid marshes. A strong impulse urged
His steps to the sea-shore. A swan was there,   275
Beside a sluggish stream among the reeds.
It rose as he approached, and, with strong wings
Scaling the upward sky, bent its bright course
High over the immeasurable main.
His eyes pursued its flight: — 'Thou hast a home,   280
Beautiful bird; thou voyagest to thine home,
Where thy sweet mate will twine her downy neck
With thine, and welcome thy return with eyes
Bright in the lustre of their own fond joy.
And what am I that I should linger here,   285
With voice far sweeter than thy dying notes,
Spirit more vast than thine, frame more attuned
To beauty, wasting these surpassing powers
In the deaf air, to the blind earth, and heaven
That echoes not my thoughts?' A gloomy smile   290
Of desperate hope wrinkled his quivering lips.
For sleep, he knew, kept most relentlessly
Its precious charge, and silent death exposed,
Faithless perhaps as sleep, a shadowy lure,
With doubtful smile mocking its own strange charms.   295

  Startled by his own thoughts he looked around.
There was no fair fiend near him, not a sight
Or sound of awe but in his own deep mind.

leve, estancara; o rosto aflito a criança
escondia no colo de sua mãe
pelo terror do olhar nos olhos bárbaros,
lembrando em sonho sua estranha luz   265
muito após; já as donzelas, instruídas
na natureza, em parte interpretavam
a dor que o consumia, nomes falsos
davam-lhe, irmão e amigo, sua mão pálida
premiam, vendo-o ir embora, aos prantos,   270
pela porta da casa do seu pai.

  E ele, enfim só, nas terras da Corásmia
parou num ermo vasto e melancólico
de brejos pútridos. Um forte impulso
ao mar guiou seus passos. Por lá um cisne   275
em meio aos juncos dum regato lento
ergueu-se ao vê-lo, alçando um voo radiante,
galgando em arco o céu com fortes asas
alto acima do imensurável mar.
Seus olhos o seguiram: — "Tens um lar,   280
belo pássaro; estás voltando ao lar,
para o chamego do pescoço em plumas
da doce companheira a acolher-te
co'o olhar brilhante do seu próprio júbilo.
E eu, o que sou, que continuo aqui,   285
de voz mais doce que o teu canto ao longe,
mais vasto espírito que o teu, harmônico
ao belo, esperdiçando tais poderes
com o ar surdo, essa terra cega, um céu
que a mente não me ecoa?" Que esperança   290
desesperada então lhe entortou os lábios.
Pois sabia que o sono bem guardava
seu dom precioso e quieta a morte expunha,
tão sem fé quanto o sono, seu engodo,
num riso dúbio como o seu fascínio.   295

  O devaneio o perturbou: olhando
ao seu redor: nenhum demônio ou som
ou visão de esplendor fora de si.

A little shallop floating near the shore
Caught the impatient wandering of his gaze.   300
It had been long abandoned, for its sides
Gaped wide with many a rift, and its frail joints
Swayed with the undulations of the tide.
A restless impulse urged him to embark
And meet lone Death on the drear ocean's waste;   305
For well he knew that mighty Shadow loves
The slimy caverns of the populous deep.

  The day was fair and sunny; sea and sky
Drank its inspiring radiance, and the wind
Swept strongly from the shore, blackening the waves.   310
Following his eager soul, the wanderer
Leaped in the boat, he spread his cloak aloft
On the bare mast, and took his lonely seat,
And felt the boat speed o'er the tranquil sea
Like a torn cloud before the hurricane.   315

  As one that in a silver vision floats
Obedient to the sweep of odorous winds
Upon resplendent clouds, so rapidly
Along the dark and ruffled waters fled
The straining boat. —A whirlwind swept it on,   320
With fierce gusts and precipitating force,
Through the white ridges of the chafed sea.
The waves arose. Higher and higher still
Their fierce necks writhed beneath the tempest's scourge
Like serpents struggling in a vulture's grasp.   325
Calm and rejoicing in the fearful war
Of wave ruining on wave, and blast on blast
Descending, and black flood on whirlpool driven
With dark obliterating course, he sate:
As if their genii were the ministers   330
Appointed to conduct him to the light
Of those beloved eyes, the Poet sate,
Holding the steady helm. Evening came on,
The beams of sunset hung their rainbow hues
High 'mid the shifting domes of sheeted spray   335

Uma chalupa à orla, flutuando,
atraiu o passo errante de seu olho.   300
Estava há muito abandonada, rombos
largos no casco, e suas frágeis juntas
no ondular das marés estremeciam.
Uma aflição o impele a embarcar
e no ermo mar a vir de encontro à Morte;   305
pois sabia que a grande Sombra ama
o abismo denso e o lodo em suas furnas.

  Era um dia de sol, o mar e o céu
sorviam seu lume inspirador, e o vento
vindo da praia escurecia as vagas.   310
Seguindo a alma ávida, o viajante
saltou na barca, içando ao mastro nu
seu capote, e sentou-se solitário,
sentindo-a deslizar nas águas calmas,
qual nuvem rota ante o furacão.   315

  Como alguém que em visões de prata paira,
submissa ao fluxo de olorosos ventos
sobre resplandecentes nuvens, rápida
correu nas vagas negras e agitadas
a barca trêmula. — Lufadas fortes   320
precipitaram-na num pé de vento
sobre a alva crista da maré puída.
As ondas se elevavam. Mais e mais
altos, se retorciam seus pescoços
na procela, quais cobras sob abutres.   325
Calmo e contente com a horrenda guerra
de onda com onda e sopro contra sopro
a descer, redemoinhos de águas negras
obliterantes, ele se assentou:
como fossem seus gênios os arautos   330
apontados p'ra conduzi-lo à luz
dos tão amados olhos, se assentou
o Poeta, o leme à mão. Anoitecia
e o pôr-do-sol armou seus tons iriados
alto em meio às abóbadas da espuma   335

That canopied his path o'er the waste deep;
Twilight, ascending slowly from the east,
Entwined in duskier wreaths her braided locks
O'er the fair front and radiant eyes of day;
Night followed, clad with stars. On every side   340
More horribly the multitudinous streams
Of ocean's mountainous waste to mutual war
Rushed in dark tumult thundering, as to mock
The calm and spangled sky. The little boat
Still fled before the storm; still fled, like foam   345
Down the steep cataract of a wintry river;
Now pausing on the edge of the riven wave;
Now leaving far behind the bursting mass
That fell, convulsing ocean: safely fled —
As if that frail and wasted human form,   350
Had been an elemental god.

                        At midnight
The moon arose; and lo! the ethereal cliffs
Of Caucasus, whose icy summits shone
Among the stars like sunlight, and around
Whose caverned base the whirlpools and the waves   355
Bursting and eddying irresistibly
Rage and resound forever. — Who shall save? —
The boat fled on, — the boiling torrent drove, —
The crags closed round with black and jagged arms,
The shattered mountain overhung the sea,   360
And faster still, beyond all human speed,
Suspended on the sweep of the smooth wave,
The little boat was driven. A cavern there
Yawned, and amid its slant and winding depths
Ingulfed the rushing sea. The boat fled on   365
With unrelaxing speed. — "Vision and Love!"
The Poet cried aloud, "I have beheld
The path of thy departure. Sleep and death
Shall not divide us long."

                        The boat pursued
The windings of the cavern. Daylight shone   370
At length upon that gloomy river's flow;

que toldavam seu rumo ao ermo pélago;
lenta tarde a subir do oriente cobre
as tranças com guirlandas mais sombrias
ante a face e brilhante olhar do dia;
depois, noite estrelada. Pelos flancos,   340
mais horrenda a corrente imensa do ermo
montanhoso do oceano em mútua guerra
troava em seu tumulto, escarnecendo
do céu calmo de estrelas. A barquinha
fugia da procela; fugia ainda   345
feito espuma em cascatas glaciais;
ora parando após rebentações;
ora deixando para trás a massa
das convulsões do mar: fugia a salvo —
qual fosse aquela frágil forma humana   350
um deus elemental.

     À meia-noite
subiu a lua; e eis que surge etéreo
o Cáucaso, seus picos glaciais
quais sóis luzentes entre os astros, onde
voragens, vagalhões, irresistíveis,   355
dentro em sua cavernosa base estouram,
sempre estrondando em fúria. — Quem o salva? —
seguia a barca — na torrente férvida —
o penhasco fechava o cerco em braços
pontudos, montes ruídos sobre o mar,   360
veloz, em sobre-humana rapidez,
suspensa no quebrar das ondas lisas,
foi guiada a barquinha. Lá uma gruta
bocejava, engolfando em seus declives
o mar revolto. Prosseguia a barca   365
na mesma rapidez: — "Visão e Amor!"
O Poeta grita, "Contemplei o rumo
de tua partida. Sono e morte não
nos separarão mais!"

     Seguia a barca
pelas curvas da gruta. Raiou o dia   370
sobre o fluxo sinistro desse rio;

Now, where the fiercest war among the waves
Is calm, on the unfathomable stream
The boat moved slowly. Where the mountain, riven,
Exposed those black depths to the azure sky,   375
Ere yet the flood's enormous volume fell
Even to the base of Caucasus, with sound
That shook the everlasting rocks, the mass
Filled with one whirlpool all that ample chasm:
Stair above stair the eddying waters rose,   380
Circling immeasurably fast, and laved
With alternating dash the gnarled roots
Of mighty trees, that stretched their giant arms
In darkness over it. I' the midst was left,
Reflecting, yet distorting every cloud,   385
A pool of treacherous and tremendous calm.
Seized by the sway of the ascending stream,
With dizzy swiftness, round, and round, and round,
Ridge after ridge the straining boat arose,
Till on the verge of the extremest curve,   390
Where, through an opening of the rocky bank,
The waters overflow, and a smooth spot
Of glassy quiet mid those battling tides
Is left, the boat paused shuddering. — Shall it sink
Down the abyss? Shall the reverting stress   395
Of that resistless gulf embosom it?
Now shall it fall? — A wandering stream of wind,
Breathed from the west, has caught the expanded sail,
And, lo! with gentle motion, between banks
Of mossy slope, and on a placid stream,   400
Beneath a woven grove it sails, and, hark!
The ghastly torrent mingles its far roar,
With the breeze murmuring in the musical woods.
Where the embowering trees recede, and leave
A little space of green expanse, the cove   405
Is closed by meeting banks, whose yellow flowers
For ever gaze on their own drooping eyes,
Reflected in the crystal calm. The wave
Of the boat's motion marred their pensive task,
Which naught but vagrant bird, or wanton wind,   410
Or falling spear-grass, or their own decay

então, lá onde sossegava a lida
mais feroz entre as ondas, no insondável
fluxo, a barca seguia lenta. Onde,
fendido, o monte expunha as profundezas 375
negras ao céu azul antes de as águas
caírem volumosas até o Cáucaso
no estrondo que a perene rocha abala,
o abismo todo um só redemoinho;
degrau sobre degrau, a maré sobe, 380
circulando, banhando em rapidez
imensurável as raízes tortas
das fortes árvores, que em treva estendem
seus braços colossais. Restava ao meio,
a refletir e distorcer as nuvens, 385
um lago de enganosa, imensa calma.
Tomada pelo embalo da corrente,
trêmula, a barca gira e gira e gira,
em rapidez vertiginosa, e sobe
até a beira da mais extrema curva, 390
onde, na fenda da rochosa margem
as águas extravasam e entre as ondas
em guerra resta um ponto da mais vítrea
calmaria, a tremer a barca estanca.
— Naufragará? Será engolida pelas 395
forças reversas do implacável golfo?
Há de ruir? — Errante, um pé de vento
vindo do oeste pega a vela aberta
e eis que com suave movimento às margens
verdes de musgos sobre o curso plácido 400
sob um bosque veleja, e atenção!
Mescla a torrente seu troar distante
à melodiosa brisa do arvoredo.
Onde as copas recuam e uma verde
clareira se abre, as margens vão fechando 405
a enseada, cujas flores amarelas
miram sempre os seus próprios olhos pênseis
sobre o cristal da calmaria. Turvam
sua reflexão as ôndulas da barca,
que nada, afora a ave errante, o vento 410
lasso, o capim que cai, a própria ruína,

Had e'er disturbed before. The Poet longed
To deck with their bright hues his withered hair,
But on his heart its solitude returned,
And he forbore. Not the strong impulse hid   415
In those flushed cheeks, bent eyes, and shadowy frame
Had yet performed its ministry: it hung
Upon his life, as lightning in a cloud
Gleams, hovering ere it vanish, ere the floods
Of night close over it.

            The noonday sun   420
Now shone upon the forest, one vast mass
Of mingling shade, whose brown magnificence
A narrow vale embosoms. There, huge caves,
Scooped in the dark base of their aery rocks,
Mocking its moans, respond and roar for ever.   425
The meeting boughs and implicated leaves
Wove twilight o'er the Poet's path, as led
By love, or dream, or god, or mightier Death,
He sought in Nature's dearest haunt some bank,
Her cradle, and his sepulchre. More dark   430
And dark the shades accumulate. The oak,
Expanding its immense and knotty arms,
Embraces the light beech. The pyramids
Of the tall cedar overarching frame
Most solemn domes within, and far below,   435
Like clouds suspended in an emerald sky,
The ash and the acacia floating hang
Tremulous and pale. Like restless serpents, clothed
In rainbow and in fire, the parasites,
Starred with ten thousand blossoms, flow around   440
The grey trunks, and, as gamesome infants' eyes,
With gentle meanings, and most innocent wiles,
Fold their beams round the hearts of those that love,
These twine their tendrils with the wedded boughs
Uniting their close union; the woven leaves   445
Make net-work of the dark blue light of day,
And the night's noontide clearness, mutable
As shapes in the weird clouds. Soft mossy lawns
Beneath these canopies extend their swells,

jamais perturbou antes. Quis o Poeta
com elas enfeitar seus cachos murchos,
mas em seu peito a solidão voltava
e ele se censurou. O impulso oculto   415
no olhar, na cor das faces, na estatura,
seu dever não cumprira: mas pairava
sobre sua vida, qual lampejo em nuvens
antes de evanescer, e, enchente, a noite
sobre ele se fechar.

               O sol no zênite   420
reluzia no bosque, vasta massa
de sombras que se mesclam, pardo fausto
que acolhe o estreito vale. Amplas grutas
cavadas lá na base de altas rochas
riem de seu pranto, respondendo e urrando.   425
Ramos se unem e as folhas se entrelaçam,
tecendo ocaso sobre o Poeta, a quem
guia amor, sonho ou deus, ou cruenta Morte.
Na Natureza procurou uma orla,
o berço dela, dele a cova. Vultos   430
negros vultos cumulam. O carvalho
envolve a faia com imensos braços
cheios de nós. Em arcos, as pirâmides
do gigantesco cedro acima enquadram
dentro, solenes cúpulas, e abaixo   435
pendem o freixo, a acácia, a pairar como
num céu esmeraldino pênseis nuvens,
pálidos, a tremer. Como serpentes
trajando fogo e íris, parasitas
estreladas com dez mil flores, fluem   440
nos troncos cinzas feito o olhar pueril
de intenções suaves e inocente ardil
que se enrosca no peito de quem ama,
elas nos ramos premem as gavinhas
se unindo em íntima união; as folhas   445
a luz do sol, azul-escuro, enredam
co'a noite de diurna claridade
mutável como estranhas nuvens. Prados
se estendem feito musgos sob velários

Fragrant with perfumed herbs, and eyed with blooms   450
Minute yet beautiful. One darkest glen
Sends from its woods of musk-rose, twined with jasmine,
A soul-dissolving odour to invite
To some more lovely mystery. Through the dell,
Silence and Twilight here, twin-sisters, keep   455
Their noonday watch, and sail among the shades,
Like vaporous shapes half-seen; beyond, a well,
Dark, gleaming, and of most translucent wave,
Images all the woven boughs above,
And each depending leaf, and every speck   460
Of azure sky, darting between their chasms;
Nor aught else in the liquid mirror laves
Its portraiture, but some inconstant star
Between one foliaged lattice twinkling fair,
Or painted bird, sleeping beneath the moon,   465
Or gorgeous insect floating motionless,
Unconscious of the day, ere yet his wings
Have spread their glories to the gaze of noon.

   Hither the Poet came. His eyes beheld
Their own wan light through the reflected lines   470
Of his thin hair, distinct in the dark depth
Of that still fountain; as the human heart,
Gazing in dreams over the gloomy grave,
Sees its own treacherous likeness there. He heard
The motion of the leaves, the grass that sprung   475
Startled and glanced and trembled even to feel
An unaccustomed presence, and the sound
Of the sweet brook that from the secret springs
Of that dark fountain rose. A Spirit seemed
To stand beside him — clothed in no bright robes   480
Of shadowy silver or enshrining light,
Borrowed from aught the visible world affords
Of grace, or majesty, or mystery; —
But, undulating woods, and silent well,
And leaping rivulet, and evening gloom   485
Now deepening the dark shades, for speech assuming,
Held commune with him, as if he and it
Were all that was, — only... when his regard

de ervas olentes, sob o olhar das flores   450
miúdas, mas belas. Do mais negro vale
rosas almiscaradas e jasmins
olor exalam que dissolve a alma
e a mais belos mistérios chama. Pela
grota, a Tarde, a Quietude, gêmeas, guardam   455
o dia a velejar por entre as sombras,
silhuetas mal visíveis de vapor;
e um poço, além, das ondas mais translúcidas,
retraça os ramos sobre ele, enlaçados,
cada folha pendente e cada mancha   460
de céu azul saltando entre os abismos;
nada mais turva nesse espelho líquido
sua imagem, afora a estrela incerta
entre a cruz das folhagens reluzente,
a ave pintada que ao luar dormita   465
ou o inseto que paira, belo, imóvel,
e ignora o dia para então abrir
em glória as asas sob o olhar do sol.

    Chega o Poeta. Seus olhos contemplaram
a própria luz minguando entre os reflexos,   470
distintos, do cabelo ralo ao fundo
da fonte morta; como o peito do homem,
que, ao olhar sonhador para o sepulcro,
vê o próprio vulto pérfido. Ouviu
o rumor da folhagem e o capim   475
se dobrar, relancear e tremer, só
de sentir a presença rara, e ruídos
de um regato que surge do olho oculto
daquela fonte negra. Um Espírito
ao seu lado se via — não trajava   480
um véu de umbrosa prata ou luz-sacrário
ou o que o mundo visível possa dar
de majestade, graça ou de mistério —
mas o mato ondulante, o poço quieto
o córrego que salta, a tarde escura,   485
crescendo em sombras, como se a falar,
tinham com ele comunhão, tal como
se fossem tudo o que há... pois, pensativo,

Was raised by intense pensiveness... two eyes,
Two starry eyes, hung in the gloom of thought, 490
And seemed with their serene and azure smiles
To beckon him.

Obedient to the light
That shone within his soul, he went, pursuing
The windings of the dell. — The rivulet,
Wanton and wild, through many a green ravine 495
Beneath the forest flowed. Sometimes it fell
Among the moss with hollow harmony
Dark and profound. Now on the polished stones
It danced; like childhood laughing as it went:
Then, through the plain in tranquil wanderings crept, 500
Reflecting every herb and drooping bud
That overhung its quietness. — "O stream!
Whose source is inaccessibly profound,
Whither do thy mysterious waters tend?
Thou imagest my life. Thy darksome stillness, 505
Thy dazzling waves, thy loud and hollow gulfs,
Thy searchless fountain, and invisible course
Have each their type in me; and the wide sky.
And measureless ocean may declare as soon
What oozy cavern or what wandering cloud 510
Contains thy waters, as the universe
Tell where these living thoughts reside, when stretched
Upon thy flowers my bloodless limbs shall waste
I' the passing wind!"

Beside the grassy shore
Of the small stream he went; he did impress 515
On the green moss his tremulous step, that caught
Strong shuddering from his burning limbs. As one
Roused by some joyous madness from the couch
Of fever, he did move; yet, not like him,
Forgetful of the grave, where, when the flame 520
Of his frail exultation shall be spent,
He must descend. With rapid steps he went
Beneath the shade of trees, beside the flow
Of the wild babbling rivulet; and now

ele ergue o rosto... dois olhos, dois olhos
estrelados, nas trevas do pensar   490
suspensos, com feições azuis e mansas
pareciam chamá-lo.

             Obediente
ao brilho d'alma, ele prosseguiu
pelos meandros desse vale — o córrego
selvagem e lascivo em verdes grotas   495
fluía sob a floresta. Vez ou outra,
banhava os musgos em profunda e negra
e oca harmonia. Ora em pedras lisas
dançava; gargalhando como a infância:
pois na planície, num vagar tranquilo,   500
corria a refletir os botões e ervas
suspensos sobre a quietez. — "Ó rio!
De profundas e inacessíveis fontes,
aonde vão tuas águas misteriosas?
Refletes minha vida: a quietude   505
sombria, as ondas deslumbrantes, golfos
ruidosos, a insondável fonte, o curso
discreto têm seu tipo em mim: e o céu
e o oceano vastos hão de declarar
que errante nuvem ou lodosa gruta   510
tuas águas contém, antes de o cosmos
dizer onde esses pensamentos moram,
quando exangue entre as flores entregar-me
aos ventos passageiros!"

             Ele segue
as verdes margens do riacho; e marca   515
os musgos com seu passo em falso, trêmulo
do ardor dos membros. Feito a quem do leito
febril um frenesi desperta, então
se deteve; mas não como em seu hábito,
a olvidar o sepulcro, onde, após   520
queimar da sua exaltação a chama,
descerá. Prosseguiu com passos rápidos
sob a sombra das copas, pelo curso
do balbucio selvagem do rio; quando

The forest's solemn canopies were changed   525
For the uniform and lightsome evening sky.
Grey rocks did peep from the spare moss, and stemmed
The struggling brook; tall spires of windlestrae
Threw their thin shadows down the rugged slope,
And nought but gnarled roots of ancient pines   530
Branchless and blasted, clenched with grasping roots
The unwilling soil. A gradual change was here,
Yet ghastly. For, as fast years flow away,
The smooth brow gathers, and the hair grows thin
And white, and where irradiate dewy eyes   535
Had shone, gleam stony orbs: — so from his steps
Bright flowers departed, and the beautiful shade
Of the green groves, with all their odorous winds
And musical motions. Calm, he still pursued
The stream, that with a larger volume now   540
Rolled through the labyrinthine dell; and there
Fretted a path through its descending curves
With its wintry speed. On every side now rose
Rocks, which, in unimaginable forms,
Lifted their black and barren pinnacles   545
In the light of evening, and its precipice
Obscuring the ravine, disclosed above,
Mid toppling stones, black gulfs and yawning caves,
Whose windings gave ten thousand various tongues
To the loud stream. Lo! where the pass expands   550
Its stony jaws, the abrupt mountain breaks,
And seems, with its accumulated crags,
To overhang the world: for wide expand
Beneath the wan stars and descending moon
Islanded seas, blue mountains, mighty streams,   555
Dim tracts and vast, robed in the lustrous gloom
Of leaden-coloured even, and fiery hills
Mingling their flames with twilight, on the verge
Of the remote horizon. The near scene,
In naked and severe simplicity,   560
Made contrast with the universe. A pine,
Rock-rooted, stretched athwart the vacancy
Its swinging boughs, to each inconstant blast
Yielding one only response, at each pause

mudou-se o bosque e seu velário grave   525
no claro e consistente céu noturno.
Cinzentas rochas pelo musgo espiavam,
retendo o sôfrego riacho: cúspides
de hastes secas lançavam sombras sobre
a encosta e raízes tortas de pinheiros   530
velhos, mortos, sem galhos, se arraigavam
no solo à força: graduais mudanças,
porém sinistras. Pois no fluir dos anos,
liso, o cenho se enruga, encanecem
os cabelos, o orvalho do olhar claro   535
dá lugar a orbes empedrados: — pois
partiram do seu passo as flores e árvores
de belas sombras, o seu vento olente
e gestos musicais. Tranquilo, segue
ainda o rio, que ora se avoluma e corre   540
um vale em labirinto; e lá se agita
num caminho a descer por suas curvas
com fria rapidez. Por todo lado,
rochas de formas inimagináveis
erguem seus píncaros estéreis, negros,   545
à luz da noite, seu penhasco acima,
que obscurece a ravina, entre pedras,
golfos de sombra e grutas bocejantes,
cujas reentrâncias somam dez mil línguas
ao rio ruidoso. E eis que onde a garganta   550
abre as presas rochosas, brusco, o monte
cede e parece, cumulando penhas,
sobre o mundo pairar: se expandem, vastos,
sob astros a minguar e a lua baixa,
mar e ilhas, ribeirões, montes azuis,   555
amplas terras e obscuras, que o sereno
em plúmbea tarde veste, e ígneos montes
mesclando as chamas com o ocaso à beira
do horizonte remoto. Esta cena
em sua nua e severa singeleza,   560
contrastava co'o mundo. Um pinheiro,
sáxeo em sua raiz, no nada os ramos
à inconstância dos ventos estendia,
dando a mesma resposta a cada pausa

In most familiar cadence, with the howl 565
The thunder and the hiss of homeless streams
Mingling its solemn song, whilst the broad river
Foaming and hurrying o'er its rugged path,
Fell into that immeasurable void
Scattering its waters to the passing winds. 570

   Yet the grey precipice and solemn pine
And torrent were not all; — one silent nook
Was there. Even on the edge of that vast mountain,
Upheld by knotty roots and fallen rocks,
It overlooked in its serenity 575
The dark earth, and the bending vault of stars.
It was a tranquil spot, that seemed to smile
Even in the lap of horror. Ivy clasped
The fissured stones with its entwining arms,
And did embower with leaves for ever green, 580
And berries dark, the smooth and even space
Of its inviolated floor, and here
The children of the autumnal whirlwind bore,
In wanton sport, those bright leaves, whose decay,
Red, yellow, or ethereally pale, 585
Rivals the pride of summer. 'Tis the haunt
Of every gentle wind, whose breath can teach
The wilds to love tranquillity. One step,
One human step alone, has ever broken
The stillness of its solitude: — one voice 590
Alone inspired its echoes; — even that voice
Which hither came, floating among the winds,
And led the loveliest among human forms
To make their wild haunts the depository
Of all the grace and beauty that endued 595
Its motions, render up its majesty,
Scatter its music on the unfeeling storm,
And to the damp leaves and blue cavern mould,
Nurses of rainbow flowers and branching moss,
Commit the colours of that varying cheek, 600
That snowy breast, those dark and drooping eyes.

   The dim and horned moon hung low, and poured

na sua cadência familiar, com o uivo   565
o trovão e o silvar de errantes córregos,
mesclando sua canção solene enquanto,
largo, o rio, que entre escolhos corre e espuma,
caindo nesse vão imensurável,
os ventos passageiros aspergia.   570

   E o pinheiro solene, o abismo gris
e a torrente não eram tudo; — um canto
silente havia: à beira da montanha,
nas raízes em nó e rochas caídas,
ele vigiava em sua serenidade   575
a terra escura, o arco das estrelas.
Era um lugar tranquilo e talvez risse
mesmo diante do horror. A hera abraçava
as fissuras das pedras, co'a perene
fronde um caramanchão formando acima,   580
e negras bagas, esse espaço liso
de seu chão inviolado, e aqui as crianças
dos vendavais de outono iam lascivas,
levando as folhas claras, que ao secarem
em tom rubro, amarelo ou ruço etéreo,   585
mostram o orgulho do verão. É o lar
de toda brisa cujo sopro ensina
os selvagens a amar a calma: um passo,
um passo humano só, pôde romper
a quietez dessa solidão: — seus ecos   590
uma voz inspirava apenas — mesmo
a que chegava, que pairava aos ventos
e levou as mais belas formas do homem
a fazer de seus ermos o depósito
de todo encanto e graça que envolviam   595
seus gestos, a ceder sua majestade,
à procela cruel verter sua música,
e às folhas úmidas, grotões azuis,
nutrizes de irisada flor e musgo,
trajarem cores dessas faces fluidas,   600
níveo peito, e o olhar negro e caído.

   Pendia baixa a córnea lua, e um mar

A sea of lustre on the horizon's verge
That overflowed its mountains. Yellow mist
Filled the unbounded atmosphere, and drank 605
Wan moonlight even to fulness; not a star
Shone, not a sound was heard; the very winds,
Danger's grim playmates, on that precipice
Slept, clasped in his embrace.—O, storm of death!
Whose sightless speed divides this sullen night: 610
And thou, colossal Skeleton, that, still
Guiding its irresistible career
In thy devastating omnipotence,
Art king of this frail world, from the red field
Of slaughter, from the reeking hospital, 615
The patriot's sacred couch, the snowy bed
Of innocence, the scaffold and the throne,
A mighty voice invokes thee. Ruin calls
His brother Death. A rare and regal prey
He hath prepared, prowling around the world; 620
Glutted with which thou mayst repose, and men
Go to their graves like flowers or creeping worms,
Nor ever more offer at thy dark shrine
The unheeded tribute of a broken heart.

When on the threshold of the green recess 625
The wanderer's footsteps fell, he knew that death
Was on him. Yet a little, ere it fled,
Did he resign his high and holy soul
To images of the majestic past,
That paused within his passive being now, 630
Like winds that bear sweet music, when they breathe
Through some dim latticed chamber. He did place
His pale lean hand upon the rugged trunk
Of the old pine. Upon an ivied stone
Reclined his languid head, his limbs did rest, 635
Diffused and motionless, on the smooth brink
Of that obscurest chasm; — and thus he lay,
Surrendering to their final impulses
The hovering powers of life. Hope and despair,
The torturers, slept; no mortal pain or fear 640
Marred his repose; the influxes of sense,

de luz dela jorrava no horizonte
transbordando as montanhas. O amarelo
da névoa enchia o ar frouxo e bebia   605
até saciar-se de luar; nenhum
astro brilhava ou som se ouvia; os ventos,
cúmplices do perigo, envoltos nessa
fraga, dormiam. — Ó mortal procela,
que corta em seu afã a noite lúgubre: 610
e tu, Esqueleto colossal, que ainda
a guiar seu trajeto irresistível
em tua devastadora onipotência,
és deste frágil mundo o rei, do sangue
dos campos do massacre, hospitais fétidos,   615
o catre sacro do patriota, as neves
do leito da inocência, o trono, adarve,
possante voz te invoca. Chama a Ruína
sua irmã, Morte. Rara, régia presa
ela, espreitando o mundo, preparou;   620
fartando-te, terás repouso, e homens,
feito flor ou rasteiro verme, à cova
se vão e ao teu altar sombrio não mais
seus corações partidos dão de ex-voto.

   Ao cair nesse verde abrigo o passo   625
do viandante, ele então soube que a morte
vinha próxima. E, antes que fugisse,
ele cedeu o excelso e sacro espírito
um pouco à imagem do passado augusto
dormente em seu passivo ser agora,   630
quais ventos a soprar da gelosia
seus doces sons a um quarto escuro. Sobre
o áspero tronco, a mão magra pousou,
de um pinheiro ancestral. Na hera das pedras
encostou a cabeça lassa, os membros   635
repousavam imóveis na beirada
daquele negro abismo; — e assim jazia
aos impulsos finais rendendo as forças
da vida no ar. Dormiam os algozes
desespero e esperança: dor, nem medo   640
mortais o perturbavam; os influxos

And his own being unalloyed by pain,
Yet feebler and more feeble, calmly fed
The stream of thought, till he lay breathing there
At peace, and faintly smiling:—his last sight   645
Was the great moon, which o'er the western line
Of the wide world her mighty horn suspended,
With whose dun beams inwoven darkness seemed
To mingle. Now upon the jagged hills
It rests; and still as the divided frame   650
Of the vast meteor sunk, the Poet's blood,
That ever beat in mystic sympathy
With nature's ebb and flow, grew feebler still:
And when two lessening points of light alone
Gleamed through the darkness, the alternate gasp   655
Of his faint respiration scarce did stir
The stagnate night: — till the minutest ray
Was quenched, the pulse yet lingered in his heart.
It paused — it fluttered. But when heaven remained
Utterly black, the murky shades involved   660
An image, silent, cold, and motionless,
As their own voiceless earth and vacant air.
Even as a vapour fed with golden beams
That ministered on sunlight, ere the west
Eclipses it, was now that wondrous frame —   665
No sense, no motion, no divinity —
A fragile lute, on whose harmonious strings
The breath of heaven did wander — a bright stream
Once fed with many-voiced waves — a dream
Of youth, which night and time have quenched for ever,   670
Still, dark, and dry, and unremembered now.

    Oh, for Medea's wondrous alchemy,
Which wheresoe'er it fell made the earth gleam
With bright flowers, and the wintry boughs exhale
From vernal blooms fresh fragrance! O, that God,   675
Profuse of poisons, would concede the chalice
Which but one living man has drained, who now,
Vessel of deathless wrath, a slave that feels
No proud exemption in the blighting curse
He bears, over the world wanders for ever,   680

do sentido e o seu ser, sem elo à dor,
em crescente fraqueza o fluxo, calmos,
nutriam, do pensar, até deitar-se
lá, a expirar em paz, quase a sorrir: —   645
grande, a lua foi a última visão,
seu chifre sobre o oeste deste mundo,
cujo fosco luar se via à treva
mesclar-se. Ora sobre os morros ela
repousa; inerte como as faces íntegras   650
do meteoro a afundar, enfraquecia
seu sangue que batera sempre em mística
simpatia às marés da natureza:
e quando dois só pontos de luz mínimos
reluziam nas trevas, os arquejos   655
do seu alento pouco perturbavam
esta noite estagnada — até extinguir-se
a menor réstia, e persistia o pulso.
Pausava — palpitava. Quando o céu
inteiro escureceu, sombras cobriram   660
uma imagem silente, fria, imóvel,
como o próprio ar vazio e a terra muda.
Feito o vapor nutrido de áureos raios
à luz do sol servis, antes do oeste
eclipsá-la, assim era a bela vista —   665
sem sentido ou moção ou divindade —
frágil alaúde em cujas doces cordas
vagara o hálito do céu — rio claro
nutrido de ondas multivozes — sonho
do viço, pela noite e tempo extinto,   670
seco, inerte e em breu, já deslembrado.

Quem me dera a alquimia de Medeia,
que, onde quer que caia, faz a terra
fulgir em flores, e dos ramos gélidos
recender do frescor vernal! Quem dera   675
que, pródigo em venenos, Deus cedesse
seu cálice, a que um homem só tragara,
hoje vaso da fúria imortal, servo
que não goza do orgulho de que a praga
consigo o poupe, errante e só no mundo   680

Lone as incarnate death! O, that the dream
Of dark magician in his visioned cave,
Raking the cinders of a crucible
For life and power, even when his feeble hand
Shakes in its last decay, were the true law   685
Of this so lovely world! But thou art fled,
Like some frail exhalation; which the dawn
Robes in its golden beams, — ah! thou hast fled!
The brave, the gentle and the beautiful,
The child of grace and genius. Heartless things   690
Are done and said i' the world, and many worms
And beasts and men live on, and mighty Earth
From sea and mountain, city and wilderness,
In vesper low or joyous orison,
Lifts still its solemn voice: — but thou art fled —   695
Thou canst no longer know or love the shapes
Of this phantasmal scene, who have to thee
Been purest ministers, who are, alas!
Now thou art not. Upon those pallid lips
So sweet even in their silence, on those eyes   700
That image sleep in death, upon that form
Yet safe from the worm's outrage, let no tear
Be shed — not even in thought. Nor, when those hues
Are gone, and those divinest lineaments,
Worn by the senseless wind, shall live alone   705
In the frail pauses of this simple strain,
Let not high verse, mourning the memory
Of that which is no more, or painting's woe
Or sculpture, speak in feeble imagery
Their own cold powers. Art and eloquence,   710
And all the shows o' the world are frail and vain
To weep a loss that turns their lights to shade.
It is a woe "too deep for tears", when all
Is reft at once, when some surpassing Spirit,
Whose light adorned the world around it, leaves   715
Those who remain behind, not sobs or groans,
The passionate tumult of a clinging hope;
But pale despair and cold tranquillity,
Nature's vast frame, the web of human things,
Birth and the grave, that are not as they were.   720

como a morte encarnada! Ah, quem dera
que o que vê um nigromante em sua caverna,
sonhando enquanto escava no cadinho
atrás de força e vida sob as cinzas,
co'a mão estertorante, fosse a lei   685
real do mundo! Mas eis que te foste,
como o sopro mais frágil; que de raios
áureos veste a manhã — ah! Tu fugiste!
o corajoso, o belo, o gentil, filho
do gênio e graça. Coisas desalmadas   690
são feitas, ditas neste mundo, e vermes
e bestas e homens vão vivendo, e, forte,
a Terra, de urbe e ermo, serra e mar,
quieta na tarde ou em ridente prece,
ergue sua voz solene: — mas fugiste —   695
não podes mais saber e amar as formas
desta cena-fantasma, que a ti foram
teus mais puros arautos e ainda são,
mas, ai! Tu não mais és. Nos lábios pálidos,
doces mesmo em silêncio, nesse olhar,   700
que, morto, espelha o sono, sobre o corpo
que o verme inda não rói, que nenhum pranto
cubra — nem mentalmente. E nem quando
tais tons sumirem e as feições divinas
gastas no vento apático viverem   705
só na cadência desta simples música,
que nenhum verso laudatório chore
a memória do que se foi, nem tintas
e escultura deem voz co'imagem lassa
aos seus poderes frios. São vãs e frágeis   710
a arte e eloquência e as atrações do mundo
p'ra esse luto que em sombra faz sua luz.
É dor "demais p'r'o pranto", quando tudo
se perde duma vez e um nobre Espírito
cuja luz adornou o mundo deixa   715
aos que ficam nem choro nem gemido,
clamores da esperança agonizante;
mas o sereno, o desespero pálido,
a vasta natureza, a teia humana,
berço e cova, que não são mais como antes.   720

Oh! there are spirits of the air...

ΔΚΑΡΥΕΙ ΔΙΟΙΣΩ ΠΟΤΜΟΝ ΑΠΤΜΟΝ

Oh! there are spirits of the air,
   And genii of the evening breeze,
And gentle ghosts, with eyes as fair
   As star-beams among twilight trees: —
Such lovely ministers to meet   5
Oft hast thou turned from men thy lonely feet.

With mountain winds, and babbling springs,
   And moonlight seas, that are the voice
Of these inexplicable things,
   Thou didst hold commune, and rejoice   10
When they did answer thee; but they
Cast, like a worthless boon, thy love away.

And thou hast sought in starry eyes
   Beams that were never meant for thine,
Another's wealth: — tame sacrifice
   To a fond faith! still dost thou pine?   15
Still dost thou hope that greeting hands,
Voice, looks, or lips, may answer thy demands?

Ah! wherefore didst thou build thine hope
   On the false earth's inconstancy?   20
Did thine own mind afford no scope
   Of love, or moving thoughts to thee?
That natural scenes or human smiles
Could steal the power to wind thee in their wiles?

Yes, all the faithless smiles are fled   25
   Whose falsehood left thee broken-hearted;
The glory of the moon is dead;
   Night's ghosts and dreams have now departed;
Thine own soul still is true to thee,
But changed to a foul fiend through misery.   30

Ó! pairam espíritos do ar...

ΔΚΑΡΥΕΙ ΔΙΟΙΣΩ ΠΟΤΜΟΝ ΑΠΤΜΟΝ

Ó! pairam espíritos do ar
  e os gênios da brisa da tarde,
vultos gentis, de belo olhar
  como o astro que entre as copas arde: —
tanto, em busca de tais arautos,   5
ao longe conduziste os pés incautos.

Os ventos, rios insilenciáveis
  e enluarados mares, o alento
dessas coisas inexplicáveis,
  deram comunhão e contento,   10
com a resposta; eles, porém,
hoje, por teu amor, só têm desdém.

Buscaste, e não era p'ra ti,
  em claros olhos luz infinda,
ouro alheio: — pouco dói se
  é pela fé! mas sofres ainda?   15
ainda crês que o enlaçar dos dedos,
voz, olho, ou beijo, afastarão teus medos?

Ah! por que ergueste a esperança
  na terra falsa e sem penhor?   20
não tens na tua mente confiança
  p'ra o que comove, p'ra o amor?
que a natura e rostos gentis
logrem por te embrenhar em seus ardis.

Sim, os rostos se evanesceram,   25
  que, infiéis, te fazem soturno;
as glórias da lua morreram;
  vão-se vulto e sonho noturno;
tu'alma ainda te é leal,
mas pela dor fez-se em demônio mau.   30

This fiend, whose ghastly presence ever
  Beside thee like thy shadow hangs,
Dream not to chase; — the mad endeavour
  Would scourge thee to severer pangs.
Be as thou art. Thy settled fate,   35
Dark as it is, all change would aggravate.

A esse demônio, vil presença
   qual sombra ao teu lado, em grilhões,
não sonhes tanger; — a imprudência
   trará mais graves aflições.
Sê como és. Mesmo em seu negror,   35
é o teu fado. Mudar será pior.

Mutability

We are as clouds that veil the midnight moon;
 How restlessly they speed, and gleam, and quiver,
Streaking the darkness radiantly! — yet soon
 Night closes round, and they are lost for ever:

Or like forgotten lyres, whose dissonant strings   5
 Give various response to each varying blast,
To whose frail frame no second motion brings
 One mood or modulation like the last.

We rest. — A dream has power to poison sleep;
 We rise. — One wandering thought pollutes the day;   10
We feel, conceive or reason, laugh or weep;
 Embrace fond woe, or cast our cares away:

It is the same! — For, be it joy or sorrow,
 The path of its departure still is free:
Man's yesterday may ne'er be like his morrow;   15
 Nought may endure but Mutability.

Mutabilidade

Quais nuvens somos, que ao luar são um véu;
   e, aflitas, brilham, oscilam e se apressam,
riscando a treva em luz! — mas logo o céu
   se fecha em noite, e para sempre cessam:

ou cordas várias de uma frágil lira   5
   esquecida, de acordes dissonantes;
qualquer que seja o zéfiro que as fira,
   nota alguma soará como as de antes.

Em sono — vêm os sonhos, venenosos;
   vigília — desvarios poluem a hora;   10
sentir, pensar, alegres, lastimosos;
   guardar a mágoa ou lançá-la embora:

é a mesma coisa! — ao júbilo ou tormento,
   para sua fuga ainda há liberdade:
ao homem vai-se e não volta o momento;   15
   nada dura — só Mutabilidade.

Sonnet: To Wordsworth

Poet of Nature, thou hast wept to know
That things depart which never may return:
Childhood and youth, friendship and love's first glow,
Have fled like sweet dreams, leaving thee to mourn.
These common woes I feel. One loss is mine   5
Which thou too feel'st, yet I alone deplore.
Thou wert as a lone star, whose light did shine
On some frail bark in winter's midnight roar:
Thou hast like to a rock-built refuge stood
Above the blind and battling multitude: 10
In honoured poverty thy voice did weave
Songs consecrate to truth and liberty, —
Deserting these, thou leavest me to grieve,
Thus having been, that thou shouldst cease to be.

Soneto: a Wordsworth

Poeta da Natureza, o dissabor
choraste, que o que parte não regressa:
viço, amizades, o primeiro amor,
só doces sonhos, que a tua mágoa expressa.
Tais dores também sinto. Uma delas   5
tu a sentiste, mas só eu a lamento.
Lançaste luz, mais erma das estrelas,
em frágil barca, ao hibernal relento:
resististe, rochoso bastião,
contra a cega e violenta multidão: 10
na pobreza mais nobre, dedicaste
o teu canto à verdade e liberdade, —
e eis-me de luto, porque as desertaste,
que, por tal razão, deixes-nos saudade.

Poemas 1817 – 1822

Sonnet: Ozymandias

I met a traveller from an antique land
Who said: "Two vast and trunkless legs of stone
Stand in the desert. Near them, on the sand,
Half sunk, a shattered visage lies, whose frown,
And wrinkled lip, and sneer of cold command,   5
Tell that its sculptor well those passions read
Which yet survive, stamped on these lifeless things,
The hand that mocked them, and the heart that fed.
And on the pedestal these words appear
My name is Ozymandias, king of kings,   10
Look on my works, ye Mighty, and despair!
Nothing beside remains. Round the decay
Of that colossal wreck, boundless and bare
The lone and level sands stretch far away."

Soneto: Ozimândias

Ouvi um viajante de uma antiga terra
dizer: "Um par de pernas jaz truncado
no deserto. E, perto, a areia enterra
os restos de um semblante estilhaçado
que diz, com lábio e cenho frio de guerra,   5
como à pedra sem vida se esculpiu
tais paixões vivas na obra que se fez
que a mão logrou e o coração nutriu.
E, ao pedestal, palavras há inscritas:
meu nome é Ozimândias, rei dos reis,   10
curva-te, Ó Grande, ao fausto que ora fitas!
Nada mais resta: sós, ao longe, à margem
da imensa ruína, nuas e infinitas,
as areias compõem toda a paisagem".

Lines (That time is dead for ever...)

That time is dead for ever, child!
  Drowned, frozen, dead for ever!
    We look on the past
    And stare aghast
    At the spectres wailing, pale and ghast,   5
Of hopes which thou and I beguiled
  To death on life's dark river.

The stream we gazed on then rolled by;
  Its waves are unreturning;
    But we yet stand   10
    In a lone land,
Like tombs to mark the memory
Of hopes and fears, which fade and flee
  In the light of life's dim morning.

Versos (Perdeu-se a era...)

Perdeu-se a era, Ó criança!
  gelada, fugaz, perdida!
    e vê-se o passado
    de olhar assombrado,
    enquanto geme o espectro, afogado,   5
dos nossos devaneios de esperança,
  no rio sombrio da vida.

O rio que vimos noutro momento
  deságua em tempos de outrora;
    e todavia   10
    em terra vazia,
jazemos feito monumentos
de esperança e medo, fugindo lentos
  na réstia vital desta aurora.

Sonnet: Lift not the painted veil...

Lift not the painted veil which those who live
Call Life: though unreal shapes be pictured there,
And it but mimic all we would believe
With colours idly spread, — behind, lurk Fear
And Hope, twin Destinies; who ever weave   5
Their shadows, o'er the chasm, sightless and drear.
I knew one who had lifted it — he sought,
For his lost heart was tender, things to love
But found them not, alas! nor was there aught
The world contains, the which he could approve.   10
Through the unheeding many he did move,
A splendour among shadows, a bright blot
Upon this gloomy scene, a Spirit that strove
For truth, and like the Preacher found it not.

Soneto: Não erga o tinto véu...

Não erga o tinto véu que os vivos chamam
Vida: embora imprimam em segredo
os vultos vãos que a nossa crença enganam
com nuances ao léu, — vagam, por trás, Medo
e o Fado gêmeo, a Esperança; e tramam,   5
disformes, suas sombras no Penedo.
Conheci quem o erguera — que buscou,
com terno peito, algo a ser amado,
mas não o encontrou! nem se revelou
neste mundo o que fosse do seu grado.   10
Andou na multidão, mas ignorado,
fulgor nas sombras, Alma que brilhou
na tristeza, à verdade devotado,
que, como o Pregador, não a encontrou.

Sonnet: England in 1819

An old, mad, blind, despised, and dying king, —
Princes, the dregs of their dull race, who flow
Through public scorn, — mud from a muddy spring, —
Rulers who neither see, nor feel, nor know,
But leech-like to their fainting country cling,   5
Till they drop, blind in blood, without a blow, —
A people starved and stabbed in the untilled field, —
An army, which liberticide and prey
Makes as a two-edged sword to all who wield, —
Golden and sanguine laws which tempt and slay;   10
Religion Christless, Godless — a book sealed;
A Senate, — Time's worst statute, unrepealed, —
Are graves from which a glorious Phantom may
Burst, to illumine our tempestuous day.

Soneto: a Inglaterra em 1819

Um rei cego, senil, torpe e boçal, —
príncipes, seu refugo, que em desdém
público boiam, — lodo em lodaçal, —
chefes que nada sabem, sentem, veem,
e, até o fim, feito sanguessugas ao 5
país, cegos de sangue então se prendem, —
num campo inculto, o povo apunhalado, —
liberticídio e saque: um batalhão
que é faca de dois gumes se empunhado, —
leis de ouro e sangue, morte e tentação, 10
a Fé sem Cristo ou Deus — livro selado;
do Tempo a pior lei ainda — o Senado;
são tumbas, de onde em glória a Aparição
trará ao dia escuro seu clarão.

Ode to Heaven

    Chorus of Spirits
Palace-roof of cloudless nights!
Paradise of golden lights!
  Deep, immeasurable, vast,
    Which art now, and which wert then
  Of the Present and the Past,   5
    Of the eternal Where and When,
      Presence-chamber, temple, home,
      Ever-canopying dome,
      Of acts and ages yet to come!

Glorious shapes have life in thee,   10
Earth, and all earth's company;
  Living globes which ever throng
    Thy deep chasms and wildernesses;
  And green worlds that glide along;
    And swift stars with flashing tresses;   15
      And icy moons most cold and bright,
      And mighty suns beyond the night,
      Atoms of intensest light.

Even thy name is as a god,
Heaven! for thou art the abode   20
  Of that Power which is the glass
    Wherein man his nature sees.
  Generations as they pass
    Worship thee with bended knees.
      Their unremaining gods and they   25
      Like a river roll away:
      Thou remainest such — alway! —

    A Remoter Voice
Thou art but the mind's first chamber,
Round which its young fancies clamber,
  Like weak insects in a cave,   30
    Lighted up by stalactites;

Ode ao Céu

CORO DE ESPÍRITOS
Cúpula que as nuvens fende!
Éden que áurea luz resplende!
  Infindo, Vasto, Ilimitado,
    és agora e fostes ontem!
  do presente e do passado   5
    do sempiterno Quando e Onde
      câmara, santuário, lar,
      fixo domo a perdurar,
      de atos e eras por passar!

Sopras vida a nobres mundos   10
que constelam vãos profundos
  e as mais ermas brenhas tuas,
    que a Terra seguem em sua dança;
  e o alvo e frio cristal das luas;
      e astros de fulgente trança;   15
      e outros mundos verdejantes;
      e, além da noite, os sóis distantes,
      átomos de luz radiantes.

Até o teu nome é como um deus,
Céu! que habitam templos teus   20
  poderes em que enxerga o homem
    seu feitio, qual fosse espelho.
  Vêm as gerações e somem
    e a ti veneram de joelho.
      Eles mesmos, seu panteão,   25
      fugazes, como um rio se vão:
      persiste — a tua imensidão! —

UMA VOZ MAIS REMOTA
És um átrio à Mente apenas,
aonde sobem ânsias terrenas
  quais insetos numa catacumba   30
    iluminados por sincelos;

But the portal of the grave,
   Where a world of new delights
      Will make thy best glories seem
      But a dim and noonday gleam   35
      From the shadow of a dream!

       A LOUDER AND STILL REMOTER VOICE
Peace! the abyss is wreathed with scorn
At your presumption, atom-born!
  What is Heaven? and what are ye
    Who its brief expanse inherit?   40
  What are suns and spheres which flee
    With the instinct of that Spirit
      Of which ye are but a part?
      Drops which Nature's mighty heart
      Drives through thinnest veins! Depart!   45

What is Heaven? a globe of dew,
Filling in the morning new
  Some eyed flower whose young leaves waken
    On an unimagined world:
Constellated suns unshaken,   50
    Orbits measureless, are furled
      In that frail and fading sphere,
      With ten millions gathered there,
      To tremble, gleam, and disappear.

mas abre um mundo o umbral da tumba,
  de graças que farão singelos
    teus feitos, mesmo o mais sobejo,
    não mais que um diurnal lampejo,   35
    breve sombra de um ensejo!

UMA VOZ AINDA MAIS ALTA E REMOTA
Paz! filho do átomo, tu coroas
o abismo em ódio com tais loas!
  que é o Céu? e o que és e fazes,
    tu, que herdas sua extensão mais mínima?   40
  que são sóis e astros fugazes
    que o pulso desse Espírito anima,
      da qual és não mais que uma parte?
      quinhão que a Natureza comparte
      pingando em finas veias! Parte!   45

Que é o Céu? um globo de orvalho,
pela aurora a estilar do galho
  no olho de uma jovem flor
    entre esferas impretensas:
intactas nuvens de fulgor,   50
  dobram-se órbitas imensas,
    neste orbe a sucumbir,
    co'outros milhões irão se unir,
    vibrar, faiscar e então sumir.

On the Medusa of Leonardo da Vinci in the Florentine Gallery

It lieth, gazing on the midnight sky,
Upon the cloudy mountain-peak supine;
Below, far lands are seen tremblingly;
Its horror and its beauty are divine.
Upon its lips and eyelids seems to lie   5
Loveliness like a shadow, from which shine,
Fiery and lurid, struggling underneath,
The agonies of anguish and of death.

Yet it is less the horror than the grace
Which turns the gazer's spirit into stone,   10
Whereon the lineaments of that dead face
Are graven, till the characters be grown
Into itself, and thought no more can trace;
'Tis the melodious hue of beauty thrown
Athwart the darkness and the glare of pain,   15
Which humanize and harmonize the strain.

And from its head as from one body grow,
As [ ] grass out of a watery rock,
Hairs which are vipers, and they curl and flow
And their long tangles in each other lock,   20
And with unending involutions show
Their mailed radiance, as it were to mock
The torture and the death within, and saw
The solid air with many a ragged jaw.

And, from a stone beside, a poisonous eft   25
Peeps idly into those Gorgonian eyes;
Whilst in the air a ghastly bat, bereft
Of sense, has flitted with a mad surprise
Out of the cave this hideous light had cleft,
And he comes hastening like a moth that hies   30
After a taper; and the midnight sky
Flares, a light more dread than obscurity.

Sobre a Medusa de Leonardo da Vinci na Galeria Florentina

Mirando a madrugada, ela jaz
sobre os nublados píncaros supinos;
logo abaixo, a paisagem se desfaz;
seu horror e beleza são divinos.
Sobre o seu lábio e cenho o encanto traz   5
como uma sombra, entre clarões ferinos,
lívidas e ardorosas, em seu porte,
a agonia das dores e da morte.

Contudo, é menos seu horror que graça,
que a alma dos que a veem em pedra torna,   10
onde as feições daquela face baça
se talham, até o traço que a contorna
em si crescer, e a mente não mais traça;
é do belo o mavioso tom que a orna
em meio ao breu e esgar das aflições,   15
que humana e harmoniza as proporções.

E, qual cadáver, do seu crânio grelam,
qual [ ] musgo de uma rocha aquosa,
fios que são víboras e se arrodelam
e dobram-se em madeixa sinuosa,   20
e com involuções sem fim revelam
seu brilho abroquelado, como troça
desta morte e tortura, e a maxila
serrilhada o ar sólido mutila.

E a salamandra sobre a pedra ao lado,   25
ociosa, seu gorgôneo olhar espia;
no que um atro morcego, desvairado,
no ar, da gruta que horrenda luz fendia,
lançara-se a voar, tão apressado
como a falena que se atiraria   30
a um lampião; e a madrugada, após,
dos céus arde em luz ainda mais atroz.

'Tis the tempestuous loveliness of terror;
For from the serpents gleams a brazen glare
Kindled by that inextricable error, 35
Which makes a thrilling vapour of the air
Become a [ ] and ever-shifting mirror
Of all the beauty and the terror there—
A woman's countenance, with serpent-locks,
Gazing in death on Heaven from those wet rocks. 40

É a graça tempestuosa do terror;
pois das serpentes brilha um férreo olhar
aceso entre os tremores do vapor   35
a emanar do erro inextricável no ar,
torna-se espelho de [ ] furta-cor
de toda a graça e todo horror de lá —
das rochas, com cabelo serpentino,
mira a morte ao Céu um rosto feminino.   40

Love's philosophy

The fountains mingle with the river
  And the rivers with the Ocean,
The winds of Heaven mix for ever
  With a sweet emotion;
Nothing in the world is single;   5
  All things by a law divine
In one spirit meet and mingle.
  Why not I with thine?—

See the mountains kiss high Heaven
  And the waves clasp one another;   10
No sister-flower would be forgiven
  If it disdained its brother;
And the sunlight clasps the earth
  And the moonbeams kiss the sea:
What is all this sweet work worth   15
  If thou kiss not me?

Filosofia do amor

As fontes se unem com o rio,
  e esses rios ao Mar caminham,
os ventos pelos Céus, com brio,
  uns nos outros se aninham;
nada está no mundo a sós; 5
  num só espírito, dita o Céu,
tudo encontra a foz.
  Por que não eu e o teu? —

Os montes beijam nuvens sem chão,
  e cingem-se as ondas também; 10
condena-se a flor-irmã que, do irmão,
  vier a ter desdém;
e o raio de sol cinge o vale,
  e o luar vem beijar os mares:
de que tudo isso então me vale 15
  se não me beijares?

Sonnet: Ye hasten to the grave...

Ye hasten to the grave! What seek ye there,
Ye restless thoughts and busy purposes
Of the idle brain, which the world's livery wear?
O thou quick heart, which pantest to possess
All that pale Expectation feigneth fair!   5
Thou vainly curious mind which wouldest guess
Whence thou didst come, and whither thou must go,
And all that never yet was known would know —
Oh, whither hasten ye, that thus ye press,
With such swift feet life's green and pleasant path,   10
Seeking, alike from happiness and woe,
A refuge in the cavern of gray death?
O heart, and mind, and thoughts! what thing do you
Hope to inherit in the grave below?

Soneto: Correis à cova...

Correis à cova! que buscais nesse ato,
vontades e ideais da mente aflita
e vaga, que vestis do mundo o fato?
Ó peito que tão rápido palpita
pelo que o Anseio finge ser sensato!　　　　　　5
Vã, a tua curiosa mente incita
busca a passadas eras, e à futura
e os saberes que a sina nos censura.
Aonde correis, que o pé se precipita
sobre a relva da vida com presteza,　　　　　　10
a proteger-se, na cinzenta furna
tumular, da alegria e da tristeza?
Ó peito, mente, ideias! que fortuna
pensais que ireis herdar na sepultura?

The two spirits: an allegory

    FIRST SPIRIT
O thou, who plumed with strong desire
  Wouldst float above the earth, beware!
A Shadow tracks thy flight of fire —
    Night is coming!
  Bright are the regions of the air,   5
And among the winds and beams
  It were delight to wander there —
    Night is coming!

    SECOND SPIRIT
The deathless stars are bright above;
  If I would cross the shade of night,   10
Within my heart is the lamp of love,
    And that is day!
  And the moon will smile with gentle light
On my golden plumes where'er they move;
  The meteors will linger round my flight,   15
    And make night day.

    FIRST SPIRIT
But if the whirlwinds of darkness waken
  Hail, and lightning, and stormy rain;
See, the bounds of the air are shaken —
    Night is coming!   20
  The red swift clouds of the hurricane
Yon declining sun have overtaken,
  The clash of the hail sweeps over the plain —
    Night is coming!

    SECOND SPIRIT
I see the light, and I hear the sound;   25
  I'll sail on the flood of the tempest dark
With the calm within and the light around
    Which makes night day:
  And thou, when the gloom is deep and stark,

Os dois espíritos: uma alegoria

PRIMEIRO ESPÍRITO
Ó tu, que em plumas de desejo,
  a alçar-te aos céus te vais, cuidado!
a Sombra segue o teu lampejo —
    chega a noite!
  É claro o ar iluminado,   5
um prazer [ ] sobejo
  vagar no espaço ensolarado —
    chega a noite!

SEGUNDO ESPÍRITO
Reluz eterno o astral fulgor;
  e se eu cruzar a noite escura   10
trarei no peito a luz do amor,
    tal luz é o dia!
  E irá sorrir a lua em candura
nest'áurea pluma aonde eu for;
  em que um meteoro atrás fulgura,   15
    trazendo o dia!

PRIMEIRO ESPÍRITO
Mas se o tufão das trevas desperta
  temporais, saraiva e trovão,
a fronteira do ar se desconcerta —
    chega a noite!   20
  Sob rubras nuvens do furacão,
o sol distante se acoberta,
  clangor da saraiva cobre o chão —
    chega a noite!

SEGUNDO ESPÍRITO
Eu vejo a luz e escuto o estrondo;   25
  a enchente da negra tempestade
com bonança e luz irei transpondo,
    trazendo o dia:
  e, quando pesar a obscuridade,

Look from thy dull earth, slumber-bound,   30
   My moon-like flight thou then mayst mark
      On high, far away.

————

Some say there is a precipice
   Where one vast pine is frozen to ruin
O'er piles of snow and chasms of ice   35
      Mid Alpine mountains;
   And that the languid storm pursuing
That winged shape, for ever flies
   Round those hoar branches, aye renewing
      Its aery fountains.   40

Some say when nights are dry and clear,
   And the death-dews sleep on the morass,
Sweet whispers are heard by the traveller,
      Which make night day:
   And a silver shape like his early love doth pass   45
Upborne by her wild and glittering hair,
   And when he awakes on the fragrant grass,
      He finds night day.

olha desta tua terra em sono 30
  meu voo lunar de liberdade,
    que se distancia.

————

Dizem que pende num rochedo
  um vasto pinheiro congelando
sobre a neve e fragas de gelo 35
    nos alpinos montes;
  e sempre a lassa tormenta, voando,
segue a forma alada em zelo
  pelos velhos ramos, renovando
    as aéreas fontes. 40

Dizem que, quando a noite é radiante
  e dorme a marisma venenosa,
sussurros suaves ouve o viajante,
    trazendo o dia:
  e passa uma sombra, de coma suspensa e brilhosa, 45
argêntea e qual sua primeira amante,
  e ele vê, desperto na relva olorosa,
    que noite é dia.

Hinos de Apolo & Pã

Introdução

Mary Shelley, por volta de 1820, escrevia uma peça em versos intitulada *Midas*, que tinha o famoso rei mitológico como tema. Que Midas era o rei a quem havia sido concedido o dom de transformar tudo que tocasse em ouro já é um lugar-comum, mas o episódio mitológico que Mary Shelley explorava aqui era o relatado em Ovídio (*Metamorfoses*, livro XI) de que Pã havia desafiado Apolo para testarem quem era o cantor mais talentoso. Tmolo, o deus de uma montanha da antiga região da Lídia, onde hoje é a Turquia, serviu de juiz divino, e Midas, como juiz humano. Tmolo decide a favor de Apolo, mas Midas prefere a canção de Pã, e, por isso, é castigado com orelhas de asno pelo deus.

Dentro do drama de Mary Shelley, então, as canções dos dois deuses foram escritas por Percy Shelley. Infelizmente, Mary não conseguiu achar quem publicasse sua peça, por isso acabou publicando os dois hinos separadamente na edição *Posthumous Poems*.

Cada um dos hinos é uma apresentação do próprio deus que o canta (o que faz com que eles sejam, algo estranhamente, hinos de e para si próprios). Apolo, a princípio, em Homero, era o deus da medicina, da música e da profecia, enquanto o sol era o domínio do deus Hélio, cujo carro era o próprio sol, mas os domínios dos dois deuses passam a se misturar ao longo, não só da história da mitologia grega e latina, mas da cultura ocidental posterior, e logo Apolo passa a assumir o papel de deus do sol, da razão, da poesia, da medicina e de tudo que o engenho humano possa produzir – uma figura de luz em seu sentido literal e metafórico, que pode-se ver como culminando na leitura feita por Nietzsche em *A Origem da Tragédia*, em que o filósofo distingue entre o apolíneo e o dionisíaco. Essas são as coisas que Apolo aqui representa, ao passo que Pã, que, em grego, significa "tudo" (mas a raiz da palavra, em arcádio, remete a "rústico") é o deus dos pastores e rebanhos, das montanhas, da caça, da música rústica e, por extensão, também da natureza e, afinal, de tudo, todo o universo – portanto, muito mais dionisíaco do que apolíneo, pensando no viés da dicotomia nietzschiana, e, de fato, o deus por vezes era associado a Dioniso. Há, assim, distinções muito bem marcadas no que eles cantam e no modo como cantam, que, no fundo, representam uma separação entre o humano e o divino.

A canção de Apolo é uma canção do eterno, do ideal e do imutável. De suas seis estrofes, quatro tratam de descrever seu trajeto no céu, como o trajeto do sol, da alvorada ao crepúsculo, terminando com uma chave de ouro que resume sua função divina. É também mais egocêntrica e nela predomina a primeira pessoa do singular, conforme ele descreve tudo que faz: *ele* se levanta, *ele* fulmina a maldade com sua luz, *ele* desce e *ele* conforta as nuvens, toda luz de tudo pertence a *ele*. E sua história também é eterna: ele, invariavelmente, se levanta e se deita todos os dias.

Pã, por outro lado, canta a partir de uma experiência muito mais próxima da humana. Primeiro, que sua história começa a partir de quando Apolo se retira, quando a cena vai "pela tarde, o sol moribundo". Segundo, que ele canta não de uma terra afastada, mas de uma terra *dedálea*, i.e., como um labirinto, no qual ele próprio se encontra, apesar de ser também um deus. Ao contrário de Apolo, que interage com todas as coisas, mas se mantém isolado por conta de sua divindade, que o separa do reino da mutabilidade a que todos os mortais estão sujeitos, Pã é inclusivo. Assim, o segundo verso diz "chegamos, chegamos" ("we come, we come"), e ele constantemente faz referência aos seus interlocutores: Tmolo, Apolo, os ouvintes/leitores.

Sua proximidade do mundo mortal também se reflete na história narrada, na terceira estrofe, que é a de um amor frustrado, o episódio de Pã e a ninfa Siringe (*Syrinx*), que se torna um caniço para fugir dele (e é desse caniço que o deus faz a flauta-de-Pã com que toca suas canções). Novamente, ao contrário da narrativa de Apolo, sua história é um acontecimento único, e que opõe desejo e realidade – daí, portanto, a dor de seu "doce flauteio", que faz com que o poema seja de um tom mais irregular. Apolo é constante no registro de comemoração que domina o poema inteiro, enquanto Pã, como ele mesmo diz, muda seu flauteio e fica mais melancólico na terceira estrofe, ao tratar dessa temática dolorosa. O modo como Shelley dá vozes diferentes aos dois deuses também remete aqui ao trabalho dialético de John Milton, nos poemas "L'Allegro" e "Il Penseroso", cujo modelo, por sua vez, era "A Dialogue Between Pleasure and Pain", poema de abertura da *Anatomia da Melancolia*, de Robert Burton, contemporâneo de Milton.

Essa oposição entre regularidade e irregularidade também se traduz na forma: enquanto o hino de Apolo obedece a um ideal mais abstrato de simetria, com seus 36 versos dispostos em seis estrofes bastante convencionais de seis versos cada uma, em pentâmetro jâmbico e esquema de rimas *ABABCC*, Pã se permite uma liberdade maior. Com o mesmo número de versos totais, ele faz três estrofes de 12 versos em esquema *ABABXCDCDEEX*, onde x representa o verso que serve de refrão, terminando sempre com a palavra "pipings" ("flauteio"). Sua métrica também é radicalmente distinta: em vez de versos fechados e bem definidos, temos versos cuja medida depende do número de sílabas fortes por verso, e o poema começa com versos curtos, de poucas tônicas, que rapidamente se alongam, conforme o poema corre, criando um efeito, inclusive visual, fluido e bastante diferente da regularidade do hino apolíneo.

Sendo assim, não deve ser nenhuma surpresa que Midas, humano, tenha preferido a canção de Pã: ao cantar da experiência, da dor e da mutabilidade, Pã se faz muito mais facilmente comunicável aos mortais do que Apolo com sua perfeição mais ostensivelmente divina.

Hymn of Apollo

The sleepless Hours who watch me as I lie,
Curtained with star-inwoven tapestries
From the broad moonlight of the sky,
Fanning the busy dreams from my dim eyes, —
Waken me when their Mother, the gray Dawn,   5
Tells them that dreams and that the moon is gone.

Then I arise, and climbing Heaven's blue dome,
I walk over the mountains and the waves,
Leaving my robe upon the ocean foam;
My footsteps pave the clouds with fire; the caves   10
Are filled with my bright presence, and the air
Leaves the green Earth to my embraces bare.

The sunbeams are my shafts, with which I kill
Deceit, that loves the night and fears the day;
All men who do or even imagine ill   15
Fly me, and from the glory of my ray.
Good minds and open actions take new might,
Until diminished by the reign of Night.

I feed the clouds, the rainbows and the flowers
With their aethereal colours; the moon's globe   20
And the pure stars in their eternal bowers
Are cinctured with my power as with a robe;
Whatever lamps on Earth or Heaven may shine
Are portions of one power, which is mine.

I stand at noon upon the peak of Heaven,   25
Then with unwilling steps I wander down
Into the clouds of the Atlantic even;
For grief that I depart they weep and frown:
What look is more delightful than the smile
With which I soothe them from the western isle?   30

I am the eye with which the Universe
Beholds itself and knows itself divine;
All harmony of instrument or verse,
All prophecy, all medicine is mine,
All light of art or nature; — to my song   35
Victory and praise in its own right belong.

Hino de Apolo

As vigilantes Horas que me assistem,
em textura-de-estrela cortinado
dos raios do luar que inda persistem,
e abanam o meu sonho deslumbrado, —
despertam-me se a Mãe, cinzenta Aurora,   5
diz que os sonhos e a Lua vão-se embora.

Pois me alço e galgo a Cúpula celeste,
caminhando nas ondas e montanhas,
nas escumas meu manto deixo, ao leste;
meus passos calçam nuvens com as chamas;   10
grutas acendem-se comigo, e o ar
desnuda a Terra para eu a abraçar.

A luz do Sol, meus dardos, é letal
ao logro, que ama a noite e teme o dia;
todo homem que planeja ou faz o mal   15
me evita e à minha glória luzidia.
Boas mentes e ações se fortalecem,
e no reino da Noite, então, fenecem.

Nutro a nuvem e o arco-íris e a flor
com as cores etéreas que lhes tingem;   20
à Lua e astros, em seu esplendor,
os meus poderes como um manto os cingem;
quaisquer lucernas sobre a Terra ou Céu
são porções de um poder somente, o meu.

No Céu, ao meio-dia, subo ao pico,   25
contrafeito depois, faço a descida
para as nuvens do entardecer atlântico,
que franzem, a chorar minha partida:
quem mais amável do que eu sorridente,
ao confortá-las na ilha do poente?   30

Sou o olho com o qual todo o Universo
se vê e conhece sua feição divina;
toda harmonia de instrumento e verso
é minha, todo augúrio e medicina,
luz da arte ou mundo; — tem nesta canção   35
por si só glória e comemoração.

Hymn of Pan

From the forests and highlands
  We come, we come;
From the river-girt islands,
  Where loud waves are dumb
    Listening to my sweet pipings.   5
The wind in the reeds and the rushes,
  .The bees on the bells of thyme,
The birds on the myrtle bushes,
  The cicale above in the lime,
    And the lizards below in the grass,   10
    Were as silent as ever old Tmolus was,
    Listening to my sweet pipings.

Liquid Peneus was flowing,
  And all dark Tempe lay
In Pelion's shadow, outgrowing   15
  The light of the dying day,
    Speeded by my sweet pipings.
The Sileni, and Sylvans, and Fauns,
  And the Nymphs of the woods and the waves,
To the edge of the moist river-lawns,   20
  And the brink of the dewy caves,
    And all that did then attend and follow,
    Were silent with love, as you now, Apollo,
    With envy of my sweet pipings.

I sang of the dancing stars,   25
  I sang of the daedal Earth,
And of Heaven — and the giant wars,
  And Love, and Death, and Birth, —
    And then I changed my pipings, —
Singing how down the vale of Maenalus   30
  I pursued a maiden and clasped a reed.
Gods and men, we are all deluded thus!
  It breaks in our bosom and then we bleed:
    All wept, as I think both ye now would,
    If envy or age had not frozen your blood,   35
    At the sorrow of my sweet pipings.

Hino de Pã

Das florestas e fragas,
　chegamos, chegamos;
das ilhas fluviais onde as vagas
　vão se calando
　　　por ouvirem meu doce flauteio.　　　　　　　　　5
O vento nas canas e juncos,
　abelhas nas flores de timo,
as murtas e os pássaros juntos,
　cigarras nas copas ao cimo,
　　e os lagartos embaixo no solo,　　　　　　　　10
　　emudecem igual ao vetusto Tmolo,
　　por ouvirem meu doce flauteio.

Fluido, o Peneu corria,
　e todo o Tempe fundo
à sombra do Pélion cobria　　　　　　　　　　　15
　pela tarde o sol moribundo,
　　　veloz com meu doce flauteio.
Os Faunos, Silvanos, Silenos,
　e as Ninfas do mar e silvados,
às margens de aquosos terrenos,　　　　　　　　20
　e ao limiar de grotões orvalhados,
　　e todos que, atentos, me escutaram,
　　por amor, como vós, Apolo, calaram,
　　a invejar meu doce flauteio.

Cantei da dedálea terra,　　　　　　　　　　　25
　cantei dos astros em dança,
e o Céu — e a gigântea guerra
　e Amor e Morte e Esperança —
　　　e então mudei meu flauteio,—
cantando como encalcei a donzela　　　　　　　30
　no menáleo vale e agarrei um caniço.
Deuses e homens, eis nossa mazela!
　O logro que o cor faz sangrar, quebradiço:
　　fora vós, o olhar de todos mareja,
　　não tivésseis frio o sangue por anos e inveja,　　35
　　pela dor do meu doce flauteio.

Orpheus

A:
Not far from hence. From yonder pointed hill,
Crowned with a ring of oaks, you may behold
A dark and barren field, through which there flows,
Sluggish and black, a deep but narrow stream,
Which the wind ripples not, and the fair moon   5
Gazes in vain, and finds no mirror there.
Follow the herbless banks of that strange brook
Until you pause beside a darksome pond,
The fountain of this rivulet, whose gush
Cannot be seen, hid by a rayless night   10
That lives beneath the overhanging rock
That shades the pool — an endless spring of gloom,
Upon whose edge hovers the tender light,
Trembling to mingle with its paramour, —
But, as Syrinx fled Pan, so night flies day,   15
Or, with most sullen and regardless hate,
Refuses stern her heaven-born embrace.
On one side of this jagged and shapeless hill
There is a cave, from which there eddies up
A pale mist, like aëreal gossamer,   20
Whose breath destroys all life — awhile it veils
The rock — then, scattered by the wind, it flies
Along the stream, or lingers on the clefts,
Killing the sleepy worms, if aught bide there.
Upon the beetling edge of that dark rock   25
There stands a group of cypresses; not such
As, with a graceful spire and stirring life,
Pierce the pure heaven of your native vale,
Whose branches the air plays among, but not
Disturbs, fearing to spoil their solemn grace;   30
But blasted and all wearily they stand,
One to another clinging; their weak boughs
Sigh as the wind buffets them, and they shake
Beneath its blasts — a weatherbeaten crew!

Orfeu

A:
Não muito longe. Para além do monte
cingido de carvalhos, vês um campo
tenebroso e baldio, onde se arrasta
estreito, mas profundo, um veio negro,
que o vento não perturba e onde a lua,   5
não encontrando espelho, mira em vão.
Segue as baldadas margens desse córrego
até parar num charco obscurecido,
a fonte desse arroio cujo fluxo
não se consegue ver no véu da noite   10
sem luz, que vive sob pendentes rochas
que a cobrem — fonte eterna de negrume
em cujas bordas paira a tenra luz
a arfar por se mesclar com seu amante, —
mas qual de Pã Siringe, assim do dia   15
a noite foge, ou com um ódio lúgubre
recusa, séria, o celestial abraço.
Há nesses montes ásperos, disformes,
de um lado, uma caverna que acumula
qual gaze aérea uma névoa pálida   20
de alento fulminante — ora encobre
a rocha — após, dispersa pelos ventos,
vai sobrevoando o veio ou tarda em fendas
matando, se algo houver, vermes dormentes.
Na borda horripilante dessa rocha   25
há um grupo de ciprestes; diferentes
dos que, com copas vivas e graciosas,
sulcam o céu diáfano do vale
em cujos ramos brinca o ar, mas sem
curvá-los, preservando a altiva graça;   30
mas se veem arrasados e exauridos,
prendendo-se uns aos outros, suas ramas
gemem co'os golpes das lufadas, trêmulas
ao vento — um bando temperirruinoso!

CHORUS:
What wondrous sound is that, mournful and faint,   35
But more melodious than the murmuring wind
Which through the columns of a temple glides?

A:
It is the wandering voice of Orpheus' lyre,
Borne by the winds, who sigh that their rude king
Hurries them fast from these air-feeding notes;   40
But in their speed they bear along with them
The waning sound, scattering it like dew
Upon the startled sense.

CHORUS:
                              Does he still sing?
Methought he rashly cast away his harp
When he had lost Eurydice.

A:
                              Ah, no!   45
Awhile he paused. As a poor hunted stag
A moment shudders on the fearful brink
Of a swift stream — the cruel hounds press on
With deafening yell, the arrows glance and wound, —
He plunges in: so Orpheus, seized and torn   50
By the sharp fangs of an insatiate grief,
Maenad-like waved his lyre in the bright air,
And wildly shrieked 'Where she is, it is dark!'
And then he struck from forth the strings a sound
Of deep and fearful melody. Alas!   55
In times long past, when fair Eurydice
With her bright eyes sat listening by his side,
He gently sang of high and heavenly themes.
As in a brook, fretted with little waves
By the light airs of spring — each riplet makes   60
A many-sided mirror for the sun,
While it flows musically through green banks,
Ceaseless and pauseless, ever clear and fresh,
So flowed his song, reflecting the deep joy

CORO:
Que som augusto é esse, triste e flébil   35
mas mais mavioso que, em murmúrio, o vento
pairando entre as colunas dum santuário?

A:
É Orfeu com a lira, a voz errante,
pênsil nos ventos, que, porque os afasta
seu rei bruto das notas que o ar nutrem,   40
suspiram; mas carregam ao partirem
e vertem como orvalho o som minguante
sobre os pasmos sentidos.

CORO:
                          Canta ainda?
cri eu que dispensara ele sua harpa
quando perdera Eurídice.

A:
                          Ah, não!   45
cessara por um tempo. Feito um cervo
caçado, que um momento hesita às margens
de um córrego — cruéis, os cães persistem,
ruidosos, flechas ferem e relançam —
ele se atira: assim Orfeu, rasgado   50
pelas presas dum luto insaciado,
qual Mênade, ondulara no ar a lira,
gritando, "Onde está ela, há trevas!"
e então rompeu das cordas uma música
profunda e temerosa. Pobre dele!   55
outrora, quando perto a bela Eurídice
de olhos brilhantes se sentava ouvindo,
ele cantou, gentil, excelsos temas.
Como um riacho, que ôndulas perturbam
pelo ar primaveril — cada uma cria   60
ao sol espelhos multifacetados,
no que ele flui, sonoro, em verdes margens
sem cessar ou pausar, límpido e fresco,
assim fluiu seu canto, refletindo

And tender love that fed those sweetest notes,   65
The heavenly offspring of ambrosial food.
But that is past. Returning from drear Hell,
He chose a lonely seat of unhewn stone,
Blackened with lichens, on a herbless plain.
Then from the deep and overflowing spring   70
Of his eternal ever-moving grief
There rose to Heaven a sound of angry song.
'Tis as a mighty cataract that parts
Two sister rocks with waters swift and strong,
And casts itself with horrid roar and din   75
Adown a steep; from a perennial source
It ever flows and falls, and breaks the air
With loud and fierce, but most harmonious roar,
And as it falls casts up a vaporous spray
Which the sun clothes in hues of Iris light.   80
Thus the tempestuous torrent of his grief
Is clothed in sweetest sounds and varying words
Of poesy. Unlike all human works,
It never slackens, and through every change
Wisdom and beauty and the power divine   85
Of mighty poesy together dwell,
Mingling in sweet accord. As I have seen
A fierce south blast tear through the darkened sky,
Driving along a rack of winged clouds,
Which may not pause, but ever hurry on,   90
As their wild shepherd wills them, while the stars,
Twinkling and dim, peep from between the plumes.
Anon the sky is cleared, and the high dome
Of serene Heaven, starred with fiery flowers,
Shuts in the shaken earth; or the still moon   95
Swiftly, yet gracefully, begins her walk,
Rising all bright behind the eastern hills.
I talk of moon, and wind, and stars, and not
Of song; but, would I echo his high song,
Nature must lend me words ne'er used before,   100
Or I must borrow from her perfect works,
To picture forth his perfect attributes.
He does no longer sit upon his throne

o amor e o gozo que nutria as notas, 65
doces, celestiais filhos da ambrósia.
Mas é passado. Ao voltar do Inferno,
num descampado, um trono em pedra bruta,
ermo e negro de líquens, escolhera.
Da profunda nascente transbordante 70
de seu eterno luto então ergueu-se
aos Céus o som de um furioso canto.
É como as cataratas que repartem
duas rochas-irmãs com águas rápidas
e se lançam, rugindo horrivelmente, 75
queda abaixo; da fonte mais perene
correm eternamente e quebram o ar
com feroz, mas harmônico, rugido,
e ergue um vapor conforme vai caindo,
que em tons da luz de Íris o sol veste. 80
Dessa forma, a torrente de seu luto
se veste nos mais doces sons e termos
da poesia. Distinta da obra humana,
ela jamais se apaga, e nas mudanças
o saber e a beleza e o poder 85
divino da poesia juntos vagam,
mistos em doce acordo. Como eu vira
o sul bravio rasgando o céu escuro,
que traz consigo, aladas, suas nuvens,
que sem poder parar sempre se apressam, 90
servis a seu pastor, enquanto os astros
cintilantes espiam entre as plumas.
O ar está claro, a cúpula serena,
celestial com flores flamejantes,
se fecha sobre a terra frouxa; ou vai, 95
presta, a lua graciosa a caminhar,
alva a erguer-se nos montes do oriente.
Falo da lua, estrelas, ventos, não
de sons: fosse eu ecoar seu nobre som,
novos termos teria a natureza 100
de ceder-me, ou de sua perfeita obra
devo-os tomar, e a perfeição traçar.
Ele não mais se senta sobre o trono

Of rock upon a desert herbless plain,
For the evergreen and knotted ilexes,   105
And cypresses that seldom wave their boughs,
And sea-green olives with their grateful fruit,
And elms dragging along the twisted vines,
Which drop their berries as they follow fast,
And blackthorn bushes with their infant race   110
Of blushing rose-blooms; beeches, to lovers dear,
And weeping willow trees; all swift or slow,
As their huge boughs or lighter dress permit,
Have circled in his throne, and Earth herself
Has sent from her maternal breast a growth   115
Of starlike flowers and herbs of odour sweet,
To pave the temple that his poesy
Has framed, while near his feet grim lions couch,
And kids, fearless from love, creep near his lair.
Even the blind worms seem to feel the sound.   120
The birds are silent, hanging down their heads,
Perched on the lowest branches of the trees;
Not even the nightingale intrudes a note
In rivalry, but all entranced she listens.

de rocha sobre um ermo descampado,
pois verdes azinheiras com seus nós,   105
e ciprestes que não dobram as copas,
e oliveiras de fruto agradecido,
e olmos que arrastam suas vinhas tortas,
que se apertadas, sâmaras derrubam;
e a faia, cara aos que amam; cerejeiras   110
com sua infante raça de botões;
e os salgueiros-chorões; lentos ou rápidos,
como permite o peso da ramagem,
seu trono circundaram, e até a Terra
de seu seio materno mandou medras   115
de flores como estrelas, doces ervas,
para calçar o templo que a poesia
criara, enquanto dois leões sinistros,
com cabritos sem medo se aconchegam.
Parece que até o verme cego o sente.   120
As aves estão quietas, cabisbaixas,
empoleiradas nos mais baixos galhos;
nem mesmo o rouxinol o rivaliza
com seu canto, mas todo em transe escuta.

To — (Music, when soft voices die...)

Music, when soft voices die,
Vibrates in the memory —
Odours, when sweet violets sicken,
Live within the sense they quicken.

Rose leaves, when the rose is dead,   5
Are heaped for the beloved's bed;
And so thy thoughts, when thou art gone,
Love itself shall slumber on.

Para — (Cantos, quando a voz se cansa...)

Cantos, quando a voz se cansa,
ainda vibram na lembrança —
o aroma, quando a flor adoece,
em quem o sorve permanece.

Morta a rosa, é desfolhada   5
p'ra cobrir lençóis da amada;
e o teu pensar, quando eu perder-te,
que o próprio amor jamais desperte.

The waning moon

And like a dying lady, lean and pale,
Who totters forth, wrapped in a gauzy veil,
Out of her chamber, led by the insane
And feeble wanderings of her fading brain,
The moon arose up in the murky East,   5
A white and shapeless mass—

A lua minguante

E, tal como uma moça enferma morre,
magra e sem cor, num fino véu, que corre
de seu quarto, seguindo a vã quimera
débil de um cérebro que se esvai e erra,
no turvo leste levantou-se a lua,   5
branca e disforme massa —

Sonnet: Political greatness

Nor happiness, nor majesty, nor fame,
Nor peace, nor strength, nor skill in arms or arts,
Shepherd those herds whom tyranny makes tame;
Verse echoes not one beating of their hearts, —
History is but the shadow of their shame, 5
Art veils her glass, or from the pageant starts
As to oblivion their blind millions fleet,
Staining that Heaven with obscene imagery
Of their own likeness. — What are numbers knit
By force or custom? Man who man would be, 10
Must rule the empire of himself; in it
Must be supreme, establishing his throne
On vanquished will, — quelling the anarchy
Of hopes and fears, — being himself alone. —

Soneto: Grandeza política

Nem fama ou majestade ou alegria,
nem paz, nem força ou dom em armas e arte
arrebanha quem cede à Tirania;
da sua vileza a História é um estandarte,
não ecoa em seus peitos a poesia —⠀⠀⠀⠀⠀⠀⠀⠀⠀⠀5
a arte recobre o espelho e, em toda parte
que milhões rumam cegos para o Nada,
desperta e mancha o Céu com o arremedo
de sua semelhança. — Que é, trançada,
a multidão por hábito ou degredo?⠀⠀⠀⠀⠀⠀⠀⠀⠀10
Homem, que homem seria, a própria alçada
conduz; sumo, seu trono ergue do pó
do querer, — da anarquia finda, o medo
e as esperanças, — ele mesmo só. —

One word is too often profaned...

One word is too often profaned
   For me to profane it,
One feeling too falsely disdained
   For thee to disdain it;
One hope is too like despair   5
   For prudence to smother,
And pity from thee more dear
   Than that from another.

I can give not what men call love,
   But wilt thou accept not   10
The worship the heart lifts above
   And the Heavens reject not,—
The desire of the moth for the star,
   Of the night for the morrow,
The devotion to something afar   15
   From the sphere of our sorrow?

Profanam demais certo termo...

Profanam demais certo termo
  para eu profaná-lo,
desprezam demais certo zelo
  p'ra tu desprezá-lo;
há esperança demais p'ra conter,   5
  igual desespero,
e tua pena, mais que outra qualquer,
  é o que eu mais quero.

Não sei dar o que chamam de amor,
  mas tu não aceitas   10
esse voto ao que é superior
  e que o Céu não rejeita, —
desejo entre inseto e estrela
  e noite e manhã,
devoção ao que foge à esfera   15
  de nosso afã?

Time

Unfathomable Sea! whose waves are years,
  Ocean of Time, whose waters of deep woe
Are brackish with the salt of human tears!
  Thou shoreless flood, which in thy ebb and flow
Claspest the limits of mortality,   5
  And sick of prey, yet howling on for more,
Vomitest thy wrecks on its inhospitable shore;
  Treacherous in calm, and terrible in storm,
  Who shall put forth on thee,
  Unfathomable Sea?   10

O tempo

Ó insondável Mar! marulho de anos,
  Tempo, em cujos pelágios fundas mágoas
salmouram só do pranto dos humanos!
  Maré sem margens, sob as vossas águas
podeis os fins do ser mortal tocar   5
  e, nauseado, a uivar, pedindo mais,
em suas margens vis os restos vomitais;
  pérfido na bonança, atroz na fúria,
    quem vai vos desbravar,
    Ó insondável Mar?   10

A lament

O world! O life! O time!
On whose last steps I climb,
   Trembling at that where I had stood before;
When will return the glory of your prime?
   No more — Oh, never more!   5

Out of the day and night
A joy has taken flight;
   Fresh spring, and summer, and winter hoar,
Move my faint heart with grief, but with delight
   No more — Oh, never more!   10

Um lamento

Ó mundo! Ó vida! Ó tempo!
cujos degraus, tremendo,
   de novo escalo e chego aos teus finais;
quando retorna a glória do momento?
   não mais — ah, nunca mais!   5

Pela noite e o dia,
fugaz prazer fugia;
   frescor do estio e alvores hibernais
ferem meu peito em dor, mas de alegria
   não mais — ah, nunca mais!   10

A dirge

Rough wind, that moanest loud
  Grief too sad for song;
Wild wind, when sullen cloud
  Knells all the night long;
    Sad storm whose tears are vain,   5
    Bare woods, whose branches strain,
    Deep caves and dreary main,—
Wail, for the world's wrong!

Uma nênia

Tufão, que tanto geme,
   luto ao canto mudo;
se, ao vento à noite, freme,
   negro, o céu profundo;
      tormenta em vãos lamentos,
      sarçal curvado aos ventos,
      a furna e mar violentos, —
   urram o error do mundo!

Juvenília 1809 – 1815

The Wandering Jew's soliloquy

Is it the Eternal Triune, is it He
Who dares arrest the wheels of destiny
  And plunge me in the lowest Hell of Hells?
   Will not the lightning's blast destroy my frame?
Will not steel drink the blood-life where it swells?   5
No — let me hie where dark Destruction dwells,
   To rouse her from her deeply caverned lair,
   And, taunting her cursed sluggishness to ire,
  Light long Oblivion's death-torch at its flame
   And calmly mount Annihilation's pyre.   10

Tyrant of Earth! pale Misery's jackal Thou!
  Are there no stores of vengeful violent fate
  Within the magazines of Thy fierce hate?
No poison in the clouds to bathe a brow
    That lowers on Thee with desperate contempt?   15
   Where is the noonday Pestilence that slew
The myriad sons of Israel's favoured nation?
   Where the destroying Minister that flew
Pouring the fiery tide of desolation
    Upon the leagued Assyrian's attempt?   20
Where the dark Earthquake-daemon who engorged
   At the dread word Korah's unconscious crew?
Or the Angel's two-edged sword of fire that urged
  Our primal parents from their bower of bliss
    (Reared by Thine hand) for errors not their own   25
   By Thine omniscient mind foredoomed, foreknown?
  Yes! I would court a ruin such as this,
Almighty Tyrant! and give thanks to Thee —
Drink deeply — drain the cup of hate; remit this — I may die.

Solilóquio do Judeu Errante

É o da Eterna Trindade? é Ele, quem
sozinho as rodas do destino atém,
  que no Inferno do Inferno assim me agrura?
    não cairá um raio p'ra me fulminar?
  ou meu sangue beber o aço onde apura?   5
  não — que eu me apresse até a caverna escura
    para lá despertar da Destruição
    a ira, ao maldizer sua lentidão,
   vir do Oblívio os seus círios abrasar,
    e dar-me à pira da Aniquilação.   10

Chacal da Dor! Tirano desta Terra!
  não sobra uma vingança ou fado atroz
  no estoque de Tua cólera feroz?
ou névoa de veneno que se cerra
    numa fronte em desdém por Ti torcida?   15
onde a Praga diurna que ceifara
  os filhos da nação cara à Israel?
onde o Teu Núncio destruidor, que voara
  co'ondas de fogo a despejar, cruel,
   sobre os assírios em sua investida?   20
     onde o dáimon que a terra abre, a Teu mando,
     e a fez tragar Coré, e co'ele seu bando?
o anjo do sabre em chamas que expulsara
  nossos pais do seu bosque de bonança
    (por tua mão feitos), pelo erro inocente   25
    que previste e julgaste já, Onisciente?
  sim! tal ruína me soa à esperança,
tirano onipotente! a ti dou honras —
bebe tudo — o graal do ódio; cessa isto — e eu, que morra.

Queen Mab: a philosophical poem

How wonderful is Death,
Death and his brother Sleep!
One, pale as yonder waning moon
With lips of lurid blue;
The other, rosy as the morn   5
When throned on ocean's wave
It blushes o'er the world:
Yet both so passing wonderful!

Hath then the gloomy Power
Whose reign is in the tainted sepulchres   10
Seized on her sinless soul?
Must then that peerless form
Which love and admiration cannot view
Without a beating heart, those azure veins
Which steal like streams along a field of snow,   15
That lovely outline, which is fair
As breathing marble, perish?
Must putrefaction's breath
Leave nothing of this heavenly sight
But loathsomeness and ruin?   20
Spare nothing but a gloomy theme,
On which the lightest heart might moralize?
Or is it only a sweet slumber
Stealing o'er sensation,
Which the breath of roseate morning   25
Chaseth into darkness?
Will Ianthe wake again,
And give that faithful bosom joy
Whose sleepless spirit waits to catch
Light, life and rapture from her smile?   30

Rainha Mab: um poema filosófico

(excerto)

Canto I.

(vv. 1-156)

Que maravilha a Morte,
Morte e seu irmão Sono!
ela, pálida como a lua
que míngua, os lábios lúridos;
o outro, rosado como a aurora   5
no trono do mar, quando
enrubesce-lhe o mundo:
os dois, fugazes maravilhas!

Era o Poder soturno
que rege os túmulos polutos   10
que apanhava sua alma pura?
tais formas sem igual,
que amor e admiração não podem ver
sem um peito a pulsar, veias azuis
correndo, como córregos na tundra,   15
tais contornos, belos quais vivo
mármore, hão de morrer?
da podridão o sopro
há de arrasar essa visão celeste,
restando vileza e ruína?   20
poupando só o soturno tema,
que o peito leviano moraliza?
ou é só o doce sono
correndo sobre as sensações
que o sopro da rósea manhã   25
faz fugir até a treva?
Ianthe há de acordar
e ao seio fiel dar o júbilo
cuja alma insone aguarda
o enlevo, vida e luz do seu sorriso?   30

Yes! she will wake again,
Although her glowing limbs are motionless,
And silent those sweet lips,
Once breathing eloquence,
That might have soothed a tiger's rage,   35
Or thawed the cold heart of a conqueror.
Her dewy eyes are closed,
And on their lids, whose texture fine
Scarce hides the dark blue orbs beneath,
The baby Sleep is pillowed: 40
Her golden tresses shade
The bosom's stainless pride,
Curling like tendrils of the parasite
Around a marble column.

Hark! whence that rushing sound?   45
'Tis like the wondrous strain
That round a lonely ruin swells,
Which, wandering on the echoing shore,
The enthusiast hears at evening:
'Tis softer than the west wind's sigh;   50
'Tis wilder than the unmeasured notes
Of that strange lyre whose strings
The genii of the breezes sweep:
Those lines of rainbow light
Are like the moonbeams when they fall   55
Through some cathedral window, but the tints
Are such as may not find
Comparison on earth.

Behold the chariot of the Fairy Queen!
Celestial coursers paw the unyielding air;   60
Their filmy pennons at her word they furl,
And stop obedient to the reins of light:
These the Queen of Spells drew in,
She spread a charm around the spot,
And leaning graceful from the aethereal car,   65
Long did she gaze, and silently,
Upon the slumbering maid.

Sim! ela há de acordar,
embora imóveis seus brilhantes membros
e quietos doces lábios,
que já alentaram a eloquência
que mesmo um tigre amansa   35
ou o peito frio de um déspota degela.
Cerrados, seus olhos de orvalho,
e as suas finas pálpebras
mal escondem o azul dos orbes,
repousa o Sono, pueril: 40
o ouro de suas tranças
sombreia o seio altivo,
como as gavinhas duma parasita
sobre um pilar de mármore.

Ouvi! de onde esse ruído?   45
é como a bela música
crescente em ermas ruínas,
que, ao vagar pela praia de ecos,
escuta o entusiasta pela noite:
mais suave que o vento oeste;   50
mais selvagem que as notas soltas
da estranha lira cujas cordas
tange o gênio da brisa:
essas luzes iriadas
são como as do luar que passam   55
o vidro de uma catedral, mas tons
tais como esses no mundo
não têm o que compare.

Eis a Rainha Feérica em seu carro!
corcéis celestiais o ar firme pisam;   60
dobram límpidas asas ao seu mando,
e obedientes às rédeas de luz param:
a Rainha do Encanto as puxa,
espalhando um feitiço,
na etérea carruagem inclinada,   65
muito admirou, e em silêncio,
a donzela a dormir.

Oh! not the visioned poet in his dreams,
When silvery clouds float through the 'wildered brain,
When every sight of lovely, wild and grand   70
Astonishes, enraptures, elevates,
When fancy at a glance combines
The wondrous and the beautiful, —
So bright, so fair, so wild a shape
Hath ever yet beheld,   75
As that which reined the coursers of the air,
And poured the magic of her gaze
Upon the maiden's sleep.

The broad and yellow moon
Shone dimly through her form —   80
That form of faultless symmetry;
The pearly and pellucid car
Moved not the moonlight's line:
'Twas not an earthly pageant:
Those who had looked upon the sight,   85
Passing all human glory,
Saw not the yellow moon,
Saw not the mortal scene,
Heard not the night-wind's rush,
Heard not an earthly sound,   90
Saw but the fairy pageant,
Heard but the heavenly strains
That filled the lonely dwelling.

The Fairy's frame was slight, yon fibrous cloud,
That catches but the palest tinge of even,   95
And which the straining eye can hardly seize
When melting into eastern twilight's shadow,
Were scarce so thin, so slight; but the fair star
That gems the glittering coronet of morn,
Sheds not a light so mild, so powerful,   100
As that which, bursting from the Fairy's form,
Spread a purpureal halo round the scene,
Yet with an undulating motion,
Swayed to her outline gracefully.

Ah! nem o poeta visionário em sonhos,
co'a mente nubla por argênteas nuvens,
com toda vista amável, vasta e bárbara   70
a elevá-lo, espantá-lo, estarrecê-lo,
e a fantasia, num relance,
combina o belo ao mavioso, —
nunca antes contemplara
forma tão linda, clara e bárbara,   75
como a que conduzia os corcéis do ar
e a magia do olhar jorrava
no sono da donzela.

Um luar amarelo
por sua forma passava —   80
por sua perfeita simetria;
o carro, perlado e dilúcido,
não turvava o luar:
não era um cortejo terreno:
quem teve esta visão,   85
além da humana glória,
viu não a lua pálida,
nem a cena mortal,
ouviu não som terreno
nem o rumor do vento,   90
viu só o cortejo feérico,
ouviu só a célia música
na alcova solitária.

Como era esguia a Fada, nem a nuvem
que o crepúsculo tão de leve tinge   95
e que o olho se esforça para ver
ao dissolver-se à sombra do poente,
era tão fina, esguia; nem a estrela
que ornamenta a guirlanda da manhã,
derrama luz tão branda e poderosa,   100
quanto a luz que, da Fada e suas formas,
faz espalhar na cena um halo púrpura,
mas com um ondular gracioso
a oscilar de sua silhueta.

From her celestial car 105
The Fairy Queen descended,
And thrice she waved her wand
Circled with wreaths of amaranth:
Her thin and misty form
Moved with the moving air, 110
And the clear silver tones,
As thus she spoke, were such
As are unheard by all but gifted ear.

FAIRY
'Stars! your balmiest influence shed!
Elements! your wrath suspend! 115
Sleep, Ocean, in the rocky bounds
That circle thy domain!
Let not a breath be seen to stir
Around yon grass-grown ruin's height,
Let even the restless gossamer 120
Sleep on the moveless air!
Soul of Ianthe! thou,
Judged alone worthy of the envied boon,
That waits the good and the sincere; that waits
Those who have struggled, and with resolute will 125
Vanquished earth's pride and meanness, burst the chains,
The icy chains of custom, and have shone
The day-stars of their age; —Soul of Ianthe!
Awake! arise!'

Sudden arose 130
Ianthe's Soul; it stood
All beautiful in naked purity,
The perfect semblance of its bodily frame.
Instinct with inexpressible beauty and grace,
Each stain of earthliness 135
Had passed away, it reassumed
Its native dignity, and stood
Immortal amid ruin.

Upon the couch the body lay
Wrapped in the depth of slumber: 140

Do seu carro celeste 105
desce a Rainha Feérica,
três vezes brandindo a varinha
de diademas de amaranto:
seu vulto esguio de névoa
corria o ar corrente, 110
e os claros tons argênteos,
ao falar, eram tais
que raro privilégio era ouvi-los.

FADA
"Dai vosso bálsamo, astros!
cessai vossa fúria, elementos! 115
dorme, Oceano, entre as rochas
que circundam os teus domínios!
que nenhum sopro agite
o mato alto em tuas ruínas,
que mesmo os fios da teia inquieta 120
repousem no ar imóvel!
Alma de Ianthe! tu,
a única digna, ao meu juízo, desta dádiva,
à espera dos leais, dos bons; à espera
dos que lutaram, subjugando, firmes, 125
o orgulho, a mesquinhez do mundo, e rompem
grilhões, os frios grilhões do hábito, e brilham
como os sóis de sua era — Alma de Ianthe!
te ergue! desperta!"

Súbita, ergueu-se 130
a Alma de Ianthe; e era
excelsa na nudez de sua pureza
perfeita semelhança de seu corpo.
Com inefável graça e beleza insuflada,
cada mundana mácula 135
morria, e ela recobrava
sua dignidade nata, erguendo-se
imortal entre as ruínas.

No divã repousava o corpo
envolto em seu sono profundo: 140

Its features were fixed and meaningless,
Yet animal life was there,
And every organ yet performed
Its natural functions: 'twas a sight
Of wonder to behold the body and soul.   145
The self-same lineaments, the same
Marks of identity were there:
Yet, oh, how different! One aspires to Heaven,
Pants for its sempiternal heritage,
And ever-changing, ever-rising still,   150
Wantons in endless being.
The other, for a time the unwilling sport
Of circumstance and passion, struggles on;
Fleets through its sad duration rapidly:
Then, like an useless and worn-out machine,   155
Rots, perishes, and passes.

tinha as feições inexpressivas, fixas,
mas ainda a sua vida animal,
e cada órgão cumpria
sua função natural: visão
sublime contemplar o corpo e a alma!   145
mesmíssimo o talhe, e as mesmas
marcas de identidade estavam lá:
e, ah, quanta diferença! uma aspira ao Céu,
anseia a eterna herança,
e então sempre mutável, sempre a alçar-se   150
goza do infindo ser.
O outro, forçado por um tempo a divertir
circunstância e paixão, debate-se;
ligeira corre a triste duração:
depois, como uma puída e inútil máquina,   155
estraga, expira e passa.

Notas

Prometeu Desacorrentado

O poema foi composto em Este, setembro/outubro de 1.818 (Ato 1); em Roma, março/abril de 1819 (Atos 2 e 3); em Florença, final de 1819 (Ato 4) e publicado por C. e J. Ollier, em Londres, verão de 1820.

Epígrafe: "Ouves isso, Anfiarau, tu que jazes sob a terra?" O verso pertenceria à tragédia perdida de Ésquilo *Epigoni*, que Shelley encontrou em tradução latina ao ler as *Tusculanae Disputationes* de Cícero (II. xxv. 60). A frase deste verso está na voz de Cleante, e seu interlocutor na peça é Anfiarau, mas Cícero a usa para se referir a Zenão de Cítico, o fundador do estoicismo. Cleante reclama aqui da incapacidade do deus Dioniso de suportar sofrimento físico como os estoicos. Ao copiar esse verso para o seu caderno, Shelley o intitulou "Ao fantasma de Ésquilo", voltando, assim, as palavras do tragediógrafo contra ele, um movimento semelhante ao realizado pelo todo do seu *Prometeu Desacorrentado*. Em todo caso, a menção à personagem mitológica do vate Anfiarau é tematicamente relevante: na guerra dos Sete contra Tebas, ele se opôs à empreitada e desde o começo previu o seu fracasso, mas foi coagido a participar da expedição. Durante o combate, foi perseguido por Poriclimeno, filho de Posêidon, quando a terra se abre e o engole. Anfiarau, porém, não morre, mas desce vivo ao Hades e passa por uma apoteose, tornando-se um deus ctônico. Uma versão desse episódio é narrada nos livros VII e VIII da *Tebaida*, de Estácio.

Ato I

Shelley desloca a cena do mito do Cáucaso europeu (entre o Mar Negro e o Mar Cáspio) para o Cáucaso indiano, ou Kush, que alguns escritores identificavam com o Himalaia. As razões por trás desse deslocamento são motivo de especulação; talvez visasse uma ampliação da abrangência do mito grego, da topografia grega para o mundo, universalizando o mito de Prometeu.

Panteia e Ione. Duas oceânides, ninfas filhas do deus Oceano. No *Prometeu Acorrentado* de Ésquilo, as oceânides, sem nomes individuais, servem de coro à peça. Em Shelley, elas são individualizadas e têm personalidade própria.

v. 1. *Dáimones*: do grego *daimon*, uma figura intermediária entre os homens e os deuses, sem relação com o que se entende pela palavra sonoramente semelhante "demônio" (palavra que, na tradução, foi utilizada geralmente para traduzir o termo inglês "fiend", que tem essa conotação). A terminologia é usada por Platão em diálogos como *O Banquete* e *A Apologia de Sócrates*, por exemplo, em que Sócrates revela não crer nos deuses, mas acreditava nos dáimones – e Eros, o Amor, por exemplo, seria um dáimon. A palavra é recorrente na obra de Shelley. Aqui, sendo Júpiter o "Senhor dos Deuses, Dáimones e Espíritos", o interlocutor ausente de Prometeu, a locução do monólogo se refere à sua dominação sobre todos os seres viventes, "menos um" (v. 2), que é o próprio Prometeu .

v. 13. *Três mil anos...*: O tempo que, pelo cálculo dos cientistas da época, separava as civilizações antigas da civilização contemporânea.

v. 48. Shelley subverte a representação típica das Horas (*Horae*, em latim, ou *Hōrai*, em grego), da mitologia clássica, entidades associadas à passagem do tempo, como seres alados.

vv. 119-120. A sequência de neologismos é uma forma de traduzir adjetivos compostos, "all-conquering foe", inimigo que tudo conquista, "rock-embosomed lawns", prados de peito de rocha (daí "petricórdios", com coração de pedra), e "snow-fed streams", rios alimentados de neve ("nevífagos", portanto). Esse procedimento tradutório será recorrente ao longo de todo o poema.

v. 123. *Ásia:* Filha de Oceano e Tétis, irmã das outras ninfas já presentes na peça, Ione e Panteia. O nome Ásia era tipicamente reconhecido como o nome da mãe de Prometeu, mas Heródoto, talvez por engano, se refere a ela como esposa do titã, que é provável que seja a fonte para a criação da Ásia de Shelley, que contém em si também características da deusa Vênus.

v. 186. *Mãe venerável*: Gaia ou Teia, a Terra, na *Teogonia* de Hesíodo, é mãe dos titãs, cujo pai é Urano, o Céu.

vv 191-3. Zaratustra ou Zoroastro foi o autor dos principais hinos do zoroastrismo, compostos na língua avéstica por volta do século VI ou VII a.C., e fundador dessa religião persa para a qual o fogo era sagrado e cuja cosmologia dualista resumia o mundo num confronto entre uma entidade criadora benevolente, Ahura Mazda, e uma entidade malévola, corruptora e destrutiva, Angra Mainyu ou Ahriman. Os sacerdotes do zoroastrismo eram chamados de magos (*magus* em latim, plural *magi*), e algumas de suas práticas foram descritas na Antiguidade por Heródoto em suas *Histórias* (1.110-132). Outros autores como Estrabão, Plutarco e Diógenes Laércio também trataram brevemente da religião e costumes dos persas. Não se sabe ao certo o quanto Shelley tinha conhecimento sobre o tema, nem as fontes sobre as quais se baseou para essa representação de Zoroastro. Em todo caso, sabemos que o zoroastrismo se tornou um assunto popular entre os europeus do século XVIII (possivelmente como parte do mesmo espírito de redescobrimento de tradições místicas que propulsionou a popularização da Cabala judaica e do swedenborguismo), e o amigo de Shelley, Peacock, tinha interesse no assunto. Mais tarde Nietzsche viria a dar a representação mais célebre do profeta em *Assim falou Zaratustra*, que, como a representação de Shelley, se relaciona apenas de forma muito tangencial à religião de fato, mas que a utiliza como ponto de partida para tratar de moralidade e niilismo. O fenômeno, porém, que Shelley descreve como tendo acontecido com Zoroastro, a do *doppelgänger*, é invenção sua e uma preocupação recorrente em toda a literatura do século XIX, desde Heine e Poe até Wilde e Dostoiévksi. Num episódio famoso da biografia do poeta, ele mesmo teria visto o seu duplo, que lhe perguntou a frase enigmática: "how long do you mean to be content?" [por quanto tempo pretendes estar contente?]. Esse episódio, porém, é posterior à composição e publicação do poema, tendo se passado no verão de 1822.

v. 206. O Demogórgone de *Prometeu Desacorrentado* é uma criação própria de Shelley, apesar de o nome ser derivado de uma tradição pré-existente, cuja origem é incerta: os críticos apontam para um erro medieval de grafia da palavra grega *demiourgos*, "demiurgo", no mito de criação do diálogo *Timeu*, de Platão, que resultou em "Demogorgon", que transbrasileiramos aqui como "Demogórgone". A partir daí, o filósofo Teodôncio, que viveu entre os séculos IX e XI e cuja obra, em sua maior parte se perdeu, em um de seus textos atribui a Demogórgone a paternidade dos deuses, sendo citado, nisso, por Boccaccio em seu livro *Da Genealogia dos Deuses dos Gentios*. E Thomas Love Peacock (1785-1866), escritor e amigo próximo de Shelley, por sua vez, usa essa mesma obra de Boccaccio em seu poema *Rododaphne* numa nota sobre Demogórgone, considerada a provável referência a que Shelley teve acesso. No entanto, temos mais de uma alusão a essa entidade já na tradição da literatura inglesa: em Christopher Marlowe, John Milton e Samuel Taylor Coleridge, por exemplo, ela aparece demonizada e com ares sinistros, sendo mencionada na fórmula satânica recitada pelo protagonista da *Tragédia do Doutor Fausto* (Cena 3, vv. 16-23), surgindo como um dos estranhos habitantes das regiões do Caos, no *Paraíso Perdido* (II. vv. 961-5), e se fazendo presente num poema tardio de Coleridge (ao qual, presume-se, Shelley não deve ter tido acesso), intitulado "Limbo" (v. 10). Uma outra interpretação ainda o associaria etimologicamente ao povo, decompondo a palavra em *demo* e *gorgon*, *people-monster*, como é referido pelos críticos de língua inglesa, o "monstro do povo", representando as energias represadas da população contra os tiranos. Essa é provavelmente a mais útil das informações que temos sobre o personagem, ainda que fracasse em explicá-lo em sua totalidade, reduzindo-o a uma alegoria, a uma pequena parte do sentido do mito maior que é relatado pela visão de Shelley. Em vez disso, sugere Bloom em seu primeiro livro de crítica literária dedicado ao poeta, *Shelley's Mythmaking*, Demogorgon é a própria encarnação do chamado "ato relacional", isto é, aquilo que, nos termos de Eu e Tu de Martin Buber, serve de alicerce filosófico para a noção de poesia mitopeica que Bloom desenvolve, ancora as interações dos povos "primitivos" com a natureza, para os quais ela não é uma Coisa ("It"), um objeto para o sujeito do Eu, mas um Tu ou Vós ("Thou", em inglês, mas a tradução varia). Para Bloom, e também para Joseph Campbell, essa relação entre um Eu e um Tu seria a base do pensamento mítico. O ato relacional é temporário, porém, e o Tu uma hora há de se tornar Coisa, um tipo de passagem que pode ser observado, com alguma melancolia, na poesia de Coleridge e Wordsworth, visto que a natureza por si é incapaz de manter essa relação (mais sobre isso pode ser observado no poema "Alastor", que tematiza esse fracasso das relações). Demogórgone, segundo Bloom, é ele mesmo o próprio ato relacional da relação mítica, e, uma vez despertado, regenera o mundo e a humanidade, que passam a ser inseridos num ato relacional permanente.

v. 211. *Tifeu*, gigante de cem cabeças, com asas e a parte de baixo formada por serpentes, o último filho da Terra, cujo pai era o Tártaro. Seu nascimento e a luta contra ele são narrados na *Teogonia* (vv. 820-68). É vencido por Jove após uma longa e árdua batalha, que o aprisiona, enfim, no Monte Etna. Também conhecido como "Pai de todos os monstros", gerou várias bestas mitológicas com sua esposa, Equidna, "Mãe de todos os monstros".

vv. 286-91. Aqui Shelley combina imagens análogas à da tortura da camisa de Nessus ("um manto em veneno, agonia"), que matou Hércules/Héracles na mitologia grega, com a imagem cristã da coroa de espinhos ("candente / Ouro, coroa de dor ao crânio dissolvente") e das "roupas resplandecentes" com as quais vestiram Jesus, segundo o Evangelho de Lucas (23:11), bem como de Mateus, 27: 28-29, e Marcos, 15:17.

v. 324. Hermes/Mercúrio carregava o caduceu, um bastão envolvido por duas serpentes. Este verso prenuncia a chegada do mensageiro dos deuses à cena.

vv. 346-48. *Gerião*: monstro mitológico habitante da Eriteia, "a ilha vermelha". É morto e tem o seu gado roubado por Héracles, como parte do seu décimo trabalho. É mencionado, na antiguidade, por Hesíodo, Ésquilo e Estesícoro. Na poesia moderna, Dante o representa como um monstro alado no *Inferno*, que o transporta, junto de seu guia, Virgílio, até o oitavo círculo infernal. *Quimera*: filha de Tifeu com Equidna, era um monstro que soprava fogo pelas ventas, formado por partes de outros animais, como o leão, o dragão e o bode. É morta por Belerofonte, com a ajuda de Pégaso, a pedido do rei Ióbates da Lícia; *Esfinge*: monstro com asas, corpo de leão e rosto e seios humanos que aterrorizou Tebas, devorando quem fracassasse em responder ao seu enigma. Comete suicídio quando este é resolvido por Édipo. Shelley aqui alude ainda à parte posterior do mito, descrita nas peças como a trilogia edipiana de Sófocles, em que Édipo descobre ter matado o pai e se casado com a mãe ("o amor desnatural").

v. 398. Referência à espada de Dámocles, o bajulador que pronunciara que Dionísio de Siracusa, governante da região, na Sicília, era o homem mais feliz do mundo por conta de sua riqueza. Dionísio, por sua vez, convidou Dámocles a ocupar o seu lugar como soberano. Em meio a todas as pompas, Dámocles se dá conta de que há, simbolicamente, uma espada pendurada sobre sua cabeça, suspensa apenas por um pelo de cavalo.

v. 446-8. "monstrígero", que gera monstros, traduz "monster-teeming" (algo como "fervilhando de monstros"), ao passo que "onidescriadora" traduz uma construção um pouco estranha feita por Shelley: "all-miscreative", ou seja aquele que cria tudo erroneamente (descria), perverte, corrompe – uma descrição impressionante para caracterizar Júpiter.

v. 456. Shelley derivou essa imagem, a dos medos, ódios e maus pensamentos humanos como cães de caça perseguindo uma presa, de um trecho da *Décima Segunda Noite*, de Shakespeare: "That instant was I turn'd into a hart; / And my desires, like fell and cruel hounds, / E'er since pursue me". [Neste instante, em um cervo transformei-me / E os meus desejos, como cães cruéis / Desde então perseguem-me] (I.i.21-23).

v. 472. A Noite, ou *Nyx*, em grego, era a divindade ancestral filha do Caos e responsável por gerar várias entidades sombrias, entre elas Lote, Morte, Sono, Escárnio, Miséria, as três Moiras (Fiandeira, Distributriz e Inflexível), Nêmesis, Engano, Amor, Velhice e Éris, conforme a *Teogonia* (tradução de Jaa Torrano). As Erínias, ou Fúrias, no entanto, eram filhas da castração de Urano, nascendo das gotas de sangue do pênis descepado, e a alteração de parentesco para relacioná-las à Noite parece ser mais uma alteração de Shelley. Segundo a representação clássica também, as Fúrias seriam três, Alecto, Megera e Tisífone, mas Shelley as representa em um número de pelo menos cinco, sem nomes individuais.

v. 546. Jesus Cristo. Shelley o descreve de maneira algo ambígua: ao mesmo tempo em que reconhece o valor de sua própria virtude ("gentle worth"), ele condena a Igreja como instituição e como os ensinamentos e a moralidade que levaram ao seu estabelecimento.

v. 567. A França. Shelley alude aqui à degeneração da Revolução Francesa no período de Terror e às guerras de conquista.

v. 584-5. Cristo, outra vez.

v. 631. As palavras da Fúria são uma referência irônica ao discurso de Jesus na cruz (Lucas 23:34): "E dizia Jesus: Pai, perdoa-lhes, porque não sabem o que fazem".

v. 691. Os espíritos, que formaram um coro em vv. 672-690, agora surgem individualmente. Segundo Harold Bloom, os quatro primeiros são espíritos individuais que representam arquétipos do rebelde, do mártir, do sábio e do poeta, os agentes ideais capazes de realizar o que Bloom chama de "apocalipse humanista", a revolução que marca o Ato III. Já os espíritos quinto e sexto encerram a canção com o aviso sobre a sombra da possibilidade da reversão do apocalipse, da transformação novamente do mundo regenerado em um mundo decaído.

vv. 825. *O astro do oriente*: primeira referência aqui à estrela da manhã, Vésper, ou o planeta Vênus, cuja luz vai sendo ofuscada pelo Sol enquanto ele ascende rumo ao zênite. Bloom interpreta essa imagem como referente ao poder de Júpiter, que míngua diante do poder maior de Demogórgone, assim como a luz de Vênus míngua diante da luz do sol.

v. 826. *índio vale*: o vale no Cáucaso indiano onde se passará a cena seguinte (em oposição à cena que acabou de transcorrer nas montanhas do Cáucaso), provavelmente o vale da Caxemira. Há uma simbologia sexual evidente na oposição entre as fálicas montanhas gélidas do primeiro ato e o vale "agradável" em que se abre o segundo.

Ato II

Cena 1

v. 16. Vide a nota em I. v. 48.

v. 57. *irmã do mar*: Ione.

v. 107. Vide a nota ao v. 825.

v. 132. Como disse Panteia, ela teve dois sonhos. Um deles, ela relatou em vv. 62-92. Do outro, como disse, ela não se lembra, mas ele toma forma e passa fisicamente pela cena agora e a guia até as cenas seguintes, rumo à caverna de Demogórgone e à queda de Júpiter.

v. 135. *amendoeira*: Earl R. Wasserman aponta que, na *História Natural* de Plínio (obra com a qual Shelley estava bem familiarizado), livro XVI (que trata das árvores), trecho 103, a amendoeira é a primeira árvore a florescer no inverno (em janeiro) e a dar frutos (março), o que a reveste de uma simbologia associada à primavera, cujo tom domina esta cena. Na Bíblia Hebraica, em Jeremias, 1:10-1, há um trocadilho, na voz de YHWH, entre as palavras "amêndoa" (*shaqued*) e "vigiar" (*shoqued*), que resulta no seguinte diálogo (que assume, em português, um tom levemente absurdista, visto que as traduções não costumam tentar reproduzir esse jogo de palavras do hebraico): "Ainda veio a mim a palavra do Senhor, dizendo: Que é que vês, Jeremias? E eu disse: Vejo uma vara de amendoeira. E disse-me o Senhor: Viste bem; porque eu velo sobre a minha palavra para cumpri-la". Assim, a amendoeira está, então, duplamente associada à atenção, à vigília. Ela aparece aqui fulminada ("lightning-blasted"), no entanto, e, como se sabe, o raio é a arma de Jove. O fato de que os botões de flores surgem na árvore, ainda que castigada pelo tirano (que, como se vê desde o começo do poema, está mais próximo do deus bíblico do que do deus olímpico), a associa a Prometeu.

v. 136. Refere-se à Cítia, região maior localizada ao norte e nordeste da Pártia, ao noroeste do leste europeu e ao norte do Mar Negro.

v. 140. No mito grego, o mortal Jacinto é abduzido por Apolo, que se apaixonou por ele. Mas o vento Zéfiro, com ciúme, o mata, fazendo com que ele seja atingido por um disco de arremesso, e Apolo, choroso, após transformá-lo na flor de nome jacinto, escreveu seu lamento "αἴ", "ai" (igual ao "ai" português) nas pétalas. Nesta cena, então, as pétalas do sonho de Panteia estão cobertas com a palavra "segui" iguais às pétalas do luto de Apolo.

v. 170. Oceano, na mitologia, é, ao mesmo tempo, o rio Oceano que, segundo a concepção grega, circundava o mundo, e o titã que preside sobre essas águas desconhecidas (em oposição a Posêidon/Netuno, que presidia sobre os mares mais conhecidos do Mediterrâneo). Ásia, Panteia e Ione são oceânides, filhas desse deus.

Cena 2

v. 2. O teixo é uma árvore que costuma nascer em cemitérios e pátios de igreja, sendo, por isso, associado à morte.

v. 13. Não a anêmona do mar, mas a flor, chamada em inglês também de "wind-flower", que recupera parte do sentido de "filha do vento" que a palavra tem em grego. Segundo a mitologia, Vênus transforma o sangue de Adônis, após sua morte, nesta flor, evento narrado no livro X das *Metamorfoses*, de Ovídio (vv. 519–741).

vv. 18-9. "swift Heavens that cannot stay" ("os Céus ligeiros que não podem permanecer", numa tradução mais literal), alude, segundo Harold Bloom, à impossibilidade da manutenção das relações mitopeicas no mundo decaído.

vv. 70-82. Está aqui representado o ciclo do hidrogênio, conforme era o conhecimento científico da época, gerando o fenômeno do *ignus fatuus*, ou fogo-fátuo, em pântanos.

v. 79. Shelley utiliza o termo "meteor" como um termo genérico para fenômenos atmosféricos, e a palavra na tradução foi empregada com essa mesma acepção (segundo o Houaiss, "qualquer fenômeno óptico ou acústico que se produz na atmosfera terrestre, como o vento, a chuva, o arco-íris, etc"). O mesmo vale para outras menções a esse termo em outros poemas como "Alastor" (v. 651) e "The Two Spirits" (v. 15).

v. 90. *Sileno*: deus rústico que serviu de tutor a Dioniso/Baco, deus do vinho e das orgias, e o acompanhava em sua procissão, ao lado dos outros sátiros, montado num jumento, tipicamente representado como um homem velho, gordo, alegre e bêbado, com uma coroa de flores. Ele está aqui representado como chefe dos faunos (ou sátiros) em cena. Shelley aqui está dialogando com Virgílio, cujo poema VI das suas *Bucólicas* dá voz a Sileno, que entoa um canto cosmogônico. Transportando-o para o presente, o canto de Sileno prenuncia a libertação de Prometeu.

Cena 3

v. 4. Acredita-se que os antigos transes proféticos dos oráculos eram obtidos através da inalação de vapores vulcânicos. A cena ocorre com um fundo de um "pináculo de rochas entre montanhas", conferindo-lhe um tom oracular.

v. 9. As mênades, ou bacantes, eram as adoradoras de Dioniso. Durante os bacanais, elas realizavam atos milagrosos com o tirso (o símbolo do deus, uma forma de cetro de madeira com uma pinha na ponta) e, num estado de frenesi ritualístico, obtido através de uma mescla de dança e vinho, destroçavam, com as próprias mãos, qualquer homem ou animal que cruzasse seu caminho. O rei Penteu, de Tebas, foi vítima das mênades, castigado por não reconhecer a divindade de Dioniso (conforme retratado em *As Bacantes*, de Eurípedes); destino semelhante teve Orfeu. "Evoé!" era a palavra que elas gritavam durante os bacanais.

v. 10. Esse verso ecoa as palavras de Hamlet (3.2.381-2): "Tis now the very witching time of night, / When churchyards yawn and hell itself breathes out / Contagion to this world" [É já a hora enfeitiçante da noite / Quando bocejam os cemitérios e o próprio inferno sopra / Contágio a este mundo].

vv. 12-6. As imagens centrais aqui ecoam as de Milton, no *Paraíso Perdido*, quando Rafael sugere a Adão que a Terra possa ser "the shaddow of Heav'n, and things therein/ Each to other like, more then on earth is thought" [senão sombra do Céu e das coisas lá contidas / Cada uma à outra seme-lhante, mais do que se pensa na Terra] (V. vv. 574-6).

v. 39. Uma metáfora invertida, em que um evento natural (a avalanche) é comparado a figuras "das operações da mente humana" (uma revolução, ocorrida com a revolta em "celiavessas mentes", i.e. mentes avessas ao Céu, "heaven-defying", à tirania representada por Júpiter), como o próprio Shelley menciona no prefácio ao poema.

v. 70. *gênio mineral*: ou o espírito da pedra, é uma referência ao ímã, que atrai o ferro, do mesmo modo como todas as outras coisas se atraem nesta estrofe: o cervo atrai o cão, o trovão atrai o vapor, o calor atrai a mosca (no original, as imagens são da vela e da mariposa). E assim também é a morte e o amor, e a dor e o afã, o ontem e o amanhã.

v. 73. Ao contrário de como ocorre na atmosfera, com o ar agindo como prisma para a luz branca, que é dividida em cores, lá embaixo, a treva é espessa, por-tanto, "não é um prisma". Essa imagem reaparece após a regeneração da Terra.

Cena 4

v. 6. A descrição de Demogórgone por Panteia remete à descrição da Morte feita por Milton, uma forma "indistinguível em junta ou membros" (II. 666-73).

v. 61. *Amaranto*: uma flor cujo nome, do grego, significa "que não murcha". Na literatura cristã, de Pedro a Milton, representa a esperança da salvação; *Nepente*: droga grega, descrita no livro IV da *Odisseia*, que afasta a tristeza (de "penthos", tristeza, com o prefixo de negação "ne") através do esquecimento. Por extensão, refere-se também à erva da qual essa droga seria extraída, já que este verso se dedica a tratar de flores e ervas mitológicas; *Moli*: no canto X da *Odisseia*, uma erva mágica dada a Ulisses por Hermes para protegê-lo dos feitiços de Circe.

v. 91. O mar escuro e oculto visto à (falta de) luz na mudança da lua velha para a lua nova.

v. 116. Segundo Bloom, o apocalipse humanista de Shelley é agnóstico, a ser realizado através dos poderes de criação de imagens, mas não através de qualquer imagem específica. Daí as palavras de Demogórgone nesta fala.

v. 128. *Contempla*: a ordem de Demogórgone marca a chegada do Espírito que conduz o Carro das Horas. Ásia procura Demogórgone buscando informação, daí as referências oraculares em sua descida até ele. O que se revela, então, é que sua busca por informação se transforma numa busca por transfiguração. Ela pergunta quando chegará a hora de Prometeu se levantar, e a hora, segundo Demogórgone, é agora. Ela afunda na treva, a treva da Experiência, como diz Bloom, para encontrar o ponto em que ela converge com a Relação. Tendo encontrado a verdade, esta a liberta.

v. 173. *Atlas*: titã irmão de Prometeu, recusou hospitalidade ao herói Perseu e foi por ele petrificado, através da cabeça da Medusa, transformando-se numa montanha tão imensa que, para os antigos, o mundo repousava em seus ombros.

Cena 5

v. 16. A cena é escura (o sol só se erguerá após o meio-dia, com a libertação de Prometeu), e a luz irradiada aqui provém de Ásia. Com a chegada da hora da libertação, ela é transfigurada numa figura de deusa do amor (parte disso a luz aqui irradiada), que é o foco desta cena. Panteia é a primeira a descrever essa mudança, depois a canção de uma voz no ar e, por fim, a própria Ásia. A canção dela nesta cena é a única ocasião em que ela canta na peça inteira.

v. 22-3. Shelley faz aqui um uso sincrético dos mitos acerca do nascimento de Afrodite/Vênus: uma das versões a via como filha do Céu com a Luz; outra, como filha do sêmen de Urano (o Céu) castrado, emergindo da espuma do mar; e outra ainda localizava seu nascimento perto de Tiro e a identificava com a Astarte dos fenícios e sírios. Como dito anteriormente, o poeta aqui a funde com a personagem mais livre e de menos fortuna mítica associada à sua figura, que é Ásia, libertando-se, assim, das limitações de qualquer mito associado a Vênus.

vv. 98. Reiman aponta como a reversão das idades do homem nestes versos (Madureza → Viço → Infância) é paralela ao mito do diálogo *Político*, de Platão. Bloom diz que aqui ela faz o percurso da Experiência rumo à Inocência, o caminho reverso da vida, e que ela pode realizá-lo apenas por ter tido sua natureza transfigurada. Ela retorna ao Jardim eterno, para renascer como a noiva de um Prometeu também regenerado.

Ato III

Cena 1

v. 12. A imagem da neve caindo "floco a floco" ecoa a da revolução-avalanche, usada por Ásia em 2.3. v. 39, e representa uma ironia trágica por parte de Júpiter, na medida em que suas palavras remetem a uma verdade que ele mesmo desconhece. Trata-se de um reflexo de outra ironia maior, expressa em seu discurso até o v. 49, quando ele pensa que o carro em que chega Demogórgone é o carro que trará seu filho ainda mais poderoso que ele, destinado a herdar seu reino.

v. 25. *Ganimedes*: herói troiano, filho do rei Tros e da náiade Calírroe, abduzido por Zeus na forma de uma águia por causa de sua beleza, para se tornar escanção no Olimpo.

v. 36. *Tétis*: ninfa marinha, mãe de Aquiles.

v. 39. *Penetrante presença*: além de uma evidente insinuação sexual violenta, o termo se refere ao mito de Sêmele, filha de Cadmo, que, seduzida por Júpiter, teria sido enganada por Juno para que pedisse a ele que se revelasse a ela em sua forma verdadeira, cujo esplendor, uma vez contemplado, a fez ser consumida por chamas. Dioniso (renascido, pois sua encarnação anterior, chamada Dioniso Zagreu, filho de Jove e Perséfone/Prosérpina, fora despedaçada pelos titãs ainda criança, sendo o coração a única parte sobrevivente) era o filho do qual Sêmele ainda estava grávida quando morreu. Para salvar o deus infante, Jove o recupera de entre as chamas e o gesta em sua perna.

v. 40. *sépis*: no épico *Farsália*, de Lucano (que Shelley leu), era uma serpente peçonhenta lendária, cujo veneno era capaz de dissolver quem por ela fosse mordido. Em Lucano, o personagem Sabelo é morto por uma delas ao tentar atravessar o deserto da Numídia (IX. 762-88). A serpente também é descrita, mais tarde, no século VII d.C., por Isidoro de Sevilha (*Etimologias*, livro 12, 4:17).

v. 62. *cárcere titânico*: referência ao Tártaro, o equivalente para os deuses ao que é o Hades para os mortais, bem como lugar de punição a figuras vis como Sísifo e Tântalo. Quase todos os titãs foram banidos para o Tártaro após a Titanomaquia. Prometeu, em Ésquilo, é lançado para lá ao final de *Prometeu Acorrentado*. A distância entre a Terra e o Tártaro é tamanha que, segundo Hesíodo, na *Teogonia*, demoraria nove dias para uma bigorna de bronze cair do Céu até a Terra (chegando à Terra apenas no décimo dia), e o mesmo tempo para que caísse da Terra para o Tártaro.

v. 69. *Senhor do mundo:* "monarch" (monarca), no original, a terminologia de Jove aqui ecoa a de Prometeu na abertura do poema, que se refere a ele como "monarca dos deuses..." (que optamos em traduzir por "senhor" por questões métricas, e repetimos em ambas as instâncias pelo bem da recorrência). Jove não é capaz de compreender que Prometeu não quer derrubá-lo para tomar o lugar dele como senhor, mas sim abolir todo o sistema de opressão que faz com que ele ou qualquer outro deus seja um tirano sobre todos os outros seres.

v. 72. *abutre e serpente*: Joseph Campbell, em *O Poder do Mito*, comenta a simbologia por trás do uso mítico do serpente e da águia, na medida em que a primeira é um símbolo do terrestre por excelência, e o outra, do aéreo, do celestial (sendo a união dos dois materializada na imagem do dragão). Em Shelley, o primeiro canto de *A Revolta do Islã* começa com a observação de um embate entre os dois animais, uma imagem que aparece também, curiosamente em *Assim falou Zaratustra*, de Nietzsche. A águia também é o animal de Júpiter, mas Shelley, ao que parece, faz um jogo de palavras curioso aqui, ao substituí-la por um abutre, na medida em que ambas as aves são referenciadas como a ave da punição de Prometeu (é evidente, no entanto, que, no que diz respeito a representações tradicionais de nobreza, o abutre representa um rebaixamento em relação à águia).

v. 79. Αἴ, αἴ!: como dito na nota de 2.1. v. 140, "ai" é o lamento grego, tal como no português. Shelley emprega o "ai" grego aqui, em vez do "alas" do inglês, que é mais comum (como é o caso dos outros momentos que traduzimos por "ai"). Para marcar a diferença entre o grego e o português, em que são idênticos os "ais", recorremos, então, a um recurso gráfico, empregando o alfabeto grego propriamente.

v. 81. *sempre, sempiterno*: a expressão "ever, forever", empregada por Júpiter aqui, ecoa mais uma vez, as palavras de Prometeu, quando exclama "dor, sempre, sempiterna" nos vv. 23, 30, 636.

Cena 2

vv. 2-3. O orbe de Apolo é o Sol, que se move, propelido pelo carro do Sol. Já as estrelas no céu estão representadas segundo a concepção clássica dos astros imóveis, por isso "astros sólidos".

v. 25. *Proteu*: divindade marinha ancestral, capaz de mudar de forma e revelar coisas sobre o passado, o presente e o futuro, se capturado. Aparece no canto IV da *Odisseia*. Segundo a interpretação dos mitos clássicos feita por Francis Bacon, ele representaria a natureza física e a lei natural.

v. 39. *Vésper*: vide a nota I. v. 825.

Cena 3

v. 1. Héracles/Hércules era quem estava destinado a libertar Prometeu ao final do ciclo de seu mito, quebrando as cadeias que o prendem e matando a águia/abutre. No entanto, com a abolição da violência após o apocalipse humanista de Shelley, ele só quebra as cadeias, e o destino da ave é ignorado. Hércules é descendente de Io, a jovem transformada em bezerro por Hera após ser seduzida por Jove e que tem um papel crucial em *Prometeu Acorrentado*, de Ésquilo. Io, com Jove, gera Épafo, cuja filha Líbia gera, com Posêidon, Belo, cujo filho Dânao gera, entre as outras 50 filhas, Hipermnestra (a única danaide que não mata o marido após as núpcias), que gera Abas, que gera Acrísio, cuja filha Dânae gera Perseu. Perseu, por fim, com Andrômeda gera Electrião, e Alcmena é sua filha e esposa de Anfitrião. Jove a engana fazendo-se passar por seu marido, e a seduz enquanto ela ainda estava grávida do filho de Anfitrião, Íficles. Como resultado, ela dá a luz a dois filhos: um, o mortal Íficles, o outro, o semideus Héracles, cujo nascimento é narrado por Homero, Ovídio, Pausânias e Plauto. Totaliza-se, portanto, 12 gerações de Io até o nascimento de Héracles.

v. 25. *Mutabilidade*: a noção de Mutabilidade, a inconstância a que todo o reino das coisas sublunares está sujeito, ao sofrerem a ação do tempo, provém do poeta do século XVI Edmund Spenser, autor do épico alegórico *The Fairie Queene* (1590, 1596), que foi lido por Shelley e que lhe foi uma profunda influência poética. Chamam-se de os "Mutabilitie Cantos" os fragmentos do sétimo livro do poema, deixado incompleto. É possível que essa noção em Shelley também tenha sido moldada pelas *Metamorfoses* de Ovídio. Outros poemas sobre a mesma temática incluem "Mutability", publicado em *Alastor* e traduzido neste volume, e "The flower that smiles to-day" (1821).

vv. 42-3. *Ena*: é nos prados da região do Ena, na Sicília, onde, segundo a mitologia, teria acontecido o episódio do rapto de Perséfone/Prosérpina por Hades/Plutão. *Hímera*: importante cidade da Grécia antiga, próxima do Ena, destruída pelos cartaginenses.

v. 154. *Nisa*: há pelo menos dez lugares chamados Nisa na geografia clássica, todos eles relacionados ao deus Dioniso.

v. 165. Formas como as esculpidas por Praxíteles, escultor grego do século IV a.C.

v. 168-70. A *Lampadephoria*, em Atenas, era uma corrida em que os jovens participavam com tochas nas mãos (portanto "emulosos", i.e. em emulação ao titã), em culto a Prometeu. *Prometeu Piróforo* (aquele que porta o fogo) era o nome de uma das peças perdidas da trilogia de Ésquilo.

Cena 4

v. 19. *dipsas*: serpente lendária, mencionada em Lucano (*Farsália*, livro IX) e Milton (*Paraíso Perdido*, livro X), cuja mordida causa uma sede incontrolável. O nome foi dado também, posteriormente, a um gênero de cobras (reais, não lendárias) da América Latina.

vv. 65-7. A imagem das máscaras do que há de desagradável na natureza humana sendo removidas das criaturas que as usavam deriva do trecho sobre os simulacros em *Da natureza das coisas*, de Lucrécio (IV. v. 46) e aparece depois também em *O triunfo da vida* (vv. 480-516).

v. 104-5. *Minha visão clareou e pude ver / adentrando os mistérios do universo*: com a regeneração geral da Terra, sua atmosfera deixa de agir como um prisma, por isso não mais distorce a luz branca numa variedade de cores e brilhos que ocultam a realidade, tal como se dava na atmosfera habitada por Demogórgone na cena 3 do Ato II.

v. 112. Formas como as esculpidas por Fídias, escultor ateniense do século V d.C.

v. 119. *anfisbena*: serpente mítica de duas cabeças, uma em cada extremidade. A imagem toda deste trecho deriva do Panteão e da Sala della Biga no Museu do Vaticano, que Shelley visitou em Roma. O "carro lunar" dos vv. 111-2 se refere à biga, com suas duas rodas, em oposição ao carro com quatro rodas do deus solar; no museu, o jugo da biga era uma anfisbena.

v. 136. Em italiano, "Lasciate ogni speranza voi che entrate", inscrição do portão para o Inferno em Dante na *Divina Comédia* (III. v. 9). Com "all hope abandon ye who enter here", Shelley parece estar citando a tradução de Henry Francis Cary (1772 – 1844). Em português, optamos pela tradução de José Pedro Xavier Pinheiro.

v. 149-150. Como interpretam autores como Stuart Curran, essa língua fria e falsa seria a linguagem ideológica do discurso do poder. Sendo todas as formas de poder abolidas com a regeneração da terra, essa linguagem é abolida também.

v. 168-170. O obelisco é um monumento egípcio em forma de um pilar quadrilátero e pontiagudo. Eles foram transplantados do Egito pelos exércitos de Roma para as principais *piazzas* da cidade, enquanto as construções erguidas pelos conquistadores, i.e. os próprios romanos, haviam ruído. Durante a época de Shelley, ou pelo menos enquanto ele escrevia o poema, os hieróglifos não haviam ainda sido decifrados (era recente a descoberta da Pedra de Roseta, e a primeira publicação de Champollion sobre o assunto só sairia em 1822, ano de morte de Shelley), por isso são "monstruosas formas bárbaras".

v. 204. Inânia significa vaziez de matéria, vacuidade, ou o vácuo do espaço, no contexto. É razoável que, sendo Júpiter, como argumenta Timothy Webb, um deus da negação, esse capítulo termine com uma imagem de vazio.

Ato IV

v. 12-4. Aqui tem-se o momento pós-apocalipse, a revelação, o fim do mistério e da história (escatologia), por isso a morte das Horas.

v. 207. *Mãe dos Meses*: um nome para Diana/Ártemis, referindo-se à lua. Aqui há a imagem dela como uma crescente finíssima, da lua nova trazendo a sombra da lua velha (compare com *O triunfo da vida*, vv. 79-86, em que a imagem do carro da vida também aparece com uma imagem lunar). Nota-se também uma relação de oposição entre ela e o Senhor das Horas, recém-falecido.

vv. 219-230. Há inúmeras alusões a brancura aqui, referentes à lua, enfatizando sua esterilidade fria e a beleza de sua luz, não mais distorcida pela atmosfera.

v. 242. A imagem aqui ecoa a descrição dos anjos de Milton em *Paraíso Perdido* (V. v. 620-4) e do Carro da Deidade Paterna (VI. v. 749), que, por sua vez, são releituras das visões de Dante (*Purgatorio*, Canto XXIX) e Ezequiel (1 e 10).

v. 283. *prata vegetal*: referência a Milton, que, no *Paraíso Perdido*, fala que a Árvore da Vida, do Éden, dava "Ambrosial Fruit / Of vegetable Gold" [frutos ambrosiais / De ouro vegetal] (IV. v. 218-20).

v. 273. *murta*: planta associada a Vênus e ao amor.

vv. 289-318: muitos dos detalhes deste trecho derivam de um livro de paleontologia que Shelley leu em 1812, *Organic Remains of a Former World: an examination of the mineralized remains of the vegetables and animals of the Antediluvian World; generally termed extraneous fossils* [Restos Orgânicos de um Mundo Anterior: um exame dos restos mineralizados de vegetais e animais do Mundo Antediluviano: geralmente classificados de fósseis extrâneos], de James Parkinson, que parece coerente aqui com a descrição de um mundo habitado por beemotes e monstruosas formas não-humanas, ecoando as bestas míticas, beemotes, gigantes e Nefelim do Antigo Testamento.

v. 338. *Praga com seu cetro*: Júpiter aqui foi, ele próprio, reduzido a uma praga.

vv. 388-393. A estrofe toda faz referência à lenda do Rei Bladud, da Bretanha. Bladud foi expulso do reino por sofrer de lepra, mas, enquanto caçava um porco que havia fugido, encontrou a fonte termal curativa da cidade de Bath e voltou para casa curado.

v. 415. Referente a Orfeu, o tocador de lira da mitologia grega, cuja canção amansava feras selvagens e fazia até mesmo cessar as torturas do Tártaro (mais sobre ele nas notas ao poema "Orfeu"). A língua do mundo regenerado não é mais fria e falsa (vide Ato III, Cena 4, vv. 149-150), mas "uma eterna órfica canção".

v. 471-2. Porque a Terra e a Lua se encontram no que se chama de rotação sincronizada, os dois corpos celestes estão perpetuamente um de frente para o outro, com o período orbital da Lua sendo igual ao de rotação da Terra. Por isso, a Lua de Shelley diz estar sempre mirando a Terra.

vv. 474. *Agave*: filha de Cadmo, mãe do rei Penteu. Tornou-se uma mênade de Dioniso e, enebriada pelo deus, matou o filho com as próprias mãos, imaginando que ele fosse um leão, que é a conclusão trágica da peça *As Bacantes*, de Eurípedes.

vv. 519. Neste momento começa a canção final. Demogórgone se dirige a cada um dos elementos do mundo, e, sendo ele o próprio da relação mítica, segundo Bloom, os elementos (Terra, Lua, os Deuses, os Mortos, os Gênios Elementais e as criaturas mortais), dotados de vida, o respondem. A canção conclui com a fórmula mágica de Demogórgone para outra vez regenerar a Terra caso ela se degenere outra vez.

v. 575. Neste verso Shelley adapta o sentimento de Satã do *Paraíso Perdido*, de Milton, revertendo as suas implicações morais: "yet not for those, / Nor what the Potent Victor in his rage / Can else inflict, do I repent or change" [nem por isso / Nem por o que o Poderoso Vencedor em sua fúria / Possa infligir, eu me arrependo ou mudo] (I. vv. 94-96).

v. 578. O último verso da última estrofe, como um *grand finale* glorioso, destoa dos versos finais das outras estrofes, por ser um verso a mais (as outras chaves de ouro têm dois versos, esta tem três) e ter duas sílabas a mais – sendo um hexâmetro jâmbico, em vez do pentâmetro típico utilizado aqui. Há ainda um outro verso nesta canção final com 12 sílabas, o verso 555.

Alastor: ou o Espírito da Solidão

Os bons morrem primeiro: Shelley no prefácio cita os versos 500-502 do poema *The Excursion*, de Wordsworth: "The good die first, / And those whose hearts are dry as summer dust, / Burn to the socket!". Há um pequeno erro de memória de Shelley, no entanto: o segundo verso de Wordsworth originalmente dizia "they whose", não "those whose".

Epígrafe: Essa frase foi retirada do livro III das *Confissões*, de Santo Agostinho, e significa algo como: "Ainda nem amava e amava amar, perguntava o que era amar, amando amar". A primeira parte da frase também é citada pelo heterônimo mais shelleyano de Fernando Pessoa, Álvaro de Campos, em seu poema "Gostar".

v. 1. *Terra, Oceano, Ar*: o Narrador aqui se dirige aos três dos quatro elementos clássicos, sua "cara irmandade". Falta o elemento do fogo, que Harold Bloom interpreta como sendo o elemento desse eu-lírico.

v. 3. *zelo natural*: esta expressão traduz "natural piety" do original, que remete ao poema "My Heart Leaps Up", de Wordsworth, evocando a presença do "poeta da natureza" já desde o começo de "Alastor".

vv. 13-14. A figura do Narrador, associada de imediato aqui ao eu-lírico de Shelley, demonstra nestes versos, como o próprio Shelley biográfico, uma postura vegetariana. Shelley já havia defendido o vegetarianismo anteriormente em *Queen Mab* e continuaria a fazê-lo até o fim da vida.

v. 26. *tenazes dúvidas*: traduz "obstinate questionings", que é a expressão utilizada por Wordsworth no poema *Ode: Intimations of Immortality*: "those obstinate questionings / Of sense and outward things" [aquelas tenazes dúvidas / Do sentido e das coisas externas] (vv. 142-43).

v. 31. *alquimista aflito*: Shelley com frequência retoma a temática da alquimia, que, apesar de já ter se tornado obsoleta no século XIX (ou talvez justo *porque* era obsoleta, um legado do passado, remetendo a experimentos arcanos e buscas fracassadas), foi objeto de interesse também de inúmeros outros poetas, incluindo Aloysius Bertrand, Charles Baudelaire e Arthur Rimbaud. Numa carta a William Godwin de 3 de junho de 1812, Shelley explica ter se debruçado sobre os "delírios de Alberto Magno & Paracelso, que li em latim & provavelmente ganhei mais conhecimento da língua dessa fonte do que em toda a disciplina [cursada] em Eton". No entanto, a imagem aqui em "Alastor" é irônica. Uma das buscas da alquimia era obter o elixir da longa vida, mas, ao dedicar-se ao estudo e à prática da "Grande Obra", como era chamada, o alquimista então acabava dedicando (para não dizer "desperdiçando") o seu tempo real de vida à "esperança obscura" de descobrir a fórmula para viver eternamente.

v. 37-8. Shelley provavelmente alude ao fato de que, quando era mais novo, tentou realmente se comunicar com fantasmas, invocar o diabo e os espíritos dos mortos. Ele alude a isso também na quinta estrofe do poema "Hymn to Intellectual Beauty", escrito em 1816: "While yet a boy I sought for ghosts" [Quando ainda menino procurei fantasmas].

v. 42. *liras esquecidas*: uma referência à harpa eólica, instrumento musical de cordas que não é tocado como uma harpa normal, mas deixado exposto ao vento – numa janela, por exemplo, ou ao ar livre –, para que o fluxo de ar faça com que as cordas vibrem e ressoem, parecido com o que ocorre com sinos de vento, porém com uma variedade maior de sons, possibilitada pelas cordas. Era conhecida desde a antiguidade, mas se tornou bastante popular no século XIX, e sua música etérea e irrepetível, de um tom místico, fez com que se tornasse um artefato favorito dos românticos e uma imagem recorrente em sua produção. "The Eolian Harp" é também o título de um poema de Coleridge, publicado em 1796, que tematiza o instrumento e o utiliza para refletir sobre a relação do homem com o mundo natural.

v. 56. O cipreste é uma árvore associada ao luto, comumente encontrada em cemitérios. Os antigos ofereciam coroas de ramos de cipreste aos mortos, e há um longo histórico na literatura como símbolo do luto e da morte, em Ovídio, Lucano, Horácio, Spenser, Shakespeare, Corneille, etc. No livro X das *Metamorfoses* (vv. 106-42), Ovídio narra a história de Ciparisso, jovem amado por Apolo que ganha dele um cervo manso de estimação. Ciparisso, apesar de amar o animal, acaba matando-o acidentalmente, perfurando-o com um dardo. Porque o rapaz entregou-se então a um luto inconsolável, implorando aos deuses que o permitissem chorar eternamente, Apolo o transformou no cipreste.

v. 72. Referência à mascarada *Comus* (1634), de Milton, v. 476: "How charming is divine philosophy" [Como é encantadora a divina filosofia].

v. 85. *lagos de betume*: apesar de que a cena aqui descreve um fenômeno natural, com imagens emprestadas do começo do livro VI de *Thalaba the Destroyer* (1801), de Robert Southey, há ecos com as descrições do inferno no *Paraíso Perdido* de Milton. De fato, esta cena toda descrita entre os vv. 81-94 é subterrânea e poderia talvez ser interpretada como alguma forma de catábase, com o Poeta buscando as profundezas da terra antes de embarcar em sua viagem ao Oriente.

v. 94. *crisólitos*: do grego, significando "pedra (lito) dourada (crisos)", é um nome antigo para qualquer pedra de tom verde-amarelado, associada mais tarde mais especificamente ao peridoto, gema de origem vulcânica. A palavra, em inglês, é utilizada em Milton, nos vv. 594-96 do livro III do *Paraíso Perdido*, quando Satã vê o sol que brilha "with radiant light, as glowing Iron with fire / If metal, part seem'd Gold, part Silver clear / If stone, Carbuncle most or Chrysolite" [com luz radiante, como se ferro reluzente com fogo / Se metal, parecia parte ouro, parte prata clara / Se pedra, carbúnculo em sua maior parte, ou crisólito].

vv. 101-2. *alimento / imaculado*: como no v. 13, é outra referência ao vegetarianismo. Pode-se notar, assim, que tanto o Narrador quanto o Poeta que protagoniza a narrativa são vegetarianos como Shelley.

vv. 106-28. *Atenas, Tiro, Baalbek...*: neste trecho, observamos o caminho do Poeta, saindo da Europa e rumando para o Oriente Médio. Tiro é uma cidade localizada na região sul de onde hoje é o Líbano, fundada, segundo Heródoto, em 2750 a. C.. Baalbek (também conhecida como

Heliópolis, nome adquirido durante o período de ocupação romana) é outra cidade situada no Líbano, no Vale do Beqaa, mais ao leste, e tem raízes antiquíssimas, com dados arqueológicos apontando para assentamentos estabelecidos há pelo menos 9.000 anos. O caminho percorrido pelo Poeta, tal como descrito pelo Narrador, nessa ordem, não indica nenhum rumo certo ou coerente, mas um vagar de fato, partindo, em termos de geografia moderna, do Líbano para o Iraque, Israel, Egito e Etiópia, antes de voltar e seguir, pelo Irã, mais ao oriente, onde se desenvolvem as cenas posteriores. Mais do que uma jornada pelo espaço, esse trajeto representa uma jornada alegórica pelo tempo, conforme o Poeta revisita as ruínas de grandes civilizações do passado: os gregos, os fenícios, os hebreus, os babilônios, os egípcios e, por fim, os povos da Etiópia, vista como um dos possíveis berços da civilização. É importante glosar que, à época de Shelley, o processo de estudo e decifração dos hieróglifos egípcios ainda estava começando, e a escrita cuneiforme dos povos da Mesopotâmia só viria a ser decifrada mais tarde, no século XX, o que concedia a essas ruínas ancestrais uma atmosfera ainda mais densa de mistério.

vv. 118-19. Referência ao chamado Zodíaco de Dendera, um planisfério circular em baixo relevo representando os deuses e as constelações localizado no templo da deusa Hator, a cerca de 2 km ao sul da cidade de Dendera, no Egito. O templo em si havia sido construído no período ptolomaico, mas a base da construção data de 2000 a.C.. Na era moderna, esse zodíaco foi descoberto pelas tropas de Napoleão em campanha pelo Egito (1798–1801) e descrito pelo diplomata, arqueólogo e pioneiro da egiptologia Vivant Denon, que publicou imagens dele em seu *Voyage dans la Basse et la Haute Egypte* (1802). Em 1821, o Zodíaco de Dendera foi transportado para Paris e desde 1922 faz parte do acervo do Louvre.

vv. 144-9. Aqui observamos o Poeta rumando ainda mais para o oriente, saindo da Pérsia (Irã) para atravessar os países da Ásia Central até o norte da Índia. A Carmânia era o nome de uma das satrapias (subdivisões políticas autônomas) do Império Aquemênida, na Pérsia, equivalente ao que hoje é a província de Kerman, no Irã. Os antigos distinguiam entre duas regiões com esse nome: a Carmânia propriamente dita, que era bastante fértil e próspera, e o deserto da Carmânia, localizado logo ao norte, que é por onde o Poeta passa. O Indo e o Oxo (hoje mais conhecido como Amu Dária) são os nomes latinizados de dois grandes rios da Ásia. O Indo nasce no Tibete e passa pela China e pelo norte da Índia e atravessa o Paquistão até desaguar no Mar Arábico. O Oxo é formado pela união dos rios Vakhsh e Panj e passa pelo território de países como Afeganistão, Tajiquistão, Uzbequistão e Turcomenistão, frequentemente servindo de fronteira entre eles, antes de desaguar no Mar de Aral (ou, pelo menos, assim era antes de obras de irrigação do século XX terem comprometido todo o sistema hídrico, talvez irreversivelmente). O Indo é, em boa parte, alimentado pelo degelo das neves e geleiras do Himalaia, e uma hipótese antiga sobre a nascente do Oxo era que ele se originava também do degelo das montanhas Pamir – por isso, Shelley alude a "montanhas aéreas que do gelo / de suas grutas o Indo e Oxo inundam". Por fim, a região da Caxemira é localizada no norte da Índia, nas fronteiras com a China e o Paquistão, e é o palco de inúmeras disputas territoriais, sendo, à época de Shelley, parte do território do Império Durrani, do Afeganistão. O mítico vale da Caxemira, mais especificamente, onde o Poeta adormece, se encontra entre as cordilheiras do Himalaia e de Pir Panjal. Essa região tem também um papel importante em *Prometeu Desacorrentado*.

v. 151. *viu uma dama*: a imagem do Poeta que adormece e é visitado pela visão de uma mulher que toca um instrumento e canta, sendo profundamente comovido por ela, aparece também no poema "Kubla Khan" de Coleridge, entre os versos 37 e 47: "A damsel with a dulcimer / In a vision once I saw: / It was an Abyssinian maid, / And on her dulcimer she played, / Singing of Mount Abora" [E o que em visão foi-me mostrado: / Saltério à mão, com voz sonora, / Era abissínia a donzela / E, com seu saltério, ela / Cantava sobre o Monte Abora"]. "Kubla Khan" foi escrito em 1798, como parte de um projeto para um poema maior que jamais acabou se concretizando, mas só foi publicado em 1816, mesmo ano de publicação de *Alastor*. A semelhança entre os dois poemas neste ponto é evidente, e, apesar de "Kubla Khan" ter sido publicado tarde demais para que Shelley o lesse antes de escrever "Alastor", é possível que ele tivesse tido notícia do poema via terceiros, visto que Coleridge era dado a recitá-lo em reuniões com outros poetas – o que faz com que a dúvida sobre Shelley ter tido ou não acesso ao poema (talvez via Godwin ou Mary) seja persistente na crítica e permaneça ainda sem resposta.

vv. 211–219. *Há de conduzir o pórtico...*: a sintaxe da tradução está tortuosa e, simplificando-a, teríamos algo assim: "Ó Sono, o pórtico atroz da morte conduz ao teu paraíso oculto? Acaso as irisadas nuvens e o monte pênsil visto em lago plácido levam só à profundeza aquosa e negra, enquanto a morte (com os miasmas em seu cofre azul, refúgio do sol para o olho morto dos espectros que os túmulos exalam) conduz a teu (do Sono) reino de deleites?" No entanto, a complexidade da sintaxe dessa longa sentença em português visa aqui replicar a dificuldade da sentença em inglês, que chegou a confundir mesmo leitores como o poeta Dante Gabriel Rossetti, que presumiu que Shelley tivesse cometido uma violação gramatical.

v. 239. Neste trecho, o Poeta retorna da Índia de volta à Ásia Central. Aorno (do grego, significando "sem pássaros") foi o nome dado ao local do último sítio de Alexandre, o Grande, entre 327 e 326 a.C., provavelmente onde hoje é a montanha Pir Sar, onde as forças dos pachtuns dispersados nas batalhas anteriores haviam se refugiado, à espera de reforços. Incapazes de alcançá-los, dada a altura da montanha, as forças de Alexandre os subjugaram com catapultas. O ambíguo "Petra" não se refere à famosa cidade da Jordânia de arquitetura talhada na pedra (o que faria com que esses versos não fizessem nenhum sentido, já que seria impossível ver o Aorno olhando da Jordânia), mas à chamada *petra sogdiana*, uma fortaleza nas montanhas Pamir na fronteira de onde hoje é o Tajiquistão. Shelley a representa como uma elevação ainda maior que a do Aorno, de modo que o Aorno desaparece sob o horizonte ao olhar para baixo. Balkh era o nome moderno da cidade conhecida na antiguidade como Bactra, capital da Báctria, localizada entre o rio Oxo e o Cáucaso indiano, e os partas foram um imenso império da antiguidade, abrangendo o território de onde hoje é o Irã e partes do Iraque, Turquia, Armênia, Azerbaijão, Turcomenistão, Afeganistão e Paquistão, até ser sucedido pelo Império Sassânida em 224, o último grande império persa anterior à ascensão do Islã. A imagem do pó dos reis partas espalhado aos ventos remete às consequências da derrota dos partas pelos romanos em 217, então sob governo do imperador Caracala (Marco Aurélio Severo Antonino Augusto), que saqueou as tumbas reais. Através desse trajeto, Shelley retoma alegoricamente todo um histórico de guerra e violência perpetrada na região pelo ocidente.

v. 248-9. Harold Bloom comenta que o ascetismo do Poeta o faz entrar num "outono prematuro do corpo", representado pela sua decadência física, apesar da juventude.

v. 272. *Corásmia*: ou Khwarezm, é uma região de oásis localizada ao sul do Mar Aral, lar da antiga civilização dos corásmios, cujo império ruiu no século XIII, graças à invasão mongol, e hoje é um território repartido entre o Uzbequistão, Cazaquistão e Turcomenistão. Temos aqui a última referência topográfica explícita e o começo da narração do destino final do Poeta. Ele, por sua vez, embarca no rio Oxo, e aqui Shelley se vale da ambiguidade para deixar incerta a localização exata desse destino: de lá ou ele é levado ao Mar Aral ou então, conduzido por alguma força sobrenatural contra a correnteza, ao Cáucaso da Geórgia, considerado miticamente a localidade real do Jardim do Éden bíblico (arqueologicamente, a região também é reconhecida como um dos primeiros locais a contar com a presença de seres humanos fora do continente africano). Se ele tiver sido levado ao Mar de Aral, porém, sua viagem culminará no igualmente mítico Cáucaso indiano. Os dois Cáucasos e a Etiópia, mencionada no v. 115, formam uma tríade de possíveis origens, míticas e/ou arqueológicas, do homem, e Shelley se vale de uma ironia marcante ao conduzir o Poeta à sua morte no berço da humanidade.

v. 275. *um cisne*: ave sagrada a Apolo e Vênus (poesia/profecia e amor, portanto, ou, como o próprio Poeta diz no v. 366, "Visão e Amor!"). Nesses versos, a jornada do pássaro para encontrar sua parceira contrasta com a jornada solitária do Poeta, ao mesmo tempo em que remete à lenda de que o cisne emite um belíssimo canto antes de morrer. A imagem do cisne também é retomada em *Prometeu* na canção de Ásia (II.5. v. 73).

v. 299. *Uma chalupa à orla...*: O barco solitário que surge como se à espera do viajante igualmente solitário remete mais uma vez ao poema *Thalaba*, de Southey (XI. vv. 375-78). Essas imagens de barcos são recorrentes em Shelley (vide outra vez a canção de Ásia em *Prometeu*).

v. 353. *Cáucaso*: ambiguamente, ou o Cáucaso da Geórgia ou o Cáucaso indiano (vide a nota ao v. 272).

v. 406. *flores amarelas*: são narcisos, que, como o Narciso do mito grego, que morre de inanição após apaixonar-se pelo próprio reflexo numa poça d'água, sendo transformado na flor homônima após a morte, estão representados nesses versos admirando o próprio reflexo no lago. O narciso é também uma flor importante na poesia de Wordsworth, mencionado famosamente no poema "I wandered lonely as a cloud".

v. 495. *lascivo*: o adjetivo em português traduz o adjetivo inglês "wanton". Tradicionalmente, "wanton" significava algo como "indisciplinado", "travesso", "galhofeiro", mas com o tempo passou a assumir conotações sexuais de "devasso", "libertino". "Lascivo" em português parece ter passado por uma transformação semelhante, como podemos observar ao contrastar o soneto 30 de Camões, "Está o lascivo e doce passarinho", com o sentido mais corrente da palavra.

v. 561. O pinheiro é um símbolo tradicional de imortalidade, mas, em Shelley, especificamente, segundo Reiman e Fraistat, ele "representa as esperanças humanas" e "a persistência em face das adversidades".

v. 602. É a lua crescente, com as duas pontas para cima, parecendo dois chifres, como numa imagem utilizada por Coleridge no poema "Dejection: an ode", publicado em 1802: "the new Moon / with the old Moon in her arms" [A velha lua / com a nova em seus braços]. Shelley retorna a essa imagem ainda em *Prometeu* (IV. v. 207) e *O triunfo da vida* (vv. 79-85).

v. 667. *frágil alaúde*: retomada irônica da imagem da harpa eólica, mencionada inicialmente neste poema no v. 42.

v. 672. *Medeia*: na mitologia grega, filha do rei Eetes da região da Cólquida (onde hoje é a Geórgia) e neta do deus Hélio, o sol, Medeia foi a feiticeira que se apaixonou pelo argonauta Jasão e por isso o ajudou a recuperar o velo de ouro, tal como se pode observar na narrativa das *Argonáuticas*, épico helenista de Apolônio de Rodes. Em uma das versões mais populares do mito, que foi a utilizada por Eurípedes em sua tragédia *Medeia*, Jasão a abandona para casar-se com Gláucia, filha do rei Creonte, e, para vingar-se do herói, ela mata os próprios filhos que teve com ele. A referência que Shelley está parafraseando aqui, porém, é mais recente do que Apolônio e Eurípedes e se baseia em um episódio do livro VII (vv. 275-284) das *Metamorfoses* de Ovídio, em que Medeia prepara uma poção de rejuvenescimento para Esão, pai de Jasão, já com idade bastante avançada. Como narra Ovídio, o ramo seco de oliveira que ela usa para mexer a poção muda subitamente de cor, de marrom para verde, brota novas folhas, e, quando a fervura a leva a transbordar do caldeirão, as gotas que caem no solo fazem brotar novas folhas e flores [At quacumque cavis spumas eiecit aenis / ignis et in terram guttae cecidere calentes, / vernat humus, floresque et mollia pabula surgunt].

v. 678. *um homem só*: referência à lenda medieval de Ahasvero, o Judeu Errante, um dos temas explorados por Shelley em sua poesia de juventude e ao qual ele retornaria ao longo de toda sua trajetória poética. Mais sobre isso nas notas do poema "Solilóquio do Judeu Errante".

v. 682. *um nigromante*: esta imagem de um feiticeiro isolado numa caverna com suas visões e seus instrumentos remete mais uma vez à prática da alquimia – no entanto, novamente, em vez de legitimá-la, o Narrador shelleyano aqui lamenta: quem dera que a realidade fosse, de fato, regida pelas leis alquímicas.

v. 713. *demais p'r'o pranto*: mais uma referência a Wordsworth, efetivamente situando o poeta no começo e no final de "Alastor". A expressão "too deep for tears" [mais precisamente, "profunda demais para lágrimas"] consta na *Ode: Intimations of Immortality*: "To me the meanest flower that blows can give / Thoughts that do often lie too deep for tears" [Para mim, a mais reles flor que sopra pode suscitar / Pensamentos que com frequência jazem profundos demais para lágrimas"] (vv. 202-203).

Ó! pairam espíritos do ar...

Poema publicado originalmente sem título em *Alastor...*, acompanhado apenas pela epígrafe, retirada aqui da tragédia *Hipólito*, de Eurípedes: ἐγὼ δὲ σᾷ δυστυχίᾳ / δάκρυσι διοίσω πότμον / ἄποτμον (vv. 1142-4). Ela significa algo como "suportarei teu destino funesto com lágrimas por tua infelicidade". Dentro da peça, a frase pertence à fala do coro, que se dirige a uma mãe, mas o conteúdo da fala fora de contexto remete ao tema principal do poema, de se suportar o próprio fado, qualquer que seja (como se pode ver na última estrofe). O poema passou mais tarde a ser chamado ou de "To Coleridge", já que é o autor da *Biographia Literaria* o interlocutor a quem o eu-lírico aqui se refere, ou então "To —", omitindo o destinatário (o que pode gerar alguma confusão com outros poemas com esse título), ou ainda pelo seu primeiro verso, "O! There are spirits of the air", que foi a opção escolhida aqui.

Ainda que a invectiva contra Coleridge seja velada e dotada de tons mais líricos e vagos do que os expressos em "To Wordsworth", que acompanha o mesmo volume, Shelley investe em peso contra o poeta. A poesia de Coleridge, assim como a de Wordsworth, se baseava numa relação de comunhão com a natureza, mas, como diz Bloom em *The Visionary Company*, essa relação é meramente temporária, e a natureza nos trai e é incapaz de dar conta das "demandas que a imaginação humana espera dela", levando o autor a uma crise poética, tal como expresso no seu poema "Dejection: an Ode" (1802), apesar de que Coleridge tinha um ponto de vista diferente do de Shelley sobre sua própria crise. "Sua própria alma, Shelley comenta para Coleridge, ainda te é leal, mas a dor da perda [da relação com a natureza] faz dela só um espectro do que era, e esse espectro dos poderes idos assombra Coleridge como um demônio".

Formalmente, "O! There are spirits of the air" consiste de seis estrofes de seis versos, dispostos em rimas *ABABCC*. No tocante ao metro, Shelley emprega tetrâmetros jâmbicos (totalizando oito sílabas) em todos os versos de cada estrofe, exceto pelo último, que é pentamétrico (dez sílabas).

Mutabilidade

Não se sabe ao certo quando "Mutability" foi composto, já que nenhum manuscrito sobrevive. Se não nos enganamos, trata-se do primeiro poema com a temática da mutabilidade, derivada de Spenser (mais sobre isso, vide a nota sobre III. 3. v. 25 de *Prometeu*).

A forma do poema é bastante simples, se comparado com os poemas que Shelley viria a compor futuramente: as estrofes são quadras com rimas alternadas, e o metro usado é o pentâmetro jâmbico padrão, com as permissões de inversão de pés métricos (substituição de jambos por troqueus) típicas da metrificação clássica da língua, como se pode observar, por exemplo, desde Shakespeare, pelo menos, e que aqui ocorrem sobretudo no começo de versos, como os dois últimos da primeira e da última estrofe.

vv. 5-7. *lira... zéfiro*: referência à harpa eólica (vide a nota para o v. 42 de "Alastor"). "Zéfiro" aqui está sendo utilizado como sinônimo de vento.

Soneto: a Wordsworth

Shelley foi um grande leitor da obra de William Wordsworth, que o influenciou enormemente. Porém, o crescente conservadorismo do "Poeta da Natureza" e o que costuma ser visto como a perda de qualidade de sua poesia ao longo dos anos, fizeram com que Shelley se tornasse desgostoso com o velho mestre. Diz Mary Shelley em seu diário, em 14 de setembro de 1814: "Shelley... trouxe para casa *The Excursion*, de Wordsworth, do qual lemos uma parte, muito decepcionados. Ele é um escravo". Shelley mais tarde, em 1819, publicaria ainda um poema satírico mais longo chamado "Peter Bell, the Third", em referência ao poema "Peter Bell" de Wordsworth – sobre o oleiro epônimo que encontra salvação moral/religiosa após uma série de eventos naturais que apelam à sua superstição –, em que o ridiculariza ainda mais. A temática do poeta jovem talentoso e progressista que se transforma num reacionário tedioso atormentaria Shelley até o fim e pode ser observada em *O triunfo da vida*, cujo título alude ao triunfo da vida vista como a marcha cansativa dos eventos sobre a criatividade humana. Apesar de o poema ser direcionado a Wordsworth, ele é também uma crítica a outro dos Lake Poets que Shelley admirava, Robert Southey, assim como "O! There are spirits in the air" é uma crítica a Coleridge.

A forma do soneto empregada aqui é uma variação sobre as versões mais comuns, deslocando o dístico rimado final, que costuma formar a chave de ouro que encerra o soneto shakespeariano, para quatro versos acima, e obtendo o esquema *ABABCDCDEEFGFG*.

v. 8. *frágil barca*: Shelley aqui utiliza o termo "bark", uma palavra algo obsoleta para se referir a uma pequena embarcação, mas que continuava sendo comumente usada pelos poetas. Com a expressão "frágil barca" ("frail bark"), porém, é possível que ele estivesse aludindo ao soneto XXII de Petrarca: "Fra sì contrari venti, in frale barca / Mi trivo in alto mar, senza governo".

v. 13-14. O tom fúnebre da conclusão do poema dá a impressão de que Wordsworth já teria morrido, e, de fato, para Shelley, tendo ocorrido sua morte criativa, era como se ele estivesse realmente morto. Wordsworth, porém, ainda teria várias décadas de sobrevida, falecendo em abril de 1850, 34 anos após o lançamento de *Alastor* e quase 28 anos após a morte do próprio Shelley.

Soneto: Ozimândias

Ozimândias (de *ozium*, "alento", e *mandias*, "reino"), tradução grega do epíteto *user-maat-re setep-en-re*, era o nome pelo qual era conhecido na Antiguidade o faraó Ramsés II (1304-1237 a. C.), o próprio nome Ramsés, aliás, sendo a reconstrução aproximada das raízes consonantais *R-mss*, que, segundo estudos comparativos mais recentes com textos em cuneiforme, indicam que talvez pudesse na verdade ser pronunciado como Riamesesa. Shelley escreveu o soneto entre dezembro de 1817 e janeiro de 1818, após receber a notícia de que o busto do faraó havia sido escavado e trazido ao British Museum, competindo com seu amigo Horace Smith (1779-1849), que também escreveu um soneto sobre o tema. O soneto de Shelley foi publicado no jornal semanal de Leigh Hunt, *The Examiner*, em 11 de janeiro de 1818; o de Smith saiu no mês seguinte, no 1º de fevereiro, a princípio com o mesmo título do poema de Shelley, mas depois renomeado de "On A Stupendous Leg of Granite, Discovered Standing by Itself in the Deserts of Egypt, with the Inscription Inserted Below". "Ozymandias" foi mais tarde publicado no volume de 1819 de poemas de Shelley, *Rosalind and Helen, a Modern Eclogue; with Other Poems*. É um dos poemas mais famosos e antológicos do poeta.

É um soneto estranho no tocante à forma, com um esquema de rimas bastante próprio (*ABABACDCEDEFEF*), em que elas se entrelaçam ao longo de todo o poema, sem permitir que formem unidades maiores em que coincidam a mudança dos sons finais com as unidades semânticas, como normalmente ocorre, por exemplo, nos quartetos e tercetos dos sonetos mais clássicos.

v. 8. O original utiliza o verbo "mock". O sentido mais antigo de "mock" era o de "imitar", mas à época de Shelley ele já tinha adquirido a conotação contemporânea, mais comum, de "zombar". Assim, o arcaísmo cria uma ambiguidade interessante, pois, ao mesmo tempo em que o escultor copiou as expressões de Ozimândias, ele também zombava delas. Para reproduzir alguma ambiguidade na tradução, foi utilizado o verbo "lograr".

Versos (Perdeu-se a era...)

Este poema, sem título exceto pelo genérico "Lines", é bastante simples no tocante ao conteúdo, tratando de alguns temas típicos de Shelley, como a melancolia quanto à passagem do tempo, as metáforas com imagens do rio e a equivalência entre medo e esperança, que ressurge em diversos poemas (e nos faz lembrar a famosa expressão latina *Nec spe nec metu*, que, diz-se, o pintor barroco Caravaggio tinha mandado gravar na faca que carregava por aí). Mas ele é interessante porque, formalmente, já em 1817, emprega as irregularidades que observamos nas canções de *Prometeu* e nos poemas mais tardios. "Lines" consiste de duas estrofes com a mesma estrutura, de sete versos jâmbicos com o esquema de rimas *ABCCCAB* (*ABCCAAB* na segunda estrofe) em que o primeiro verso tem quatro pés métricos (é um tetrâmetro, portanto), e os versos seguintes vão encolhendo, com o segundo apresentando três pés métricos, e o terceiro e quarto, dois pés apenas. Depois, os versos ficam mais longos novamente, com quatro pés métricos no quinto e no sexto verso, e três no último. Em nenhum momento, porém, Shelley segue à risca essa estrutura e opera alterações sutis como o uso de anacruses (uma sílaba átona antes do entrar o restante do verso) e a substituição do jambo pelo anapesto. Como no caso das canções em *Prometeu*, os mesmos procedimentos foram utilizados na tradução.

Soneto: Não erga o tinto véu...

Composto entre 1818 e 1820, "Lift not the painted veil" foi publicado só na edição *Posthumous Poems*. O véu aqui ecoa alguns versos no *Prometeu*, em que a surge mesma imagem da vida como um "painted veil" que é erguido no momento da morte (III.3. v. 113, III.4. v. 190).

"Não erga o tinto véu" faz, assim como "Ozimândias", um uso estranho da forma do soneto, empregando um esquema de rimas em que cada metade do poema se sustenta sobre apenas dois sons: *ABABABCDCDDCDC*.

vv. 4-5. Outra vez, medo e esperança são igualados por Shelley como sendo gêmeos.

v. 14. *o Pregador* ("Preacher") alude à voz do livro bíblico do *Eclesiastes*, que declara que tudo é vaidade. O nome do livro em hebraico (*Qohélet*) significa "pregador" ou, por via etimológica "aquele que reúne", no sentido de alguém que reúne e depois fala diante de uma assembleia. O título "Eclesiastes", por sua vez, vem do grego *Ekklesiastes* (Ἐκκλησιαστής, sendo que *ekklesia* significa assembleia, que tem esse sentido também). Ao deplorar o destino de quem não encontrou nada neste mundo que lhe fosse caro e para quem tudo é vão, Shelley se mostra como uma figura bastante contrária ao estereótipo do poeta romântico que busca a morte.

Soneto: a Inglaterra em 1819

Este soneto é um ataque virulento ao rei George III ("rei cego, senil, torpe e boçal"), que estava no trono desde 1760 e vinha sofrendo de graves distúrbios mentais desde 1811, quando seu filho se tornou príncipe regente. O poema foi composto em 1819 e enviado em dezembro do mesmo ano, de Florença, onde estava Shelley, para Leigh Hunt publicá-lo na Inglaterra. Conforme nossa Introdução, 1819 foi também o ano do Massacre de Peterloo, que inspirou Shelley a escrever "The Masque of Anarchy" e outros poemas políticos.

Como "Lift not the painted veil", este soneto consiste de duas metades que se sustentam apenas sobre duas rimas cada: *ABABABCDCDCCDD*. Na segunda metade da tradução foram utilizadas rimas notavelmente pobres – ecoando os verbos terminados em "-ed" que Shelley utilizou no original –, mas que parecem funcionar no contexto, dado o caráter satírico e debochado do soneto.

vv. 2-3. Referência aos herdeiros do rei George, que geraram filhos ilegítimos e se envolveram em inúmeras atividades questionáveis, desde vício em jogos até corrupção do exército.

v. 7. Referência ao Massacre de Peterloo.

v. 10. Ouro e sangue são imagens recorrentes de tirania e opressão em Shelley.

v. 12. Shelley sentia que o Parlamento não representava devidamente o povo inglês (e, de fato, uma das reivindicações dos manifestantes que sofrem a repressão brutal dos soldados no Massacre de Peterloo era por representatividade parlamentar).

Ode ao Céu

"Ode to Heaven" foi publicado pela primeira vez em 1820, no mesmo volume em que *Prometeu* e, segundo críticos como Donald Reiman e Neil Fraistat, partilha do mesmo impulso mitopeico que ele, além de também apresentar uma forma inspirada no dramático, com um coro de espíritos (como com frequência surge no drama lírico) e duas outras vozes. Cada voz representa um ponto de vista sobre o universo: a primeira remete à visão dos deístas do século XVIII, tal como expressa no hino religioso "The Spacious Firmament on High", de Joseph Addison (1672-1719); a segunda reflete uma concepção transcendental, inspirada na noção platônica da existência de um mundo das ideias do qual a realidade seria só uma sombra imperfeita; e a terceira, por fim, se afasta da cena para dar um panorama maior, que sugere a pequenez e irrelevância do ser humano, com a imagem do céu como não mais que um "globo de orvalho" numa flor de "esferas impretensas" (i.e. mundos ainda não imaginados), prestes a desaparecer.

O poema é composto de estrofes de nove versos, em rimas *AABCBCDDD*, e o metro usado é o tetrâmetro trocaico, com a possibilidade de irregularidades.

Sobre a Medusa de Leonardo da Vinci na Galeria Florentina

A "Medusa de Leonardo da Vinci", uma tela a óleo de 74 x 49 cm, à qual Shelley alude, na verdade, era uma atribuição equivocada feita pelo biógrafo Luigi Lanzi, que a descobriu em 1782. O erro perdurou durante todo o século XIX, e a tela angariou os louvores mesmo de críticos célebres como Walter Pater. Mais tarde, descobriu-se se tratar da obra de um autor flamengo desconhecido do final do século XVI ou começo do XVII.

O poema em questão é exemplar em nossa antologia de Shelley por dois motivos: o primeiro, e menor deles, é a questão formal, visto que este é um poema em oitava rima, a forma originalmente italiana que foi popularizada em nossa língua por Camões, mas que até o romantismo tinha visto pouquíssimo uso em inglês. Shelley a utiliza em três ocasiões: neste poema, em sua tradução do Hino Homérico a Mercúrio e no longo poema "The Witch of Atlas". No mesmo ano em que este poema foi composto, 1819, Byron viria a dar início ao seu famoso épico-cômico *Don Juan*, que emprega essa mesma forma. O segundo motivo é que este poema parece ser uma tentativa precoce de dar tratamento ao problema da estética do feio. Infelizmente, ele foi deixado inacabado em partes, com lacunas nos versos 18 e 37.

Filosofia do amor

Publicado originalmente por Leigh Hunt no *The Indicator* em dezembro de 1819, depois incluído em *Posthumous Poems*, trata-se de outro famoso poema de amor de Shelley, demonstrando todo o seu virtuosismo formal e imagético, conforme recorre a cenas de eventos naturais (as fontes e os rios, os rios e o oceano, as montanhas e as nuvens, as ondas...) para persuadir um "tu" que serve de interlocutora ao poema. Formalmente, ele é de uma simplicidade bastante enganosa, na medida em que as duas estrofes seguem um molde rígido, apesar das variações de pés métricos a que o poeta se permite: cada estrofe de oito versos em rima alternada tem duas metades de quatro versos, separadas por um verso visivelmente mais breve, que forma um quase refrão, sobretudo no final da estrofe. Na primeira metade há dísticos formados de um verso mais longo e outro mais breve, com o primeiro e o terceiro versos, tetrâmetros jâmbicos, contendo quatro sílabas fortes, que se alternam primeiro com versos tri- e, por fim, dimétricos. Na segunda metade da estrofe, exceto pelo último verso dimétrico, predominam trímetros. Essa estrutura geral é visível na primeira estrofe e se repete na segunda. A base do metro aqui é o pé jâmbico, mas ele permite o uso de anacruses e o desdobramento em anapestos.

Soneto: Correis à cova...

Outro soneto que, como "Lift not the painted veil", rompe com o estereótipo do poeta romântico suicida (como o perpetuado pelo personagem goethiano de Werther), representando a morte com uma imagem melancólica e indesejável, à moda do Hades grego. Nos aspectos formais, é igualmente estranho, com um esquema de rimas *ABABABCCBDEDEE*. Foi publicado pela primeira vez em 1823, após a morte de Shelley, no jornal *The Literary Pocket-Book*, depois incluído em *Posthumous Poems*.

v. 3. *o fato*: a palavra aqui foi empregada em sua acepção, mais comumente lusitana, como um tipo de roupa, geralmente um tipo de uniforme, traduzindo o termo do inglês, também algo estranho num contexto moderno, "livery", que tem esse sentido.

Os dois espíritos: uma alegoria

Foi publicado pela primeira vez em *Posthumous Poems*, transcrito por Mary Shelley a partir dos manuscritos deixados após a morte do marido. Ela o insere entre os poemas de 1820, mas é possível, segundo alguns críticos, que tenha sido composto antes, ainda em 1818. É mais um poema que se vale de uma forma semidramática, com duas vozes que dialogam e depois dão lugar a uma coda. No caso, o primeiro e o segundo espírito representam, respectivamente, imagens noturnas e solares, que se intercalam e são metafóricas da condição humana. Harold Bloom, em *The Visionary Company*, as identifica com a imagem do desejo (o segundo espírito) e os limites finitos que buscam limitar o desejo (o primeiro espírito), num jogo que se assemelha à relação entre Emanação e Espectro, nos termos da poética de William Blake.

Todas as estrofes do poema têm a mesma estrutura, compostas de oito versos em tetrâmetros jâmbicos divididos em duas partes, em rimas *ABA* na primeira e *BAB* na segunda, separadas por um verso mais curto (dimétrico), na sequência, servindo como um tipo de refrão, que só rimam entre si. Apesar de o poema ser predominantemente jâmbico, Shelley abre a possibilidade para irregularidades, permitindo-se omitir a primeira sílaba átona dos versos e desdobrar jambos em anapestos.

v. 6. Há uma lacuna neste verso, representada pelos colchetes, que optamos por manter na tradução.

v. 11. *luz do amor*: pode ser uma referência à estrela-d'alva ou estrela da manhã, a luz de Vênus, portanto, astrológica e mitologicamente, o amor.

vv. 41-7. Bloom identifica nesses versos a revelação do "inviolável segundo espírito", em seu "sentido alegórico de primeiro amor" e encontra um eco na imagem do viajante a despertar sobre a "relva olorosa" ("fragrant grass") com um momento em *The Faerie Queene*, de Spenser, em que o mesmo se passa com o rei Artur.

Hino de Apolo

v. 1. *Horas*: vide a nota I. v. 48 de *Prometeu*.

v. 33-4. Apolo era o deus da música, da profecia e da doença e cura, domínio que dividia com seu filho, Asclépio/Esculápio. Na mitologia, ofensas a Apolo costumavam resultar em pestes, como se pode observar no começo da *Ilíada*, em que a pestilência que aflige o acampamento dos aqueus é representada como flechas disparadas pelo deus.

Hino de Pã

O "Hino de Pã" é um exemplo bastante interessante da fluidez na forma de Shelley. As 3 estrofes que o compõem consistem de 12 versos, dos quais dois são um refrão, com o primeiro surgindo após quatro versos, e o segundo, após os seis seguintes, num esquema de rimas *ABABXCDCDEEX*. Metricamente, a maioria dos versos tende a ter três tônicas, formando trímetros, exceto o penúltimo verso de cada estrofe (vv. 11, 23, 35), que é mais longo, tetramétrico. O pé métrico mais utilizado é o anapéstico, porém, há a possibilidade de encurtá-lo, omitindo as átonas até se obter um jambo ou uma única primeira sílaba tônica sozinha, como ocorre muito nos primeiros versos de cada estrofe, anteriores ao refrão – chegando ao ponto de, na segunda estrofe, termos um começo com uma sílaba tônica ("Liquid...") e, na primeira estrofe, os primeiros versos omitirem um pé inteiro, como no bimétrico "We come, we come" (v. 2). Os versos com refrões também são diferentes a princípio, tendendo a começar com uma sílaba tônica, pelo menos até a metade da segunda estrofe.

vv. 11-15. *Tmolo*: deus da montanha (vide texto introdutório aos dois poemas); *Peneu*: nome latinizado do rio Pineios, na Tessália, ao norte da Grécia, também o deus do rio. *Tempe*: o vale do Tempe pelo qual o rio Pineios corre até o mar Egeu, lar de Aristeu, o responsável, no mito de Orfeu, pela morte de Eurídice; o vale também abrigava um templo de Apolo. *Pélion*: montanha no sudeste da Tessália, que forma uma península no mar Egeu; era o lar do centauro Quíron na mitologia.

v. 19. *Faunos*: seres da mitologia romana (porém não da grega), que eram metade homem, metade bode, associados aos sátiros gregos, em parte por confusão dos autores latinos, em parte também pela afinidade de humor (ambos eram propensos a perseguir ninfas). Silvano (do latim, "da floresta") era uma divindade protetora dos bosques e campos, para os romanos; Shelley, porém, fala em "Sylvans", uma palavra derivada de *Silvanus*, porém pluralizada, aludindo a uma multidão de espíritos da floresta (o movimento de uma divindade com um nome próprio se pluralizar ou um tipo de entidade passar a se referir a um só indivíduo específico não é incomum na mitologia). Sileno é um deus rústico tutor de Dioniso (mais sobre ele na nota II.2 v. 90 de *Prometeu*). Conta a lenda que Sileno se perdeu certa vez pela terra da Frígia e que foi por ter sido hospitaleiro com ele que ao rei Midas foi concedido por Dioniso o toque de ouro. Pluralizado, "Silenos" se refere também a espíritos (*dáimones*), possivelmente sátiros mais velhos, representados como um velho barbudo, grisalho, calvo e barrigudo, às

NOTAS | 405

vezes com uma cauda de cavalo e outros traços animais. No *Banquete*, de Platão, por exemplo, que Shelley leu e traduziu pouco antes de começar a trabalhar com *Prometeu*, Sócrates é comparado a um sileno.

v. 26. *dedálea*: no original "daedal", referente a Dédalo, o inventor e artesão mitológico, pai de Ícaro e o responsável por criar o Labirinto de Creta, onde era confinado o Minotauro. Como adjetivo, serve de sinônimo para "labiríntico".

v. 27. *gigântea guerra*: referência ao episódio mítico da Gigantomaquia, em que os deuses olímpicos enfrentaram os Gigantes, filhos monstruosos da Terra ("gigante" significa "nascido de Gaia"). É importante notar o movimento que Pã faz aqui: primeiro ele fala do céu e da Gigantomaquia, depois de "Amor e Morte e Esperança" (o original diz "Love, and Death, and Birth", mas tomamos a liberdade de transformar "nascimento" aqui, metaforicamente, em "esperança", por motivos formais) no verso seguinte, saindo do nível do macrocósmico divino para se aproximar do humano.

v. 31. *menáleo vale*: referência ao vale do monte Mênalo (*Mainalos*). Aqui Pã se refere à história de Siringe.

vv. 34-5. O flauteio de Pã faz todos se emocionarem, menos Apolo, seu concorrente, e Tmolo, o jurado divino: Apolo, pela inveja (vide v. 24), e Tmolo, pela idade (vide v. 11), visto que ele é uma montanha, o que faz com que eles tenham um sangue frio (no original "frozen", congelado), e por isso desdenhem de sua canção.

Orfeu

Um longo poema em versos brancos publicado pela primeira vez no volume *The Relics of Shelley* (1862), organizado por Dr. Garnett (posteriormente revisado e republicado em 1870 por Rossetti), "Orpheus" reconta o mito numa forma que parece oscilar entre o lírico clássico e o dramático, com a presença de um coro como interlocutor, além da voz principal, como era a fórmula das raízes da tragédia grega. Como se sabe, Orfeu era poeta, músico e um dos membros dos argonautas, ao lado de Jasão, cujos feitos são narrados na *Argonáutica*, épico de Apolônio de Rodes do século III a.C.. Com sua lira, conta-se que Orfeu era capaz de encantar animais selvagens e objetos inanimados e até mesmo abafar o canto perigoso das sereias. Segundo o mito, após a morte de sua amada Eurídice, ele desceu ao Hades para buscá-la e conseguiu convencer o deus dos mortos a permitir que ele a trouxesse de volta ao mundo dos vivos, sob a condição de que não olhasse para trás ao longo do trajeto de retorno. Como ele acaba olhando para trás um pouco antes de chegar ao fim do percurso, Eurídice desaparece definitivamente, e Orfeu se vê outra vez sozinho. Ele morre mais tarde atacado por um bando de Mênades, as adoradoras de Dioniso que, no ápice do frenesi orgíaco dos cultos ao deus, estraçalhavam com as mãos tudo e todos que estivessem no caminho (destino semelhante sofreu o rei Penteu, como se pode ver na peça *As Bacantes*, de Eurípedes). Orfeu está associado aos cultos de mistério chamados de mistérios órficos.

Cronologicamente, o poema de Shelley se ambienta no momento após o retorno de Orfeu do Hades e antes de o poeta ser morto, e os primeiros 34 versos parecem descrever o mundo dos mortos.

v. 2. *carvalhos*: o carvalho, por seu tamanho e força, e porque costumava ser atingido com frequência por raios, era uma árvore sagrada para Zeus/Júpiter. Ao indicar que a ação se passa para além do "monte / cingido de carvalhos", Shelley pode estar apontando para a distância entre esse mundo, regido por Júpiter, e o mundo dos mortos.

v. 15. *Pã, Siringe*: vide a nota introdutória aos Hinos de Apolo & Pã.

v. 26. *ciprestes*: árvore do luto (vide a nota ao v. 56 de "Alastor"). Acontece, porém, que os ciprestes do Hades, como esta voz aqui faz questão de frisar, são ciprestes desolados, "temperirruinosos" (i.e. arruinados pela tempérie), afligidos pelos ventos, e não os ciprestes verdes e frondosos que se costuma encontrar nos cemitérios e cuja vitalidade tende a sugerir, simbolicamente, vida eterna e transcendência. A referência ao cipreste neste contexto órfico é duplamente significativa, porque, no livro X das *Metamorfoses*, Ovídio emenda a narrativa de Orfeu com a história de Ciparisso, o rapaz cujo luto o transformou nessa árvore.

v. 40. *rei bruto*: provavelmente uma referência a Éolo, rei mitológico dos ventos, como se pode ver no episódio da *Odisseia* (canto X) em que Ulisses e sua tripulação chegam a Eólia, e Éolo lhes entrega um saco contendo todos os ventos, menos o vento leste, para que a viagem de volta a Ítaca fosse tranquila. Na imagem de Shelley, que mescla mitologia e conhecimento da mecânica do som, os ventos suspiram, porque Éolo, que os governa, os faz soprar e, assim, os afasta da música de Orfeu, ao mesmo tempo em que, como o som se propaga pelo ar, eles o levam para mais longe.

vv. 50-2. Estes versos são um exemplo de ironia trágica, aludindo, como se fosse por acidente, pelo uso dos adjetivos "torn" e "Maenad-like", à morte violenta a que Orfeu está destinado.

v. 88. *O sul bravio*: o vento sul.

vv. 105-116. Estes versos, com a enumeração das árvores comovidas pela música de Orfeu, parece retomar o trecho entre os vv. 90-105 do livro X das *Metamorfoses* (o poema inteiro, aliás, parece ser uma paráfrase tortuosa do mito órfico narrado por Ovídio). É importante notar também como, diferentes dos ciprestes "temperirruinosos" do Hades, os ciprestes aqui mantêm-se firmes.

Para — (Cantos, quando a voz se cansa...)

Apesar de fragmentário, este é um dos poemas mais famosos de Shelley e foi publicado pela primeira vez em 1824 na edição dos *Posthumous Poems* e, desde então, tem sido presente em inúmeras antologias e já foi musicado por vários compositores, como Roger Quilter e Charles Hubert Hastings. Até mesmo T. S. Eliot, por mais que não gostasse do poeta, o elogia num texto intitulado "Swinburne" (onde identifica Shelley como o mestre do poeta vitoriano que é o foco do ensaio), por sua musicalidade e concisão. O formato do poema é enganosamente simples, consistindo de duas estrofes formadas cada uma por dois dísticos rimados em tetrâmetro trocaico. Porém, diferente do que se deve esperar do padrão de um poema tetramétrico de pés dissílabos, os versos não fecham oito sílabas cada, como fazem em "O! There are spirits of the air", por exemplo, onde o metro é mais regular. Em vez disso, há uma sílaba átona a mais no final dos dois últimos versos da última estrofe e anacruses nos dois versos do centro da segunda estrofe.

A lua minguante

Fragmento publicado pela primeira vez em *Posthumous Poems*.

v. 6. A julgar pelo metro deste último verso, deixado com apenas três pés jâmbicos (em vez dos cinco que compõem o restante dos versos do poema) e sem rima, supõe-se que "The waning moon" tenha ficado inacabado. No entanto, o poema ainda assim funciona, e esse aspecto fragmentário, somado ao tom levemente grotesco da imagem, parece revesti-lo de uma aura de poesia moderna, o que pode ter contribuído para sua popularidade.

Soneto: Grandeza política

Originalmente chamado "To the Republic of Benevento", este soneto foi republicado depois em *Posthumous Poems* sob o título "Political Greatness", pelo qual é conhecido hoje. A República de Benevento a que ele se refere foi uma comuna, localizada ao noroeste de Nápoles, estabelecida após uma revolta popular expulsar o rei Ferdinando I das Duas Sicílias, em 1820. A autonomia da comuna, porém, durou pouco, e ela foi aniquilada na primavera de 1821 pelo exército austríaco.

A estrutura do poema se baseia num esquema de rimas estranho, como a maioria dos outros sonetos de Shelley, operando quase como uma variação sobre um soneto petrarquiano invertido, com os tercetos vindo antes dos quartetos: *ABABABCDCDCEDE*.

v. 6. *a arte recobre o espelho*: Shelley alude aqui a uma noção clássica da arte como "espelho da natureza" (vide a fala de Hamlet, em Shakespeare, no Ato 3, Cena 2 da sua tragédia).

v. 9-10. *Que é, trançada, / a multidão por hábito ou degredo?*: o sentido aqui é o de que a tirania pode arrebanhar as multidões tanto pela força (degredo) quanto pela apatia (hábito).

vv. 11-14. O final do poema ecoa o ideal de governo de si próprio expresso em *Prometeu*, ao mesmo tempo em que repete a equivalência entre o medo e a esperança, como visto em outros poemas desta antologia.

Profanam demais certo termo...

Acredita-se que este poema tenha sido escrito para Jane Williams, esposa de Edward, o amigo de Shelley que estava a bordo do mesmo barco que ele quando sofreu seu acidente fatal em alto-mar. Do seu amor por Jane, de que pouco se sabe a respeito e que parece ser bastante ambíguo, surgindo num período em que o casamento dos Shelley ia mal, ele escreveu uma série de poemas, que, além deste, inclui: "With a Guitar, To Jane", "To Jane: The Invitation", "To Jane: The Recollection" e "To Jane: The Keen Stars Were Twinkling". O tema do poema é não tanto um ideal de pureza amorosa num sentido de castidade (como já está bem estabelecido pela crítica, a ética/poética de Shelley, como a de Blake, não separava o amor espiritual do amor carnal), mas de devoção, que, segundo o eu-lírico, muito em sintonia com as ideias shelleyanas sobre a linguagem (como se pode ver em *Prometheus* e no ensaio *Speculations on Metaphysics*), não é devidamente expresso pela palavra "amor", que estaria desgastada pelo seu mau uso. É também um dos poemas mais antológicos de Shelley e foi citado até mesmo por Machado de Assis, em *Memorial de Aires*.

Formalmente, ele consiste de duas estrofes de dísticos formados por um verso mais longo, de três pés métricos, e outro mais breve, com dois, compondo um esquema de rimas *ABABCDCD*. A estrutura básica usada parece ser a de um pé métrico jâmbico seguido por anapestos, mas o jambo também pode ser acrescido de uma sílaba átona a mais e formar versos inteiramente anapésticos.

O tempo

Publicado pela primeira vez em *Posthumous Poems*. Este pequeno poema representando um mar violento como uma imagem do tempo consiste de dez versos, em sua maioria de pentâmetros jâmbicos, aqui vertidos por decassílabos, num esquema de rimas *ABABCDDXCC*.

v. 7. Nota-se, pelo tom do poema, que, até aqui, ele faz um movimento de *crescendo*, culminando neste verso, que é mais longo do que os restantes, com 12 sílabas, em vez de dez.

vv. 9-10. Nestes versos finais, ele também desvia dos pentâmetros padrão do restante do poema, encerrando-o num dístico cujos versos parecem consistir de um verso mais longo, como o v. 7, quebrado ao meio.

Um lamento

Publicado pela primeira vez em *Posthumous Poems*. A repetição aqui de "nunca mais" como um refrão nos faz pensar inevitavelmente em Edgar Allan Poe, que foi um dos admiradores de Shelley. Edmund Wilson, em seu famoso estudo *O Castelo de Axel*, utiliza este poema para fazer o seguinte comentário, comparando os românticos ingleses aos franceses, sobretudo no tocante às dificuldades dos franceses para se livrarem do peso da tradição:

> É iluminador comparar o poema lírico de Shelley que começa com "O World! O Life! O Time!" com o poema de Alfred Musset que começa com "J'ai perdu ma force et ma vie" [Perdi minha força e minha vida]. Esses dois poemas, de certo modo, são curiosamente semelhantes: ambos são o sopro de um suspiro romântico pela morte do orgulho da juventude. Porém o poeta francês, mesmo em sua tristeza, nos dá argumentos epigramáticos: sua linguagem é sempre lógica e precisa; ao passo que o poeta inglês é vago e nos dá imagens sem relação lógica. E será apenas com o advento dos simbolistas que a poesia francesa se tornará capaz da fantasia e fluidez inglesas.

(WILSON, *Edmund. Axel's Castle*. 1996, p. 16)

Uma nênia

Poema breve, porém não necessariamente fragmentário, publicado entre os *Posthumous Poems*. A estrutura do poema é curiosa, porque, apesar de consistir de uma única estrofe, na primeira metade temos dois dísticos em alternância entre trímetros jâmbicos padrão e trímetros jâmbicos com a primeira sílaba átona omitida (ou trocaicos cataléticos, i.e. com omissão da última átona) em rimas alternadas, ao passo que, na segunda metade, seguem três versos jâmbicos com a mesma rima e um último verso anômalo, com a inversão do primeiro pé métrico (o que o faz começar, portanto, com uma sílaba tônica, mas é seguida de duas átonas, e ocorre um choque entre tônicas no fim) e o som de rima dos versos pares da primeira metade, formando um esquema, portanto, *ABABCCCB*.

Solilóquio do Judeu Errante

Este poema póstumo consiste de duas estrofes (tal como se vê na primeira publicação, mas algumas outras edições apresentam uma única estrofe), que apresenta o complexo esquema de rimas *AABCBBDDCDEFFEGHIHI-GJHJKMMKNN*, em versos decassilábicos (pentâmetros jâmbicos), exceto pelo último verso, que contabiliza 14 sílabas. Ele foi publicado pela primeira vez no apêndice do volume *The Wandering Jew: a poem*, editado por Bertram Dobell e publicado pela Shelley Society em 1887. "The Wandering Jew" é um longo poema em quatro cantos, composto entre 1809 e 1810, mas só publicado em 1829, no *Edinburg Literary Journal*, depois na *Fraser's Magazine* em 1831, com algumas diferenças textuais em relação à versão da Shelley Society de 1887. Ele só passou a ser visto tardiamente, porém, como parte da obra de Shelley. O motivo são as alegações de Thomas Medwin, seu biógrafo, em *The Shelley Papers* (1833) e *Life of Shelley* (1847), de que o poema teria sido uma obra a quatro mãos, composta por Shelley e ele – alegações que foram refutadas pela primeira vez por Dobell, mas que os editores do século XIX costumavam aceitar como verdadeiras, e é provável que seja por esse motivo que "The Wandering Jew's Soliloquy" apareça na edição de sua poesia completa editada por Thomas Hutchinson no começo do século XIX, mas o "The Wandering Jew", propriamente, não. O argumento de Dobell, porém, foi se tornando cada vez mais aceito, e o poema desde 1970 vem sendo considerado como uma obra de fato composta só por Shelley.

Ahasvero, o Judeu Errante ou o Judeu Eterno, seria, segundo a lenda medieval, um judeu que teria zombado de Jesus na cruz e, por isso, foi castigado a errar pela terra, sem poder morrer, até o dia do juízo final. Na língua inglesa, a lenda serviu de tema para uma balada de Thomas Percy de 1765 e uma opereta de Andrew Franklin (chamada *The Wandering Jew: or Love's Masquerade*), de 1797, e, no alemão, para poemas de Goethe, Schlegel e Schubart, a que Shelley provavelmente teve acesso (e, mais tarde, H. Heine também se utilizaria da lenda do Judeu Errante para criar a sua própria história do Holandês Voador). No século XIX brasileiro, essa figura aparece no poema de Castro Alves "Ahasverus e o Gênio", em que ele é comparado ao gênio artístico, e no diálogo "Viver!", de Machado de Assis, em que dialoga com o titã Prometeu no fim do mundo (um diálogo que aqui, nesse contexto, nos parece bastante shelleyano). Shelley escreve seus primeiros poemas sobre o Judeu Errante na mesma época de composição de "The Wandering Jew", mas retorna a ele ainda logo depois em *Queen Mab*, onde Ahasvero é um personagem de destaque, e em seu último poema publicado em vida, o drama lírico *Hellas*.

v. 11. É importante notar aqui como a retórica carregada de misoteísmo de Ahasvero ecoa já a de Prometeu, sobretudo no momento em que o titã invoca o Fantasma de Júpiter para repetir a Praga que ele rogara no auge de sua fúria.

vv. 14-20. Aqui Shelley emprega uma mescla eclética, porém vaga, de referências a castigos bíblicos. As leituras psicológicas do século XIX tendiam a ver no poema uma exteriorização de angústias sexuais, e há uma leitura, em sintonia com essa, que enxerga nesses castigos, com sua menção a uma onda de chamas, pestilência e uma espada flamejante, uma referência à sífilis.

vv. 21-2. Apesar de o dáimon ser uma entidade do mundo grego, ela é compatível com a mitologia judaica e do Oriente Médio em geral, na medida em que o que chamamos de "demônios" nas narrativas bíblicas e rabínicas (como, por exemplo, os que teriam ajudado Salomão a construir o Templo), são mais próximos do dáimon grego, uma forma de espírito, ou gênio, acima do humano, mas abaixo do divino, com poderes extraordinários, do que do demônio cristão associado a um inferno de sofrimentos governado por Satã. *Coré*: em *Números* 16:1-35, por causa de sua revolta contra Moisés, Coré, descendente de Levi, e os homens que o acompanharam, foi castigado por Deus, com a terra se partindo e engolindo a eles e os seus pertences. A presença dele aqui antecipa a referência a Anfiarau na epígrafe de *Prometeu desacorrentado*, também engolido pela terra.

v. 24. *bosque de bonança*: apesar de a referência imediata aqui ser a expulsão de Adão e Eva do Éden, Shelley reconstrói a imagem em termos spenserianos. No original, ele se refere a um "bower of bliss" (literalmente, "caramanchão da felicidade"), que é mencionado no Livro II de *The Faerie Queene*, dedicado à virtude da temperança, que seria um falso paraíso, destruído por Guyon no canto XII. Esse tipo de evidência textual sugere que Shelley já teria lido pelo menos essa porção da obra de Spenser por volta de 1809-1810.

v. 26. A noção de que Deus já sabia da Queda antes mesmo de ela acontecer está presente já em Milton, no livro III do *Paraíso Perdido*. Diferente de Milton, porém, que argumenta em favor da onisciência divina na justificação da teodiceia cristã, Shelley a utiliza aqui como um agravante para a fúria de Ahasvero.

Rainha Mab (excerto)

Queen Mab foi o primeiro poema longo de Shelley, escrito entre 1.810 e 1.813, consistindo de 2.289 versos divididos em nove cantos, que variam levemente em comprimento, entre 238 e 277 versos cada um. Resultado do furor do jovem Shelley em querer reformar a sociedade com ideias revolucionárias (ainda mais inflamado pela perspectiva de que, devido à sua saúde ruim, o poeta só teria mais dois anos de vida), *Queen Mab* é um poema ambicioso, mas problemático justamente porque as suas ambições eram elevadas demais para o estado de maturidade poética do jovem, como o próprio Shelley viria a lamentar mais tarde, e que, como comenta Mary nas notas sobre o poema, supostamente desconhecia a tradição anterior da poesia inglesa. Em vez disso, suas leituras consistiam em sua maior parte de prosa filosófica, como os escritos de Spinoza, seu sogro William Godwin e Sir Francis Bacon, e poesia contemporânea, como Wordsworth, Coleridge, Robert Southey (seu épico *Thalaba, the Destroyer* foi uma imensa influência para o ritmo de *Queen Mab*) e Walter Savage Landor (cujo poema *Gebir*, de 1798, era um dos favoritos de Shelley). Ao longo desses nove cantos, Shelley se empenha em identificar os problemas da sociedade em suas instituições – a saber, na monarquia, no comércio e na religião – e a propor um futuro visionário radical em que elas seriam superadas, imaginando uma sociedade praticante do ateísmo, do amor livre (nas notas que acompanham o poema, Shelley clama pela abolição do casamento), da reconciliação do humano com a natureza, do vegetarianismo e de um tipo de socialismo – sociedade esta que seria concretizada através do ideal, bastante romântico, aliás, das capacidades de autoperfectibilidade do ser humano. O modo que o poeta escolhe para repassar essas ideias, porém, é camuflando-as com um registro de linguagem e imagens de conto de fadas: em sua breve narrativa, Mab, a rainha das fadas (inspirada talvez na personagem homônima de *Romeu e Julieta*, de Shakespeare, ou na das fábulas populares da Inglaterra do século XVIII) se revela à jovem Ianthe (nome da primeira filha de Shelley), que dorme um sono tão profundo que parece estar morta ou em coma. O sono dela é assistido pelo jovem Henry, que se ajoelha ao seu lado, até os versos finais, quando a "a Alma e o Corpo são então reunidos" (9. v. 232) e ela desperta. As visões das mazelas da sociedade e a utopia almejada por Shelley são, então, mostradas a Iante nesse ínterim por Mab, com a participação especial ainda de Ahasvero (vide a nota sobre o "Solilóquio do Judeu Errante"), que comenta as injustiças de Deus e da religião.

O poema foi publicado em 1813 numa edição de 250 exemplares, enviado aos editores em maio, mas impressos de fato apenas em dezembro. É possível que, entre esses meses que se passaram, Shelley tivesse se dado conta do caráter radical de sua própria obra e que ela não seria bem recebida pelo público, por isso o poema foi impresso sem o nome e o endereço dos editores. Em vez de permitir que essa edição fosse vendida livremente, Shelley separou só 70 exemplares a serem distribuídos entre pessoas que ele acreditava que teriam simpatia pelas suas ideias – por segurança, porém, ele pessoalmente cortou o seu nome do frontispício desses volumes, bem como o poema-dedicatória que o abre, dedicado à jovem Harriet, com quem o poeta se envolveu antes de conhecer Mary. Os 180 exemplares remanescentes foram descobertos pelo livreiro Richard Carlile muito depois, em 1821. Apesar de que *Queen Mab* há de soar brando para um leitor moderno, já há muito acostumado à iconoclastia e ao *épater la bourgeoisie*, os desenvolvimentos posteriores provam que os medos de Shelley não foram infundados: o poema pesou negativamente contra ele, quando o seu conteúdo "imoral" levou o Tribunal de Chancery em 1817 a negar ao poeta a guarda de seu filho com Harriet. William Clark, que o pirateou em 1821, também foi processado pela Society for the Suppresion of Vice, e as reações dos periódicos literários à data dessa publicação ilegítima não foram em nada melhor. O jornal *Literary Chronicle* na edição de 2 de junho de 1821 diz o seguinte sobre ele: "O autor é Ateu confesso, que deseja livrar-se de todas as leis, humanas e divinas, e criar uma sociedade tumultuosa de luxúria e incesto e, como ele mesmo diz − 'Não limitada pela tediosa e egoísta castidade'. Não citaremos nem mais um único verso dessa produção funesta e devemos observar apenas que a vida do Sr. Shelley, diz-se, está em comunhão com seus princípios". E a *Literary Gazette* de 19 de maio do mesmo ano manifesta uma opinião semelhante: "Tememos que a mistura de tristeza, indignação e desprezo, com a qual fomos derrubados por esse volume, nos privará de poder expressar nossos sentimentos sobre ele". E assim por diante.

Apesar da revolta moral dos leitores e do constrangimento posterior do próprio Shelley quanto à sua publicação juvenil, *Queen Mab* se tornou um sucesso póstumo, com diversas reimpressões. Foi lido por boa parte da esquerda inglesa, incluindo marxistas como George Bernard Shaw e o movimento cartista. Diferente dos seus poemas posteriores, que tendem a sondar os problemas relacionados às revoluções, sua tendência à desilusão e degeneração, como se pode ver em *Prometeu* (onde a imagem de Cristo é utilizada como exemplo do idealismo corrompido), em *O triunfo da vida* ("And why God made irreconcilable / Good & the means of good" [E por que Deus fez irreconciliáveis / O bem & os meios do bem], vv. 230-1) e na comédia *Swellfoot the Tyrant* (em que a rainha Iona Taurina, representação da rainha Caroline de Brunswick, destrona o tirano Swellfoot, paródia de Édipo, numa revolução, só para se tornar igual a ele logo após), este primeiro trabalho para lidar com esses temas que é o poema *Queen Mab* tem um caráter mais facilmente panfletário, motivo pelo qual se presta tão bem a estas leituras ao mesmo tempo em que, para críticos como Stuart Curran, fracassa poeticamente, por não compreender os motivos que levam o revolucionário a se transformar na mesma coisa que as figuras de poder que ele derrubou ou visa derrubar.

Formalmente, *Queen Mab* é composto de versos brancos de metro variável, oscilando no geral entre 6, 8, 10 e 12 sílabas (trímetros, tetrâmetros, pentâmetros e hexâmetros, portanto). Essa irregularidade foi mantida na tradução, mas o comprimento exato de cada verso individual não foi necessariamente respeitado, ainda que, sempre que um verso na tradução tenha saído mais longo que no original, a diferença tenha sido compensada num verso anterior ou posterior. Como se trata de um poema longo, foi selecionado aqui, como uma amostra do poema, um excerto de 156 versos do primeiro canto, em que Ianthe adormece e a Rainha Mab se revela.

v. 1-2. Morte (*Thanathos*) e Sono (*Hypnos*) eram irmãos, segundo a mitologia grega. Ambos são masculinos na tradição grega (e inglesa também), e Shelley os representa assim, porém, não sendo a ortodoxia da religião grega um foco do poema, nos permitimos, em consonância com os gêneros das palavras da língua portuguesa e o seu imaginário, feminilizar a figura da Morte.

v. 52. *lira*: outra referência à harpa eólica (o gênio da brisa seria o espírito elemental do vento, que é o que toca a harpa). Vide a nota para o v. 42 de "Alastor".

v. 98-9. Referência ao planeta Vênus, estrela da manhã.

v. 108. *amaranto*: flor que não murcha (vide a nota do II. 4. v. 61 de *Prometeu*).

v. 134. O verbo, no particípio, utilizado em inglês é o algo arcaico "instinct", com esse sentido de "dotado, imbuído, insuflado", o mesmo termo que Milton utiliza nas descrições do Carro da Deidade Paterna no *Paraíso Perdido* (VI. v. 749), que influencia esta e muitas outras representações posteriores de carruagens em Shelley.

Sobre o tradutor

Adriano Scandolara (Curitiba, 1988) possui graduação em Letras e mestrado em Estudos Literários pela Universidade Federal do Paraná (2013). Coeditor do blog e revista escamandro (www.escamandro.wordpress.com). Autor de *Lira de Lixo* [Patuá, 2013]. Além da tradução de Percy Shelley, participou da equipe de tradutores do *Paraíso reconquistado*, de John Milton (Cultura, 2014). Traduziu, entre outros, *O gênio não original*, de Marjorie Perloff (UFMG, 2013).

Esta edição de *Prometeu Desacorrentado e outros poemas* foi impressa para a Autêntica pela Formato em junho de 2019, no ano em que se celebram

2121 anos de Júlio César (102-44 a.C.);
2103 anos de Catulo (84-54 a.C.);
2089 anos de Virgílio (70-19 a.C.);
2084 anos de Horácio (65-8 a.C.);
2069 anos de Propércio (c. 50 a.C.-16 a.C.);
2062 anos de Ovídio (43 a.C.-18 d.C.);
2005 anos da morte de Augusto (63 a.C.-14 d.C.);
1963 anos de Tácito (56-114 d.C.);
1954 anos do Satyricon, de Petrônio (c. 65);
1620 anos das Confissões, de Agostinho (399)

e

22 anos da Autêntica (1997).
O papel do miolo é Off-White 80g/m² e, o da capa, Supremo 250g/m².
A tipologia é Bembo Std para textos.